善政之思

小故事中的治理智慧

祖言 编著

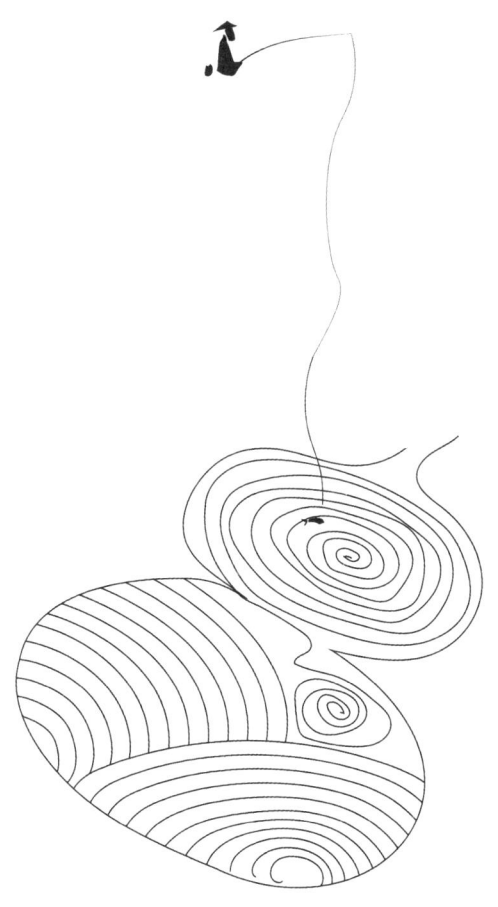

江苏人民出版社

图书在版编目(CIP)数据

善政之思：小故事中的治理智慧 / 祖言编著. —南京：江苏人民出版社，2018.12

ISBN 978-7-214-22610-5

Ⅰ.①善… Ⅱ.①祖… Ⅲ.①国家-行政管理-中国-通俗读物 Ⅳ.①D630.1-49

中国版本图书馆 CIP 数据核字(2018)第 219164 号

书　　　名	善政之思：小故事中的治理智慧
编　　　著	祖　言
责 任 编 辑	卞清波
责 任 校 对	康海源
内 文 插 画	吕杰晓
封 面 设 计	白砚川
封 面 题 签	祝　帅
出 版 发 行	江苏人民出版社
出版社地址	南京市湖南路 1 号 A 楼,邮编:210009
出版社网址	http://www.jspph.com
照　　　排	南京紫藤制版印务中心
印　刷　者	江苏凤凰新华印务有限公司
开　　　本	890 毫米×1 240 毫米　1/32
印　　　张	15.625　插页 4
字　　　数	340 千字
版　　　次	2018 年 12 月第 1 版　2018 年 12 月第 1 次印刷
标 准 书 号	ISBN 978-7-214-22610-5
定　　　价	78.00 元

(江苏人民出版社图书凡印装错误可向承印厂调换)

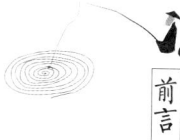

呈现在大家面前的这本小册子,凝结着笔者工作之暇关于为官从政的点滴感悟。书中撷取的小故事,或来自经典论著,或来自史料笔记,或来自哲理寓言,还有相当一部分源于朋友间的分享推荐。全书故事虽然主题不同,情节各异,语言风格也有庄有谐,但都蕴含着启人深思的大道理。每则故事读罢,观照自身,观诸现实,对从政官德、理政思路、治政方略,多少总会有些省思体悟。想来,这抑或便是本书取名"善政之思"的最初缘由吧!

"德惟善政,政在养民。"古往今来,历代"治隆盛世"无不将推行善政奉为兴国安邦的金科玉律,百姓也世代景仰怀念那些施行善政的清官能吏。从先贤智者"德莫高于爱民,行莫厚于乐民"的深刻劝诫,到政治家心中"先天下之忧而忧,后天下之乐而乐"的为官箴言,再到诗人笔下"但得官清吏不横,即是村中歌舞时"的热切向往,这种浓郁的情结,可以说贯穿整个五千年中华文明史的演进过程,承载着万众苍生的政治期盼、利益诉求和情感寄托。历史反复昭示我们,谁真正实现了善政善治,谁就能赢得民众的衷心拥护,就会形成强大的凝聚力和向心力,使政权稳固、传之久远。

知为行之始,行为知之成。什么是善?孟子说:"可欲之谓善。"满足人们要求的就是善,以此而论,善政就是以民为本、造福于民的政治。细细品读书中治政故事,归纳起来,善政之治无外乎两条:一是情感上善待百姓,二是施政上有益于民。诚如《道德经》所言,"居善地,心善渊,与善人,言善信,政善治,事善能,动善时"。简单来说,就是立身端正、发心良善、对人仁爱、言语守信、为政干练、做事高效、善抓时机。前四种说的是为官之德,后三种说的是从政之要。作为施政者,兼具了这七种品质,就能更好地明辨道与术、权衡利与害、掌握舍与得、运用方与圆、洞察变与恒,真正做到德而有功、能而有成、勤而有效、廉而有为。

做官的价值不在于你拥有什么,而在于你留下什么。通览本书故事中各色人物,凡是留下政声美名者,无论官阶高低,境遇顺逆,起起落落,浮浮沉沉,都始终视百姓如同手足骨肉,保持着一份以天下为己任、为民播下太平春的宽广胸怀。存善心方能行善政,行善政方能得民心。一个善政之人,首先是一个"以百姓心为心"的人。施政者只有不断涵养"衙斋卧听萧萧竹,疑是民间疾苦声"的为民情怀,为眼前的工作找到持久的意义,为个人的追求注入永恒的价值,才能真正跳出一己得失、一时成败,形成更加明确务实的主政目标。政声人去后,民意闲谈中。为官一任,最大的成功和幸福是能够成为一个百姓念念不忘的人,一个离任后还能留下些许印记的人,一个回首人生问心无愧的人。

官员可以任命,但好官却是在一次次实践中打磨出来的。现实中我们常常会发现,有的官员总能在矛盾丛集的地方,很快抽丝剥茧、洞见本质、理出头绪,迅速突破困境、打开局面,把发展滞后的地方搞得风生水起;而有的人几年干下来,碌碌无为、山河依旧,还有的兴一利带一弊,甚至生几弊,造成"播下龙种,收获跳蚤"之尴尬。表面看,这是为官从政的天赋差异,但实质上是治理智慧的高低。一个地方要在区域竞争中抢占先机、脱颖而出,必须有一批富有治理智慧的善政者在方向上领路、在开拓前谋划、在实干中通变。本书结合大量古今治理案例,对"怎么能做好"进行了深度思考,对"如何干成事"作出了生动阐发,其间所蕴含的谋事之道、治事之方、成事之法,值得细察、咀嚼、省思。

时代在变迁,社会在进步,治理的内涵也在丰富拓展。从管理到治理,从善政到善治,习近平新时代中国特色社会主义思想提出了一系列开放的、包容的、系统的、现代化的治国理政新理念新战略新举措,这就要求各级官员必须与时俱进锤炼善政之德、善政之才,走出通向善政和善治的时代新路。道不远人,人要努力。关键还是要做有心人、当悟道者,在敏于求知、勤于实践中不断领悟善政的真谛,更加机敏地烛照治政的过去、现在和未来,进而达到"行善政、善行政"的高境界。期冀读者能从书中有所悟、有所得、有所助益,这也正是本书编写的目的所在。囿于时间、水平所限,主观愿望与客观效果之间还有距离,书中难免有疏漏或偏颇之处,敬请读者教正。

作　者
2018 年 10 月

目录

修养修为 篇

棋逢对手看心境 /2

左宗棠下棋 /3

一场嬉闹引发的战争 /4

《打金枝》背后的故事 /6

牵一只狗的幸福 /7

古县衙楹联的深意 /9

胡耀邦"微服私访" /10

本色的分量 /12

鞋值几钱 /14

曾国藩弃用王闿运 /15

难得"糊涂" /17

苟日新,日日新,又日新 /19

香水的 5% /21

一生只亮一盏灯 /22

最后一次同行 /25

猫头鹰搬家 /27

毒蛇为何稀少 /29

官位不过是件演出服 /31

捉鼠原来是赶妖 /32

风物长宜放眼量 /34

人气与人味 /35

肚里有"货"才能真正站起来 /37

"三命而俯"正考父 /38

低头一拜屠羊说 /40

绰号背后是官声 /41

把丑活成美 /43

戒骄成名 /45

棋子 /47

最高境界："呆若木鸡" / 49
敢与不敢 / 52
无用之用，方为大用 / 53
射箭之道 / 55
延迟满足 / 57
一叶虚舟 / 59
骆驼背上的苍蝇 / 61
越权和失职 / 62
爱因斯坦的自知之明 / 64
幸福的密码 / 66
作文与做人 / 69
谦和的胡翁 / 71
死心眼的回报 / 73
临大事者有静气 / 75
致命的优点 / 77
莫泊桑拜师 / 79
好坏都在一"舌头" / 81

莫让工作跟着情绪走 / 83
所做之恶留在身边，所做之善回到身边 / 85
当皇帝的能受气 / 87
不为外物放弃"天性" / 89
晏殊："实诚"赢得"青睐" / 90
老人捕蝉 / 93
魏文侯"有容乃大" / 95
皇帝的自律 / 97
沈从文"耐烦" / 99
孔光之"树" / 100
相由心生 / 102
报豆自省 / 104
家族长盛不衰的秘密 / 105
遗失的念珠 / 107
"罗"与"目" / 109
唯有"心灯"，方能不灭 / 111

决策施策 篇

实践出真知 / 114
有些事并不像它看上去那样 / 115
欧阳修整肃文风 / 118
尹继善的为官诀窍 / 119

降价的圈套 / 121

谁更忠诚？/ 123

劝民种树 / 124

两记"耳光"激出的"白石大师" / 126

慌急失措的齐景公 / 128

"叠伏"并非灵光一闪 / 130

"天知道"的由来 / 131

结婚为什么戴钻戒 / 133

改佛面瘦 / 136

一流人物 / 137

"画廊+咖啡馆"的成功 / 139

谁是良医 / 141

避免解决问题时的"怨猫心理" / 142

郭橐驼种树 / 144

兄弟争雁 / 145

留猫的智慧 / 148

传奇建筑师 / 149

错失改革机遇的嘉庆 / 151

危机也是良机 / 153

施粥撒土 / 155

"风"的生意 / 157

移兵伐吴 / 158

变质的"青苗法" / 160

治人还是治法 / 162

"失语"的上将军 / 164

给鼻子眼睛留余地 / 166

"100分"现象的反思 / 167

凿井得人 / 169

不战而降只因没有"撬棍" / 171

正面炮战军舰的坦克 / 172

作文与做官并非一回事 / 174

丙吉问牛不问人 / 176

文章太长受"廷杖" / 179

曹规李随 / 181

布里丹的小毛驴 / 183

心一烦躁，耳边青蛙乱叫 / 185

懂锁的心 / 187

小壁虎拒绝包扎"伤口" / 188

王罕接访 / 190

皮鞋的来历 / 192

袋鼠的"讥笑" / 194

重视与轻视 / 196

松柳树与虎猴气 / 198

实心任事 / 199

做事留一线 / 201

恰当地表现"无能" / 203

坚守自己的能力圈 / 204

一万步的目标 / 206

割豆子的时间 / 208
狗恶酒酸 / 209
看列宁如何与群众"说话" / 212
好官平的不是乱，是民心 / 214
别败在优势上 / 216
彦光易俗 / 217
韦孝宽植树 / 219
同样的本领，不同的命运 / 221
"准备吃亏" / 224
把雨下在哪里 / 226
手榴弹炸坦克 / 227

批阅人民来信践"初心" / 229
成功的奥秘 / 231
林肯的"接访艺术" / 232
向上推冰的破冰船 / 234
先发者的优势 / 236
猴子的生存之道 / 237
改革的说理艺术 / 239
物无小，害无大 / 241
战略操盘手 / 244
富豪的精明 / 247
量力而行与尽力而为 / 248

识人用人篇

项王为何并非政治家 / 252
魏文侯选相 / 253
朱元璋的识人之道 / 255
毛泽东点将：用人之"短" / 257
机断专行，立付施行 / 258
领导人的"四重境界" / 261
绝学无"优" / 263
耐烦之人成大器 / 265

九方皋相马 / 266
西门豹辞官 / 268
警惕绩效考评中的"肥猫现象" / 270
小黑羊救命 / 272
霍斯劳无故受罚却成大器 / 273
三只鹦鹉 / 275
岳飞相马 / 277
给黑格尔的评语 / 279

免费搬家 / 281
玉铭买官 / 283
汉宣帝的"久任"之道 / 285
许武盗名 / 287
五品升四官历经"九道转迁" / 289
黠猱媚虎 / 291
赵括的"四风"问题 / 293
纳尔逊秘诀 / 295
眼见未必为实 / 297
赵匡胤的选帅用将之道 / 299
任贤勿疑 / 301

"人的无为"得靠"制度有为" / 303
分工过度造成"惰化效应" / 305
奥格尔维定律 / 307
野羊没留住 / 309
"被落第"的张居正 / 311
"延安作风"打败"西安作风" / 313
警惕"犯颜直谏"也是"以直邀宠" / 315
苏东坡细节识人 / 317
拿破仑救小男孩 / 319
善于"使过" / 322
巴顿选人 / 324

处事共事 篇

暗处的真情 / 328
阳光下的利润 / 329
勇者仁心 / 330
真诚无瑕疵 / 333
李广不是难封,而是逞勇 / 335
无声的宽容 / 337
浇瓜之惠 / 338
听话听下音 / 340

谨防情绪传染中的"踢猫效应" / 342
气味相投 / 343
"两坛美酒"的深厚情谊 / 346
说话的艺术 / 347
财主吟诗 / 349
相处礼数"上、中、下" / 350
圣质如初 / 352
快乐回报 / 354

眼中有"人"，事业有成 / 356

小鼓点，大智慧 / 359

戚戚之心 / 360

判若两人 / 362

沈德潜：才情诗人的悲情结局 / 364

陪你做一只"蘑菇" / 365

《正气歌》背后的感人友情 / 367

到底谁"可恶" / 369

离你最近的人，决定你的成败 / 370

李嘉诚的领带 / 372

狂狷多"失意" / 374

首辅的拆迁之道 / 375

南风效应 / 377

朕就是这样汉子 / 379

吃掉希拉里的鞋子 / 381

"同好"害了翁同龢 / 383

不计"小怨"成"大事" / 385

今天你微笑了吗？ / 387

搞好团结和善于共事 / 389

处世当如沈骥士 / 391

柔弱胜刚强 / 392

篓子里的螃蟹 / 394

弘一法师坚决拒享"厚待" / 396

孙权：推功揽过聚人心 / 397

生病住院也想去开的会 / 399

从"邹君断缨"看"群雁齐飞" / 401

"苏模棱"式干部当戒 / 403

真正会说话的大使 / 404

另样的"头雁效应" / 406

赵简子的忧虑 / 408

耀邦纳谏 / 410

那年的风尚 / 412

勤政廉政篇

不因"私谊"损"公义" / 416

只需两个苹果足矣 / 419

识水与取水 / 420

最有力的武器 / 422

一尺为戒 / 424

县令引舟 / 426

白袍点墨,终不可渝 / 427

清廉不惧饮"贪泉" / 429

宰相审案 / 430

跳蚤效应 / 432

规矩面前不应有"例外" / 434

强项令 / 435

正邪之间 / 437

一念为民之心 / 439

辛苦一世、懈怠一事的老泥瓦匠 / 441

吃干草的骆驼 / 443

畏法度者最快乐 / 445

心岂无主 / 447

姑息之爱 / 449

雷纳德三世:十年美食成"梦魇" / 451

能"负重"者方能"出众" / 452

尺子最有发言权 / 454

说一丈不如行一尺 / 455

以"才"谋"财",一念之差误一生 / 457

"太康精英"们上演的"变脸戏" / 459

爱而不贪 / 461

笨功夫？真功夫！ / 463

莱特兄弟:成功来自"高质量勤奋" / 465

"过劳而死"的诸葛亮 / 467

文人眼中的孬官 / 469

清朝皇帝的"御批"与"国运" / 470

"立限回京取纸牌" / 472

"圈子"定律 / 474

节约标兵黄克诚 / 475

"塘官"的压力 / 477

一道左右国家命运的算术题 / 479

王良驾车 / 480

"井"与"警" / 482

后记 / 485

修养修为篇

XIU YANG
XIU WEI
PIAN

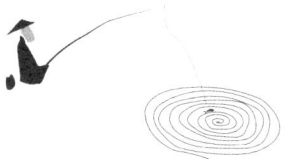

棋逢对手看心境

过去,有一个秀才,长年研习棋谱,对弈高手,棋艺日进,人也渐渐骄狂起来,连传授过其技艺的老师也不放在眼中。

一日,秀才宴请亲朋好友,也包括教他棋艺的老师。宴席过后,他和往常一样要跟老师赛一盘棋。这次老师提出一个要求,每局都要有赌注,第一局以百文钱做赌注,第二局赌秀才心爱的一副象牙棋子,第三局赌秀才珍藏的一本古棋谱。秀才很痛快地答应了。

结果第一局他轻松赢了老师。第二局开始的时候,老师对他说:"当心呵,如果输了,象牙棋子就要不回去了。"秀才当然十分在意这副每天爱不释手的象牙棋子,所以很用心地跟老师过起招来。可他没想到的是,自己居然输了。

在第三局中,老师又对他说:"如果你赢了,不光可以留下棋谱,还可以把象牙棋子也拿回去。"于是,书生更加用心了,把全部精神都放在棋盘上,结果连出臭着昏招,比第二盘输得更快更惨。

秀才怎么也想不通,今天自己怎么像换了个人,如此大失水准,一败再败?当然,老师临行前并没有要他的象牙棋子和古棋谱。

> **一得**
>
> 这个故事说明,心境之重要往往超过艺境之高低。当棋艺之较量变成利益之争,目标偏了,想得多了,难免心思散乱,一旦患得患失,必然利欲迷眼、得失扰心,心魔影响技艺的发挥。有得有失是人生,有快有慢是官场,心态不好,官场上肯定"走不远",甚至"摔跟头"。从政之人,对事业要多一份想不开的执拗,对职位要多一份想得开的随缘。

左宗棠下棋

左宗棠喜下围棋,其属僚常输于他。

有一次,在出征新疆的路上,左宗棠见一茅屋横梁上赫然挂着"天下第一棋手"匾额,甚是不服,入内与茅舍主人连弈三盘。主人三盘皆输,左宗棠笑道:"你可以将此匾额卸下了!"随后,左宗棠意气风发地昂首离去。

凯旋途中,左宗棠看到"天下第一棋手"的匾额还在,就招呼再战。这次,左宗棠三盘皆输,大感诧异,连问缘故。老者笑曰:"前次将军出征之际,重任在肩,老夫恐挫大人锐气,故而相让,且对弈时也多有暗示,棋场如战场,变幻莫测,遇到险境,须有信心方能扭转战局,转败为胜。今日左将军大捷归来,未免有些心高气傲,老朽恐您骄傲自满、得意忘形,这于国于民不利,因此也就不能让您了……"左宗棠听后,深感敬佩,当即鞠躬拜谢道:"先生不仅棋艺了得,而且深谙为人处世之道,可以终身为师矣!"

  三百六十行,术业有专攻。领导干部可能是"政务通",但不会是全才型的"百事通"。很多时候,不怕不懂,不懂可以学习;甚至也不怕不懂装懂,装懂毕竟心虚;最怕自认为本事随着职务长,脾气也随着官位长,不管在什么专业,无论在什么领域,都自命不凡、底气十足、好为人师,这样的话,最终必然招致挫败。

一场嬉闹引发的战争

  齐桓公作为春秋时期杰出的政治家,虽然雄才大略、胸襟宽广,但也是性情中人,有时戒急用忍,有时意气用事。
  齐桓公有位宠妾是蔡国国君蔡穆侯的妹妹蔡姬,年轻貌美,活泼调皮。

有一天,齐桓公与蔡姬泛舟湖上,采莲嬉戏。一阵玩闹之后,熟悉水性的蔡姬一时兴起,就跟不谙水性的齐桓公打趣,故意让小舟不停地摇晃,齐桓公感到害怕,便阻止蔡姬。蔡姬看到齐桓公惊慌不已,闹兴更浓,反而把小船摇晃得更厉害,齐桓公吓得面色发白,惊恐失声,再三喝止方停。齐桓公登岸后大发雷霆,一气之下干脆把蔡姬送回蔡国。但他并非真的恩断情绝,只是想借此警告一下蔡姬。

无巧不成书的是,蔡穆侯非但不从中斡旋调解,反而针尖对麦芒,很短时间就把蔡姬又嫁给了楚成王。消息传到齐国后,齐桓公怒不可遏,亲率诸侯联军大举进攻蔡国,蔡军一触即溃,蔡穆侯被俘虏。齐桓公仍不解气,又挥师南下,讨伐楚国,最终以楚国服软认输才结束了这场因嬉闹而引发的荒唐战争。

一得

成大事者必须学会控制情绪,齐恒公一怒致使生灵涂炭,蔡穆侯一怒则引来国破身囚之祸。作为领导者,应该有个性,但绝不能任性,控制不好情绪,轻则延误时机、耽误工作,重则会给国家和群众利益造成难以挽回的巨大损失。"怒不过夺,喜不过予"是领导艺术的高境界。所谓"小不忍则乱大谋""匹夫一怒,血溅三尺;天子一怒,伏尸百万",说的就是这个道理。也正因为此,林则徐在书房中只挂了一个条幅"制怒"。

> **二得**
>
> 智者用理性控制情绪,挥霍情绪其实就是挥霍自己的才华和成功的资本。很多有才华的人之所以没有成功,不是缺少机遇,而是不善控制情绪。看一个干部是否为可塑之才、是否有大将之风,很重要的一条就是看他面对大事、难事、急事、突发事时,能否"言行不露动机、喜怒不形于色"。

《打金枝》背后的故事

唐朝功臣汾阳王郭子仪第七子郭暧被唐代宗招为驸马,其妻为升平公主。公主倚仗出身皇家,颇有骄矜之气,处处压制夫君。郭暧虽有不满,但也无可奈何。郭子仪做寿这天,升平公主未去拜寿,而其他子、女、媳、婿皆到场祝寿。郭暧兄嫂戏嘲他"惧内",他气愤之下回府与公主论理,禁不住对着公主大声吼道:"你不就是仗着你父亲是天子吗?我父亲还不愿做那皇帝呢!"盛怒之下,还打了公主一巴掌。公主大怒,便回宫向父王、母后哭诉,要求为她出气。代宗和皇后了解事因后,责备女儿不该不去拜寿。但公主一味撒娇不肯认错,代宗假意要斩郭暧为她出气,公主反被吓得没了主意。而一贯低调行事的郭子仪闻听郭暧打了公主,觉得儿子狂妄自大,闯祸匪浅,立即绑子上殿请罪。而代宗也不予追究,夫妻和好、君臣不疑。

　　官场上,走得稳、走得高、走得远的人,都是洞察人性人理、富有政治智慧的人。郭子仪在唐代官场能一直安享尊荣,自身封王,七子八婿皆加官晋爵,正是因为他有功不居功、功高不盖主,头脑清醒、摆正位置。反观当下一些锒铛入狱的官员,模仿党和国家领导人出《文选》者有之,组织"阅兵"者有之,让部下铺红地毯夹道欢迎者有之。"犯事"的、"出事"的,都是心中没有敬畏、不知天高地厚的狂徒。"地低成海,人低为王",自古皆然。

牵一只狗的幸福

　　秦二世三年冬,秦相李斯在具五刑后被腰斩于咸阳街头。临刑前,这位为朝廷立下赫赫功劳、曾经权倾朝野的老人对一同受刑的儿子喟叹道:"我想同你再次牵着黄狗在上蔡东门追捕野兔,还可能吗?"闻者无不动容。

在生命的最后时刻,当辩证法否定到自己头上的时候,李斯才后悔,留恋起牵一只黄狗的平凡幸福。

纵观李斯的一生,辅佐秦始皇统一六国,废分封制,制定法律,统一车轨、文字、货币和度量衡,以雷霆手段在全国推行了郡县制,奠定了中国两千多年政治制度的基本格局。在历史长河中,名相重臣比比皆是,累世之功不乏其主,但大多不过是功在当朝,时过境迁,而李斯几乎每干一件大事都能产生影响千年的效果。李斯是个极富才华、很有才干的人,然而,低劣官品却成为他致命的弱点,他为秦王统一天下立下了汗马功劳,却又辜负了始皇的信任,亲自参与了毁掉秦王朝江山的行动。

李斯一生视卑贱为最大耻辱、认穷困为莫大悲哀,不惜一切代价追逐功名利禄。为了保住官位,构陷同学韩非,妒杀了潜在对手;为了保住官位,勾结宦官篡改诏书,骗杀了太子扶苏;为了保住官位,作《行督责书》,曲意奉承胡亥,加速了秦国灭亡。

一得

　　生命的终极意义,不是外在的功名利禄,而是内在的觉知顿悟。财富不是硬道理,权力也不是硬道理,只有幸福才是硬道理。 从政为官,追求个人进步本无可厚非,但整天削尖脑袋一味"往上爬",迟早有一天会重重地摔下来。 领导者对事业应多一份想不开的执着,对职位应多一份想得开的随缘,有舞台就拼命干,没舞台就静静看。

古县衙楹联的深意

山西平遥古城建于西周宣王时期,被称为现代"保存最为完好的四大古城"之一,以其原生态之风貌吸引游者无数。到此游玩者,往往都会到平遥古县衙参观。县衙各门、各进、各厅、各堂楹联无数,深寓"修齐治平"之劝诫,尽述为官从政之道理,引起了很多人的共鸣,令人深受触动,感慨无限。一进县衙,正门之联跃入眼帘:"莫寻仇、莫负气、莫听教唆,到此地费心费力费钱,就胜人,终累己;要酌理、要揆情、要度时势,做这官不勤不清不慎,易造孽,难欺天。"

上联"三莫三费",是告诫百姓,打官司要慎之又慎,如果寻仇负气、意气用事,或听他人教唆,一点小事就闹上公堂,结果是费时费力费财,最后吃亏的还是自己。下联"三要三不",则是为官自勉,要夙夜在公、正派处事、凭理而断、回应民情。如果懒惰昏庸马虎,就是造下罪孽、欺瞒苍天、有负苍生。

其实,对为官从政者而言,上下之联,原本相通,存乎一理,全在一心。当官不虑民生苦,不如回家卖红薯。应当牢记初心、考虑

> 民心，摒除私心、出以公心，以宽容大度的胸怀、理性平和的态度、合理合情的方法，正确对待、妥善处理各种矛盾冲突，该公断时当公断、得饶人处且饶人，为民恤民、安民惠民，尽从政之责、聚民众之力，如此，自有朗朗乾坤、海晏河清。

胡耀邦"微服私访"

《好大一棵树》这首歌大家耳熟能详，其实它是专为胡耀邦同志而创作的。耀邦同志就像一颗大树，胸怀在蓝天，深情藏沃土，一辈子情系基层，心系群众。他在有生之年走遍了祖国的大江南北，足迹遍及1700余个县。

胡耀邦同志下去搞调研，坚持轻骑简从，经常走到一个地方临时停车，听当地干部汇报工作，和群众拉家常。为了争取多了解一些情况，多接触一些群众，还曾发生过一段鲜为人知的总书记"失踪"一天半的故事。

1985年秋，耀邦同志在西南视察，从贵州到广西的路上，由于道路颠簸，车子抛锚，再加上是周末，他坚持不惊动当地乡政府，步行去往县城。因为天色太晚，一行人好不容易做通县委大院门卫工作，晚上他就睡在县委机关办公房的沙发上，连晚饭也没吃。第二天早晨，他在路边小饭馆吃了一碗面条,就继续赶路。中午在一家饭店吃饭时,引起了两个学生的注意。两人看了一阵,又嘀咕了一阵,于是一个站起,走过来直接问耀邦同志:"您是不是总书记?"耀邦同志一听笑了,热情地说:"坐过来,坐过来!"与他们聊起天来了。

黄昏时分,他们走到一条大河边等船摆渡。这时当地县委书记带着人,气喘吁吁地赶了过来,满脸歉意。耀邦同志笑着说:"我们的车在路上坏了,只得临时改变计划。考虑到是周末,没有必要打扰大家。我随意走走看看,不是更好嘛!"傍晚时分,他们按计划抵达了贵州、广西交界处,这时中央才与耀邦同志联系上。

一得

耀邦同志曾题写过一副自勉联:"心在人民,原无论大事小事;利归天下,何必争多得少得。"这也是他一生襟怀坦荡、光明磊落的真实写照。忆及耀邦同志,我们总是被他那颗不矫揉、不做作,直爽真诚、热情忘我的赤子之心所感动。何谓"诚"? 一心一意、真心实意就是诚。真是诚的核心,实是真的来源。做官久了,官做大了,习惯了听汇报、看材料、作批示,在办公室做调查,在餐桌上搞研究,沿着指定路线转,隔着车窗玻璃看,被掌声和赞扬包围,这种走过场、"盆景式"、"哥德式"的假调研、被调研,听不到真话、看不到实情,往往脱离实际、开错药方。脚上沾了多少泥土,心中就沉淀多少对群众的感情。《淮南子·缪称训》有云:"两心不可以得一人,一心可得百人。"领导者只有多些临时停车、随机走访、不打招呼、一插到底,始终做到眼里有群众、心中有大爱、脚下有根基,才能在不负众望中赢得认可、支持与赞誉。

本色的分量

将军当农民,甘祖昌是新中国第一人。甘祖昌原是井冈山下的一个普通农民,1927年和几名同乡一齐参加红军,走上革命道路,身经百战,九死一生,最后只剩下他一人看到革命的胜利。为践行当年与牺牲战友"让乡亲们都过上好日子"的庄严约定,1957年已是少将的甘祖昌毅然决然地解甲归田,和妻子龚全珍回到家乡当农民,引领乡亲们艰苦奋斗,走上致富之路。

村民们每天见到的甘祖昌,光着脚丫、身穿布衣,腰系白汗巾,手拿旱烟杆,一副典型的老农形象。大家热情地称他"祖昌兄弟""祖昌伯伯"。从1957年返乡之后的30年间,甘祖昌拿出工资收入和存款的70%以上支援国家建设,而上级按生活待遇有关规定给他盖房配车,都被他一一谢绝。

他带领乡亲们修建了3座水库、25公里长的渠道、4座水电站、3条公路、12座桥梁。当年留下的一项项利民工程至今仍然在发挥着重要作用。当年建造的水库,到现在还灌溉着近万亩农田,群众习惯叫它"将军水库"。

1986年,甘祖昌病逝,遗体被送往萍乡火化时,灵车过处,百里长途,人们纷纷肃立在马路两旁,向这位老将军表示最后的敬意。他留给妻子和儿女唯一的遗产是一只铁盒子,里面用红布包着3枚闪亮的勋章,那是1955年他荣获的八一勋章、独立自由勋章、解放勋章。

一得

我是谁? 我从哪里来? 我向哪里去? 这是每个人终其一生都要认真思考回答的问题。 一个人的身份职务可以变、岗位名望可以变,但做人的本色不能变、为人的本分不能丢。 坚持本色,保持自然,是一种美德;不忘本来,坚守初心,是一种境界。 从井冈山出发又回到井冈山,从农民到将军再到农民,对甘祖昌来说,是身份更是心灵的回归。 人本是人,本色做人;世本为世,淡然处世。 不伪不装、自然天成,以真面目示人,可以活得真实;以真性情交人,可以活得坦诚;以真感情对人,可以活得干净。 金杯银杯,不如群众口碑;金奖银奖,不如百姓夸奖。 本色为官,碑不自立,名由人传。 本色就是党性,就是人格,就是满腔热情、真心实意为群众多办好事实事,就是不做高高在上的"官老爷",甘做群众的"小学生"。

> 人生抱负不一定都能实现,但时间的沙漏里沉淀着值得珍藏的过往。若干年后,百姓惦念和自己唏嘘的,也一定是心中那份质朴真挚的为民情怀!

鞋值几钱

五代时,冯道与和凝同在中书省任职,两人交情甚厚。

一天,和凝看见冯道穿了一双新靴,正巧和自己前几日派下人买回来的那双一模一样,便问冯道:"花了多少钱?"冯道轻轻抬起一只脚:"九百文。"和凝一听,顿时勃然大怒,回头便骂仆人:"你替我买的那双靴,为什么要一千八百文?"和凝越说越气,却见冯道又慢慢抬起另一只脚,慢条斯理地说:"别急嘛,我还没说完呢,这只也是九百文。"

和凝一听,满脸通红,深为自己沉不住气感到羞愧。

> **一得**
>
> 常言道,"任凭风浪起,稳坐钓鱼台"。无论事大事小,或喜或悲,为人处世都应努力涵养一份气定神闲、一种淡定从容。大千世界,乱花迷眼,因为太多的沉不住、等不及、忍不了,留下多少追悔莫及,一声叹息。对领导者而言,实践情境纷繁复杂,矛盾问题层出不穷,越是紧急危难,越要沉着冷静,把节奏缓一缓、前后想一想、头绪捋一捋,在抽丝剥茧、溯本求源中,找准堵点和痛点,务求一招制胜、一针见血。有时候,看似声色不动、引而不发,实则静观其变、蓄势待发,诚如佛家所言:"饭未煮熟,不要妄自一开;蛋未孵熟,不要妄自一啄。"

曾国藩弃用王闿运

曾国藩素以识人用人为世人称道,常常不惜代价延揽人才、尽己所能推介贤能。但对投奔而来的名士王闿运,曾国藩却很少见地弃之不用。

王闿运很有才学,咸丰权臣肃顺甚至曾提出与之结为异姓兄弟;章太炎对人极少看得入眼,却谓"独服此人"。24岁即中举人的王闿运却会试屡屡不第,灰心之余开始钻研"帝王之术",他的特长便是助人笼络人心、网罗亲信,窥伺方向、纵横天下。

王闿运曾多次向曾国藩伸出橄榄枝,劝曾国藩养寇自用、徐图帝业。咸丰十年,曾国藩率湘军驻扎祁门,王闿运劝曾国藩暂缓剿灭太平天国,经营东南称王,与满清朝廷、太平天国三足鼎立,曾国藩不语。次年九月,湘军攻占安庆,剑指太平天国的巢穴金陵,王闿运又一次劝曾国藩拥兵自立,曾国藩还是摇头。

同治三年湘军攻克金陵,此时曾国藩拥兵30万,占据了富庶的江南地区,拥有中国的半壁河山。属僚当中有劝他做皇帝者,曾国藩怒声斥责,并解散了如日中天的湘军。在湘军裁撤一年后,王闿运暗示曾国藩可以做曹操,曾国藩装糊涂,置之不理。据当时与曾、王熟悉之人回忆记录,曾国藩在与王闿运交谈时,曾经写下过"谬""妄"等字,这或许是对王闿运不便出口的评价,也是始终不用的原因所在。

一得

人在困难之时,容易谦退谨慎;功成名就后,往往得意忘形。曾国藩笃信,"天地间唯谦谨是载福之道"。正是他的谨慎,不轻信妄为,才有了善始善终、恩宠加身的"曾文正"。反观韩信,年轻时能受胯下之辱,却因功而忘形,最终落得惨淡收场。人生就是一种选择,有选择就会有选择成本和选择风险。亚里士多德认为,选择的过程最需要的就是谨慎。因为谨慎意味着对事实的认知和理性的判断,唯有谨慎才能选取最适当的方法,从而不犯错误、少出偏差。对从政者而言,当官就不能妄为,更不能放纵,必须要有对忠诚、对权力的谦卑之心,这是行政伦理的基本要求。做人的根本在人品,做事的根本在谨慎。曾国藩的这一智慧和美德,为官从政者当明鉴笃行。

难得"糊涂"

"诸葛一生唯谨慎,吕端大事不糊涂",这副传诵至今的对联就是北宋名相吕端一生的写照。吕端是北宋太宗、真宗时期的宰相,据史书记载,他器识远大,明断大事,北宋开国宰相赵普曾评价吕端:受到嘉奖从不沾沾自喜,遭遇挫折从不萎靡退缩,更不溢于言表,气度不凡。

吕端任参知政事的时候,从文武百官面前经过,一个小官对他很不服气,不屑地说:这个人竟也能当上副宰相?随从刚要问那个人的姓名,吕端连忙上前制止说:不要问,你问了我就知道了,而我一知道,便会对这种人终生不能忘;我肯定不会故意地去报复他,但以后如果有什么事涉及他,撞

修养修为篇

到我手里,想做到公正对待也一定很难,所以,还是不知道的好。

吕端升任宰相后,为维护朝政大局的稳定,也为了调动同朝为官名臣寇准的积极性,请宋太宗下令让寇准和他轮替掌印,领班奏事。他遇事总是与寇准一起讨论,从不专断。过了一段时间,吕端又主动把相位让给了寇准,自己去担任参知政事。

吕端的"糊涂",还在于他不置私产,自己的俸禄也常常分出一些来扶助已故同僚的孤弱妻儿。以至于吕端去世后,他的两个儿子竟因生活困难,没钱结婚,最后只好把房产抵押给别人。真宗皇帝知道此事后,非常感动,把房产赎了回来,还替吕家还清了旧账。

一得

一心为公,主动让位,不蓄私产,世人眼中的吕端当官似乎很"糊涂"。可反过来说,"糊涂"之举,不也正是可贵之处吗?吕端的"糊涂"反映的是做人做官的真性情、自我修养的高境界,为他一生淡泊名利、顾全大局的非凡气度添写了最好注脚。小事糊涂是做人的快乐,大事不糊涂是做人的本事。某种意义上,吕端虽然没有世人津津乐道的"小聪明",却有常人难以企及的"大智慧"。古往今来,很多聪明人之所以未能做成大事,不是能力问题,而是情怀问题。从政为官把名利看得太重了,人就变轻了,即使得到了"面子",也会丢掉"里子"。参不透、拎不清、放不下,更会时时陷入宦海欲望而无法自拔。只要大道谋事、正路做事、秉公处事，一切无关全局、无关宏旨、无关原则的争论、非议乃至误解，又何必耿耿于怀、斤斤计较，"糊涂"一些、超脱一些，得饶人处且饶人，让他三尺又何妨？！

苟日新，日日新，又日新

殷朝开国之君商汤，在自己的洗澡盆上刻了九个醒目的大字："苟日新，日日新，又日新。"

每次商汤王洗澡的时候，都要用这九个字来警醒自己：外当沐浴洗身，内当律己修心。

史实证明，商汤王如是说，也是如是做的，他确实是一代破旧图新、励精图治的开国之主。纵观古今中外，堪称"人杰"者，必有其过人之处。

一得

"苟日新,日日新,又日新",本来是用来说洗澡的问题:假如今天把一身的污垢洗干净了,以后便要坚持下去,天天把污垢洗干净。这样,一天一天、长此以往,干干净净、清清爽爽。《庄子·知北游》所说的"澡雪而精神",《礼记·儒行》所言的"澡身而浴德",杨绛先生所描述的"干校洗澡",其意亦是如此吧。引申出来,精神上的洗礼、品德上的修炼、思想上的改造,又何尝不是一次又一次的"洗澡"呢?西谚有云:"人不能两次踏进同一条河里。"当太阳升起的时候,就又是崭新的一天。人不可能不犯错,但"过而能改,善莫大焉"。新的一天,意味着可以洗去污垢、改过自新,忘掉了因曾经的不愉快、不开心而导致的不理性、不明智,不为打翻的牛奶瓶而哭泣、不为掉下车的一只鞋而惋惜,事过境迁,一切归零,从头再来,让自己变得日益从容、淡定、大气;意味着可以革故鼎新,勇于问自己"从来如此便对吗?",敢于突破惯性思维和路径依赖,山重水复疑无路,柳暗花明又一村;意味着可以大胆创新,以开阔的视野、扩散的思维,从动态的角度来观照、反思、体悟自己所做的一切,另辟蹊径,让一切风生水起、不同流俗,开辟一片新的"艳阳天"。

香水的 5%

公元前 3000 年,古埃及人发明了可菲神香,开启了香水的漫长使用历史。近代以来,香水迅速被传入世界各地,旋即风靡全球。

现今,从西方到东方,各种香水琳琅满目、鱼龙混杂。但不管哪种品牌、无论什么香型,其 95% 都同样是水,只有 5% 的部分不同,那是各家秘不示人的配方。

而正是因为这不同的 5%,形成了清澈透明与杂质沉淀、清香怡人与浓劣刺鼻、高端雅致与低端艳俗之分,造成了几十倍甚至上百倍的价格悬差。

物理相通,人如香水。 在这个比拼心智、比创造力的新时代,一个人竞争力的大小重要不在于脖子以下占身体 95% 的体力,而在于脖子以上占身体 5% 的脑力。 古往今来的无数实践证明,提升脑力最有效的"终南捷径"还是读书学习,用千百年来的人类智慧浇灌自己,靠许许多多一流的脑袋帮助自己。 一个从不读书学习的人,关心的只能是眼皮下的那点事,心智永远不可能成熟,目光更不可能远大。 新时代的领导干部,面对的是前无古人的开创性事业,擘画的是惠泽后世的历史性蓝图，如果没有广博的学识、智慧的头脑、创造性的思维，就很难洞察时势、多谋善断，就不能驾驭全局、掌握工作主动权，注定会掉队落伍，沦为平者、庸者甚至是劣者。官场也是职场，公门不养闲人，绝非"磨洋工、混日子"的地方，同样需要有核心竞争力、有独特的存在价值。如果一直不能"出彩"、不求"出色"，最终很有可能被"点名出列"，甚至"淘汰出局"。这就警省和倒逼我们，要时刻在提高自己那独特的"5%"上下功夫，拒绝平庸，追求优秀，不断锤炼自己的专业能力，增强自己的立身之本。

一生只亮一盏灯

2010年，有一条新闻轰动了全世界：在美国加利福尼亚州的一个消防站内，有一只灯泡度过了它的109个生日。自从1901年首次投入使用后，在一百多年漫长的岁月中，这只灯泡熄灭的时间加起来不到一周，其他时间都在发光发亮。

研究者通过查找资料发现，这只"百年灯泡"是由美国19世纪发明家阿多尔菲·柴莱特设计发明的。柴莱特曾和美国发明大王爱迪生等一批发明家进行灯泡发明竞赛,比谁能制造出最好的电灯泡。当举办人将电压逐渐提高时,灯泡相继都爆炸了,唯独有一只还亮着,而这只灯泡的制造者,正是当时的无名小辈柴莱特。

在世人眼中,柴莱特的事业或许没有爱迪生那般成功,但只有柴莱特发明的电灯泡能承受住更高的电压,从而拥有更长的寿命。在那场电灯实验竞赛之后,爱迪生对柴莱特十分欣赏,甚至邀请他一起参加研究。面对来自大发明家的邀请,柴莱特却没有接受这个好机会,他指着在竞赛中获奖的那只灯泡说:"我只适合研究它。"

后来,人们在柴莱特的日记里找到了这样一句话:"一生只亮一盏灯,守到群火熄灭,照样耀泽天空!"

> **一得**
>
> 灯泡因专注而传奇,人生因专注而伟大。柴莱特用一生的坚守点亮了一座属于自己,更属于全人类的"灯塔"。人生重要的不是努力做什么,而是专注做好什么。对领导者而言,认真做事或许能把事情做对,而专注进取才能把事业干好。张开五指,不如握紧一拳;平均用力,不如突破一点。专注进取要有"滴水穿石"的韧劲、"踏石留印"的精神、"精益求精"的态度,把那些应该做、可以做、有条件做,并且完全能做好的事情做深、做透、做精致,不争第一,只做唯一。心心在一艺,其艺必工;心心在一职,其职必举。

最后一次同行

> 有一种工匠精神叫"技道合一",有一种人生境界叫"安专迷",因为安下心来、专心致志、迷恋至深,故能让专注变专业、专业成"专利",真正使自己变得"不可替代"而不是被"轻易取代"。

最后一次同行

　　1948年,美国著名的五星上将潘兴将军去世,作为昔日的老部下,艾森豪威尔前去华盛顿参加葬礼。然而,天公不作美,浩浩荡荡的送葬队伍还在前进中,突然下起了大雨。

　　等候在路旁的汽车纷纷开到队伍前面,接走了前来参加送葬的知交故友。艾森豪威尔的儿子也把车开来接父亲,但艾森豪威尔却拒绝上车。他认真地对儿子说:"以前我在潘兴将军手下工作,虽然与他年龄和军衔差距很大,但是将军赏识我、信任我、提携我,经常要我陪同他视察前线,我们一起走过了多少地方啊!今天是最后一次机会与将军同行了,我怎么能因为怕淋雨而不送他最后一程呢?"

　　艾森豪威尔以真诚的感恩之心对待别人,即使是对一位逝者,也抱有一份执着,依然坚持雨中送葬,他的行为感动了很多人,赢得了很多人的尊敬,后来他在美国总统的竞选中成功当选。

> 一得

做人不成功，成功是暂时的；做人成功，不成功也是暂时的。1940年，50岁的艾森豪威尔还仅仅是个上校，四年之后他已经晋升为五星上将，并以超强的人格魅力和过人的协调能力将丘吉尔、戴高乐、蒙哥马利、巴顿等强悍人物凝聚在一起，成功组织指挥盟军诺曼底登陆，赢得二战的最后胜利。做人是做官与做事的前提，也是做官与做事的保证，而感恩则是立身做人的基点。尼采说："感恩即是灵魂的健康。"懂得感恩的人心中充满阳光、生活洒满快乐，事业就会有所追求。作为领导干部，更应常怀一颗感恩之心，感恩组织的培养、感恩师长的关怀、感恩同事的帮助、感恩亲人的奉献。学会感恩，才会知足，才能保持宽广的胸襟，才能不断激发自己的责任感和事业心。"心交如美玉，经火终不热。面交如浮云，顷刻即变灭。"以心相交，方能推心置腹，成其久远；以心相交，方能不怕火炼，历久弥新。心怀感恩去做事，就会以美好的心境收获人生的美好，以愉悦的心态体验生命的愉悦，让工作氛围更融洽，团结协作更顺畅，个人的成长进步更坚实。

猫头鹰搬家

从前,有只猫头鹰在一个村庄外的树林里"安家",每天晚上都到农田里捉老鼠,很受当地村民欢迎。

可是,猫头鹰有个缺点,总是喜欢在捉住老鼠后"哇哇哇"地叫个不停,经常把村民从梦中吵醒,所以村民们也时常抱怨它。一天,村民在田里干活时议论说:"你看这只猫头鹰真是烦人,让我们连觉都睡不好!"猫头鹰听后,越想越生气,于是决定第二天搬家。

次日一早,猫头鹰收拾行李,急匆匆地向东南飞去。在路上,猫头鹰遇见了一只喜鹊,喜鹊问道:"您这是急着去哪儿啊?"猫头鹰说:"村子里的人整天都说我的坏话,嫌弃我抓到老鼠后庆祝的声音影响他们休息了,所以我打算搬家!"

喜鹊笑着说:"搬家就可以解决问题了吗?依我看,不管你搬到哪里去,都会是一样的结果。"猫头鹰不理解喜鹊的意思,皱起眉头问:"这是为什么呢?我离开他们还不成吗?"

喜鹊语重心长地说:"道理不是很明白吗?如果你自己不改变半夜叫唤的坏毛病,无论搬到哪里,都会遭到人们的议论和嫌弃。"

毒蛇为何稀少

> **一得**
>
> 成功是优点的发挥,失败是缺点的累积。古人讲,"人非草木,孰能无过"。再明智的领导者也会犯各种各样的过错。有过错并不可怕,可怕的是像猫头鹰那样,先把责任推给别人,再选择逃避的态度,那样最终只会一事无成。管理首先在于管好自己,而不在于领导别人。某种意义上,领导者的成长过程就是一个不断反省内求、修正错误的过程,在这个过程中,最大的益处是不但能成为一名更好的官,而且能成为一个更好的人。作为领导者,理应懂得谨慎反省与改正错误,随时、随事、随地、随人地观照自己,反省正心、律己正身、知止正行,进而达到古人所追求的"修己安人"的管理境界。

毒蛇为何稀少

一天,有个病人到市场购买蛇胆入药,看到毒蛇售价比无毒的蛇更高,便向捕蛇者询问原因。

捕蛇者说:"毒蛇药用价值更高,但还有一个重要原因,就是毒蛇更稀少,物以稀为贵!"

这位病人还是不解,就追问道:"在蛇类中,毒蛇是强者,人见了它们都会避让三分,按常理,应该比无毒的蛇更利于生存,为什么数量反而更少了呢?"

捕蛇者笑笑说:"无毒的蛇一般看到人就逃,所以常常得以存活;而毒蛇看到人不但不逃,反而仗着自己有毒,迎上去发动攻击,正是由于它们逞勇好斗、处处作恶,才遭到了人类的报复和捕杀,所以数量越来越少。有的毒蛇,甚至到了灭绝的边缘。"

病人点头若有所悟:"原来,毒蛇是被自己的毒'毒'死的。"

一得

　　毒蛇恃毒作恶,看似是伤害别人,其实也在反噬自己。"多行不义必自毙",自然界和人类社会都是如此。人生之路,不在他人的行为里,而在自我的修为里,留点余地才能从容转身。作为领导者,知人不必言尽,要留些口德;责人不必苛尽,要留些肚量;有理不必争尽,要留些宽容。入目即是风景,退让更是智慧。

官位不过是件演出服

有两位熟人,都是当官的。在位时,都曾一呼百应、享受尊荣、风光无限。可是退休之后,境遇却迥异霄壤,一个是门庭冷落,再也无人问津;一个是门庭若市,人来人往,热闹犹胜在职之时。同在一个官场,何以结局如此大异?

一日,两人偶然相遇。甲忍不住向乙请教。乙淡然一笑:"因为我很早就知道,官位就是件演出服,迟早要脱掉。"

见甲不解,乙进一步解释道:"官场一如戏台,你方唱罢我登场,我们都是演员。虽然演好戏是本分,但永远不要忘记,自己也仅仅就是一个演员而已,不要因为演了帝王将相,就以为自己是帝王将相,自觉不自觉地在台下的观众面前显出高人一等的傲慢。"

官员如演员,寓意深刻,发人深省。既然穿上了演出服,就要进入角色、进入状态,无论是生旦净末丑,都要扮演好,演出自己的神韵与风采,让观众叫座,而不是失望,努力演成"名角儿",而不是只能"跑龙套"。演得好不好,不是自我感觉良好,由台下的观众说了算,鼓掌不鼓掌、献花不献花,自主权在观众,不在自己。王侯将相的演出服穿在谁身上,谁就演王侯将相。千万不能产生错觉:此角非我莫属。离开了我,演出一样继续,舞台一样存在。要多清醒地想一想,脱掉这身"演出服",除去附加在身上的"外在之物",我还是谁?谁还愿意发自内心地以我为朋、与我为友?

捉鼠原来是赶妖

《聊斋志异》中的许多鬼狐故事可谓家喻户晓,有些还蕴含着丰富深刻的哲理。"秀才驱怪"就是其中的一则。

山东有一大户人家闹妖怪,主人听说附近有个秀才会驱妖法术,就派人把秀才请来,好酒好菜热情招待,但始终不说请他来干什么。晚上,主人将秀才安顿在花园住宿。半夜时分,屋门突然打开,一个青面獠牙的妖物闯了进来。秀才吓得半死,情急之下用被子蒙住怪物的头,按住怪物大喊大叫。怪物大吃一惊,搞不清什么状况,落荒而逃。秀才也吓得连滚带爬,躲到主人家的马棚里。

天亮后,秀才怒气冲冲地找到主人说:"你叫我来,应该说明为了何事。

我口袋里有一支驱妖用的如意钩,又不给我送来,这是要置我于死地啊!"主人连忙谢罪。奇怪的是,那只妖怪从此再也没有出现过。

蒲松龄在故事的末尾点评:"黄狸黑狸,得鼠者雄。"翻译成白话就是,不管黄猫黑猫,逮住老鼠就是好猫。

一得

千个师傅千种法,务实管用最得法。徒有其名的秀才,其实色厉内荏空心竹;张牙舞爪的怪物,其实外强中干纸老虎。不打不识"相",一打全露相。古人讲有胆有识,现实中则是有识才有胆。领导干部对未知事物感到"本能恐惧",根源在于"本领恐慌"。见识不够、底气不足,少知而迷、少思而怯,担当有为就容易蛮干粗干,"勇气可嘉"其实是无知无畏,为人硬气会变成"直冒傻气"。领导工作最忌情况不明决心大、最怕底数不清办法多。成熟练达的领导者,既要有"敢担"之胆,更要有"能担"之识,善于从学习研究中增长才干,从工作阅历中感悟道理,从实践创造中总结经验,追求名节而不追名逐利,以权谋事而不以权谋私,心存敬畏而不无所畏惧,不断提高驾驭复杂问题的能力,从而战胜前进道路上一切虚弱不堪的"妖魔鬼怪"。

风物长宜放眼量

一日,亲朋聚会。一位已届耳顺之年的表叔,几杯酒下肚,绘声绘色地讲起当年"上河工"的故事:"那时候粮食紧缺,每天只能吃一顿米饭。虽说领队的总教育我们不要贪心多占,要照顾一下别人,但就么一盆米饭,谁都怕吃不饱。一般人的想法肯定是,轮到我,就使劲把饭碗盛得满满的、尖尖的。但总有一个人,每次开始只盛半碗饭。我后来观察到了,也很不解,就问他原因。原来他有自己的感悟与智慧:刚开始,自己碗里的饭比别人少,那么大家还没有吃完第一碗饭的时候,你就已经开始盛第二碗了,那时候一般没人跟你争抢,因为别人都在吃着第一碗呢,这样你就能盛满第二碗饭……"

一得

说的虽是饥荒岁月、食不果腹的故事,但对现今的众生百态、处事智慧,亦不无启发。 身在官场,有快有慢是常态,步步都快是例外。 早有人说过:提拔晋级,就如同坐公共汽车,有人一上车,正好有空位,自己就有座;有人上了车,乘客满满,等了一会得到座位;有人好不容易等到别人下车空了座,自己却已到了终点站,也要下车了。如果做事只为做官、一步都不能落下，是为有小聪明、无大格局，这样的人终究走不远。更有甚者，工作上看不到别人的辛苦、付出与成绩，一旦看到别人进步了，就心态失衡、锱铢必较、睚眦必争，一定要组织上作出解释、给个说法、有所承诺。说得轻一点，是心态太急迫；说得重一点，是政治不成熟。殊不知，甘于吃苦最终不会吃亏。因为，积攒的是人品，所有的一切，别人都看在眼里。给你点赞、帮你说话的大有人在。有平和的好心态、有处事的大智慧，胜过一切。时机一到，就能鲲鹏亮翅，鸿图得展。

人气与人味

抗日战争时期，画家林风眠在重庆嘉陵江边的一座仓库里隐居七年，自己买菜、生火、煮饭、洗衣、打扫卫生。屋里几乎没有什么陈设，仅有的一张木桌上，既有菜刀、砧板、油瓶，也有笔墨纸砚，可谓生活与艺术杂处、凡俗与雅致并存。

有人大惑不解。林风眠说："在北京和杭州当了十几年校长，住洋房，乘私人轿车，身上一点人气几乎耗光了。必须体验中国几万万人的生活，身上才有真正人味，作品才有生命活力。"

> 一得

　　艺术作品因为有人味而充满生命活力，大家名家因为有人味而令人倍感亲切。仕途坎坷、几度浮沉的苏轼，因为找到了人味，变成了妇孺皆知的苏东坡。民间由此又多了一位"百姓的朋友、大文豪、大书法家、创新的画家、造酒试验家、工程师、造诣颇深的美食家"。一句"自笑平生为口忙""自喜渐不为人知"，更是道出了繁华洗尽后人生最深的滋味。居庙堂之高，"神气"太重；处江湖之远，人味更浓。对为官从政者而言，充盈的人气来源于地气，多接地气，决策做事才有底气。高高在上，不食人间烟火，不顾一切追名逐利，忽视自身气质、器宇、格局修养，结果往往是人气指数上去了，人气却越来越淡薄。只要时刻不忘"我是谁"，一切工作明白"为了谁"，敢往群众堆里扎，多闻群众身上味，真正将群众的冷暖疾苦印在心中、融在情里，脚步往下迈、身子往下沉，群众自然会把我们"抬举"得很高很高。

肚里有"货"才能真正站起来

有两个空布袋,都想能够站起来,便一起去请教上帝。上帝告诉他们,要想站起来,有两种办法:一种是,肚里有货,自己立起来;另一种是,让别人看上你,把你提起来。

于是,一只空布袋选择了第一种方法,高高兴兴、勤勤恳恳地往布袋里装东西,等袋里的东西装满时,它稳稳地站了起来。

另一只空布袋想,往袋里装东西,多辛苦啊,还不如等人把自己提起来。于是,它舒舒服服地躺了下来,等有人看上它。等啊,等啊,终于有一个人在它身边停了下来,用手把空布袋提了起来。空布袋兴奋不已:我不用吃那么多苦、费那么大劲,不是一样可以站起来嘛!可是,那人把布袋提起来以后,发现里面是空的、没什么有价值的东西,摇摇头、叹口气,随手又把它扔掉了。

空布袋垂头丧气,耷拉着脑袋,又去问上帝:你不是教我们两种方法吗?可是我选择的这个方法为什么没用?我为什么最终还是站不起来?上帝回答说:两个方法归结起来,其实只有一个方法,那就是:要想真正站起来,还得自己肚里有货。

> **一得**
>
> 肚里有"货",说到底,就是有一技之长、有真的才干、有立身之本,这是受人青睐、赢得尊重的重要"资本"。老百姓的大白话讲得好:没本事,就不要出来"混"。还有一句网络流行语:长得漂亮是先天优势,活得漂亮靠后天本事。这个道理,各门各道、各行各业都适用,对为官从政之人,同样如此。人在仕途,靠什么立身、以什么立业? 固然,先要有"德",这是大前提,但本领缺失、能力不适,最终还是走不远。本领恐慌、能力危机应当警惕,墙上芦苇、山间竹笋没有根基,胸中少墨、附庸风雅贻人笑柄。所以,真的还是要做学习型干部,提升能力、增强本领,让自己站起、让别人看重。退一万步讲:只要肚里真的有"货",即便是官场受了挫、仕途有沉浮、人生多坎坷,至少精神上还是站得起、立得住的。

"三命而俯"正考父

正考父是春秋时期宋国上卿,孔子的七世祖。他贵为帝室之胄,且博古通今,文武兼备,虽官拜上卿,但为人处世甚是恭谨低调,平和有加,俭朴至极。

他对自己要求很严,曾在家庙的鼎上铸下铭训:"一命而偻,再命而伛,三命而俯。循墙而走,亦莫余敢侮。饘于是,鬻于是,以糊余口。"

这段话的意思是说,每逢有任命擢拔时都越来越谨慎,一次提拔要低着头,再次提拔要曲着背,三次提拔要弯着腰,连走路都靠墙走。生活中只要有这只鼎煮粥维持生活就可以了。

一得

民间有句大白话说得好:"饱满的稻谷把头垂,瘪壳的穗儿脸朝天。"正考父能历仕几朝、步步登高,深受宋国几代国君倚重,与他始终谦虚谨慎、恭谨低调密不可分。放眼古今中外,凡是在政坛上有所建树、名垂后世、留下政声者,必是时刻以"如履薄冰、战战兢兢"之心,克勤克俭、谨言慎行,勤勉做事、低调做人。如果脾气随着官位长,还自认为本事也能随着职务长,官位越高,自我感觉越好,摆架子、耍威风,虽能图一时之快,但往往埋下隐患。越是"春风得意"之时,越要低头看路、弯腰慢行,才能走稳步子。当官不像官,群众最喜欢。水能善下方成海,山不矜高自及天。把自己放"低"了,有利于积蓄力气、积聚人气、接上地气,别人反而把你看"高"了。高与低,不在己心,在众人之心;从政丰碑,不由己立,在百姓口碑。

低头一拜屠羊说

屠羊说,本是楚昭王时,市井中一个卖羊肉的屠户,事实上是一位隐士。伍子胥为报杀父之仇,帮助吴国进攻楚国,楚国败亡,楚昭王逃难出奔。屠羊说跟着昭王逃亡,在漂泊途中,昭王的许多问题,乃至生活上衣食住行,都是他帮着解决,功劳很大。后来楚国复国,昭王派大臣去问屠羊说希望做什么官。

屠羊说答复道:"楚王失去了他的祖国,我也随之失去了卖羊肉的摊位,现在楚王恢复了国土,我也恢复了我的羊肉摊,还要什么赏赐呢?"

楚昭王听了这番话,更觉得屠羊说非等闲之辈,接连派出重臣劝说屠羊说入朝为官,位列三公。屠羊说回复:"我知道三公的地位,比我一个卖羊肉的不知要高贵多少倍,万钟之禄,恐怕我卖一辈子羊肉也赚不了那么多。可是,我怎么因为能自己贪图高官厚禄,而使国君背负滥行奖赏的恶名呢?我还是安心打理自己的羊肉摊子吧!"

三千年读史,不外功名利禄;九万里悟道,终归诗酒田园。 其实,做人做官都有一个健康心态的问题,从政心态不健康,精神状态就会有偏差。谋求自身功业无可厚非,但把功名利禄视为成功的唯一标准,有时就如同火中取栗,最后难免竹篮打水。现实中,有些干部平时表现还好,而一旦触碰个人利益,稍不如意就跟组织计较,有的醉心于"晋升路线""自我设计","干两件事"就要提拔、"三年不动"就有失落感,说到底还是名缰利锁,自误终身。干部成长有快有慢是常态,永远都快是例外,有时快一点,给的是机遇;有时慢一点,给的是底蕴。人能看到竹子仅用六周就能长到15米,却不知道它足足用了四年扎根。从政之人,务必树立健康的心态,把职务当作服务的杠杆,把岗位当作事业的平台,把事业当作人生的舞台,尽心、尽力、尽责地做好本职工作,有平台就拼命干,没舞台就静静看。

绰号背后是官声

中国古代的老百姓喜欢给地方官员起绰号。有些好官得到老百姓的拥护,亲切的绰号也就成了雅号。而对有些官员,老百姓则根据他们的特点,以绰号讽刺戏谑。

"半鸭知县"。康熙朝第一廉吏两江总督于成龙,任广西罗城知县时,儿子从山西老家来看他,他仅有一只舍不得吃的咸鸭,就割下一半让儿子带着,在回去路上吃,"半鸭知县"由此得名。

"一钱太守"。东汉刘宠任会稽郡(今浙江绍兴一带)太守时,政绩斐然,操守廉政。离任时几位老人专门从乡下赶来为他送行,每人拿出一百吊钱送他,刘宠盛情难却,只选了一钱留作纪念。出了山阴县界,他就把钱投到了江里,后人改江名为"钱清江"。

"四尽太守"。南朝梁鱼泓任太守时经常对人调侃说:"我当一郡太守,要搞他个四尽:水中鱼蟹尽,山中麋鹿尽,田中米谷尽,村里百姓尽。"由此获得"四尽太守"的绰号。

"金牛御史"。唐朝洛州的严升期,代理侍御史。他喜欢吃牛肉,巡查各处,下面都要为其宰牛。事情不论大小,只要献上金银,什么都可以平息。他因此被称为"金牛御史"。

一得

俗语有云:"雁过留声,人过留名。"谁对百姓亲,百姓都明白;谁为百姓好,百姓给谁爱。寥寥几字的绰号,将一个官员的形象、品行、操守刻画无遗,表达了老百姓褒贬喜厌的鲜明态度,也成为官员自身独特"印记"、个性"标签"、坊间"口碑"。当官不为民做主,不如回家卖红薯。人们历来怀念赞美清官好官,不仅尊崇其廉洁奉公的高洁品行,更感佩其为民造福的勤勉精神。对领导干部而言,在其位就要干其事,尽其责更要求其效,"廉不言贫,勤不道苦",干净干事才能成事。为政期间干了哪些实事、为民付出多少、心忧群众几分,群众看在眼里、记在心里,也口口相传在一个个"绰号"里。由此推之,绰号也是反映官员政声治绩、读懂地方民心民意的"表情包""风向标"。听闻"一斤八""六百帝""拆迁大佐"和"活菩萨""孺子牛""草帽书记"等截然相反的绰号,捕捉背后释放的"信号",往往会让人对一个官员有更加客观、全面、准确的评价判断。为官从政,多听听群众中流传的绰号,有则改之、无则加勉,敢于担当、直面问题,廉政且勤政、有为且善为,时时鞭策自己、警醒自己,官德才算圆满,初心才能不改,善治才会成真。

把丑活成美

北宋一代文宗欧阳修的诗、词、赋、散文写得都很美,是当时公认的文坛盟主。但欧阳修的长相却让人不敢恭维,据说,不仅高度近视,还长了两个外露的兔牙,身形瘦小、面色苍白。皇后看到他,也不禁皱起眉头说没见过这么丑的人。

长相不佳,靠才华来打动人。欧阳修从小在沙地上练字,苦读史籍,年纪轻轻便考中进士。步入仕途后,坚持深夜苦读,孜孜不倦。有人曾问,你家中藏书万卷,不知读过几本?欧阳修让那人任意挑一本书来测试,结果他对答如流,毫无差错。

欧阳修是个有责任感有担当的人,担任翰林学士以后,顶住各种压力,身体力行倡导文风改革,引领北宋诗文革新运动,对后世产生了深远影响。他还利用自己的声望举荐王安石、曾巩、苏洵、苏轼、苏辙等大批年轻人。在举荐苏轼时有人说:"怕是十年之后,世人只知道苏轼,不知道先生了。"欧阳修淡然一笑,大家风范可见一斑。

欧阳修过65岁生日时,当年的门生都已功成名就,他们都赶来祝贺。一位美女"粉丝"说:"先生写'人生自是有情痴,此恨不关风与月',既然不关风月,那和什么有关呢?"欧阳修反问:"我笑起来的模样很难看吗?""不难看,先生的魅力指数在座的都比不上。"智慧豁达、无私善良的人才是最可爱的人。一年后,欧阳修去世,被追赠太师,后追封楚国公。他奋斗一生,终于把"丑"活成了骄傲!

一得

古话讲,"胸藏文墨怀若谷,腹有诗书气自华"。这个"气自华",体现为气质、器宇、格局。缺少"颜值"担当,可以"才华"开路;没有外表支撑,不妨"气质"打底。任何人都希望自己成为万人迷,官员自然也不例外。官员的魅力在哪里?有人羡慕一呼百应的排场,有人看重过期作废的特权,有人喜欢闪光灯下的聚焦,有人享受鲜花掌声的簇拥,似乎当官就是个舒舒服服、一本万利的美差。这样的所谓"个人魅力",不过是孤芳自赏、过眼烟云。而有的官当官不像官,甚至拎着乌纱帽做官。寿光县委书记王伯祥、义乌县委书记谢高华,当年冒着丢官、坐牢的危险,冲破层层藩篱、勇于破冰试水,最终使寿光成为全国著名蔬菜之乡,让义乌实现从"鸡毛换糖"到"世界超市"的升华。这样的官最真实,他们用自己的实际行动,铸就了一种精神,树起了一面旗帜,诠释了独特的魅力价值。这种个人魅力无关长相美丑,无关权位高低,无关财富多少,穿越时空而又熠熠生辉,平凡质朴而又令人温暖,如同一坛醇厚的美酒,又像一首经典的乐曲,让你一品再品,回味绵长,终生难忘。

戒骄成名

唐代大书法家柳公权小时候字写得非常不好,父亲和老师费了很多心思,来教他写字技巧。慢慢地,柳公权书法有了进步,众人纷纷夸赞,柳公权不免洋洋自得起来。

有一次,柳公权和几个小伙伴举行"书会",他写下"会写飞凤家,敢在人前夸"。这时,一位卖豆腐的老伯路过,看了柳公权的作品后说,他的字写得就像豆腐一样,软软塌塌,没有一点美感和骨筋,还不如京城一个无手老汉用脚写的作品。

柳公权听罢,十分气恼,第二天便去京城一探究竟。在城门边,他看见果然有一位没有双臂的老头右脚夹着笔,左脚压着纸张,正在挥洒自如地书写对联。老头的字体肆意飞扬,赢得阵阵喝彩,柳公权佩服不已,希望老伯能收他为徒,老伯自嘲出身卑微,无法为人师表。在柳公权的苦苦央求之下,老伯拿出一张纸写下:写尽八缸水,砚染涝池黑,博取百家长,始得龙凤飞。

从此以后,柳公权在书法练习上沉着镇静、不骄不躁,日复一日刻苦练习,终成一代书法大家。

一得

王阳明讲,静时存养、动时省察。日日勤拂拭、时时勇省察,会使你变得更聪慧、更清醒、更笃定。反之,得意就忘形,得志就飞扬,骄傲即为落后之始,成功即为失败之母。曾国藩之所以人称"内圣外王",建立不朽事功,源于他将反省当作人生的必修课。评价别人易,解剖自己难,刀刃向内、不留情面、自我革命更难。反省是一面镜子,也是一块磨刀石,越是能照出自己的不足,越是把自己的心性磨炼得足够锋利,成功的可能和机率就会越大。儒家倡导吾日三省吾身,不管境界高低、财富多少、权力大小,人人都需要反省,"反省"其实也是提高人格理念不可或缺的重要一环。领导干部整天忙忙碌碌,终日陷于事务,如果没有严格的自我反省,缺少足够的清醒定力,久而久之就会脚下发飘,脑袋发晕,做人做事的修炼完善也就无从谈起。对领导干部而言,学会反思,主动反思,是实践论,也是方法论,是成长进步的"催化剂",也是释疑解惑的"金钥匙"。它可以让你克服自身的局限,让昨天的失误变成今后的成功,过去的成功变成更大的成功,让你在风高浪急之处、困难险境之中、人心浮躁之时,做到岿然不动,成为中流砥柱。

棋　子

　　康福,字价人,是曾跟随曾国藩十几年的老部下。曾国藩去世前,康福来看望他,并要回了祖传的围棋。

　　曾国藩说:"价人,世人其实就是棋枰上的子,无论是我们还是长毛(太平军)都是如此。我平常每当想起这点,便很失望,不知你想过没有?"

　　"我也想过。不过我想,只有我们这些小人物才是棋子,大人您老不是,您是执子的人。"康福笑着说。

　　曾国藩摇摇头,凝重地说:"其实我也是棋子,我们都是身不由己任别人摆布的黑白之子。"

"别人是谁呢?"康福睁大眼睛问,"是皇上吗?"

"皇上有时是执子的人,有时又是被执的子,说到底皇上也是棋子。"曾国藩两眼望着空空的纹枰,似在冥想。"那么这个'别人'究竟是谁呢?"康福追问。

"冥冥上苍!"曾国藩苦笑着答道。

一得

  冥冥上苍有定数、天公不语对枯棋。纵观曾国藩、李鸿章等政治强人,为保人心尽失的腐朽大清,左支右绌、耗尽心血,却依然难逃清廷弃子宿命,晚年莫不被孤独、无助所缠绕,终究满怀愤懑、抑郁而终,其苦心经营、勉为续命的晚清残局也随之骤然坍塌。正所谓:春寒君恩,皆不可恃;顺势者昌,逆势者亡。如今,中华民族比历史上任何时期都更接近复兴这个伟大目标,回眸百年前的棋局对话,更发人深思、令人警醒。悠悠万事,民心为大。只有始终以百姓心为心,一心为民落子、一切为天下计,方能赢得民心,使政权稳固、传之久远。

最高境界:"呆若木鸡"

《庄子》里讲过一个"斗鸡"的故事。纪清子为大王培养斗鸡。大王希望纪清子培养出一只威猛雄霸、战无不胜的斗鸡,能够尽快出战。

十天过去了,大王去问纪清子:"那只斗鸡训练出来了吗?"纪清子回答说:"还不行,因为这只鸡盛气凌人、羽毛张开、目光炯炯,非常骄傲,胸中有股气,这个时候是根本不行的。"

又过了十天,大王又去问。纪清子答道:"还不行。尽管它的气已开始收敛,但还不够镇静,别的鸡一有响动,它还是有反应,还要去争斗,这还不行。"又过了十天,大王第三次去问。纪清子说:"还不行。他现在虽然对外在的反应已经淡了很多,但是其目光中仍有争强好斗之气,还不行,再等等。"

这样又过了十天,大王再次来问。纪清子终于说:"现在差不多可以了。别的鸡发出一些响动鸣叫,它已经没有反应了。现在它像个什么样子呢?形象地说,就是呆若木鸡,已经训练得像个木头鸡一样,精神内聚了。它往那儿一站,任何鸡一看见它,马上就会落荒而逃。现在它可以去参加斗鸡了。"

最高境界:"呆若木鸡"

> 一得

"呆若木鸡"这个成语，可能妇孺皆知，很多人都耳熟能详，但其原初的意思，却未必人尽知晓。以常理论之，一只鸡如果准备去争斗的时候，就应该像一个将士上阵先擂响"三通鼓"一样，需要锐不可挡、意气风发、志在必胜。而古代贤哲庄子给我们指出的境界是，把外在的锋芒全部剔除、把一切的锐气纳于内心，斗志内敛、神闲气定，方能睥睨天下。这不禁让人联想到武侠小说里绝顶高手对峙，往往通过周身散发出的"杀气"，败对手于无形。其实，为官从政同样需要追求此类"无招胜有招"的境界。放眼历史上有所建树的大政治家，莫不如此。比如东晋宰相谢安接到淝水之战的捷报时神色如常，只淡淡地说了一句："小儿辈大破贼。"北宋时的苏东坡，"卒然临之而不惊，无故加之而不怒"。相比之下，现在有些官员常常是，闻逆耳之言勃然变色，听官场风声心猿意马，取得些许成绩就骄矜自得。作为领导干部，沉稳内敛是必备的基本素质，修好共产党人的"心学"，方能"泰山崩于前而色不变，麋鹿兴于左而目不瞬"，去除浮气、增强定力，戒急制怒、定静生慧。庄子这个寓言故事，应该说告诉了我们很多很多……

敢与不敢

南北朝时期,北齐奸臣和士开独揽朝政。此人沉沦于声色犬马,众官员便投其所好,趁机为自己的子侄们谋求一官半职。有一个叫崔劼的大臣却不同,他把两个儿子都派往外地任事。

崔劼的弟弟气愤地质问他:"你的两个儿子如此出色,为何不谋求让他们在中央担任要职?这样做是自损后辈的官运啊!"崔劼平静地答道:"如今的京城鱼龙混杂,我的两个儿子都是单纯务实之人,留在京城恐怕也难有作为。倒不如让他们离开,到条件不好但很清静的地方展示自己的才能。"

几年后,和士开失势并被诛杀,那些依附于他、无才无德的官宦子弟,有的被革职,有的被法办。但崔劼的两个儿子由于在外治理地方成绩显著,得到了朝廷的重用。

什么是大勇? 其一,明知不可为而为之。从南宋末年陆秀夫蹈海殉国、文天祥舍生取义,到明末史可法明知扬州不可守而守之,为了心中的理想、气节、大义而舍身忘我、义无反顾。其二,非不能也,是不为也。这件事情能做并且能够做成,但却和自己的人生观、价值观、道德观相违背,不会也不屑去做。崔劼的"不敢"不是不能,恰恰是不愿不屑的大勇。老子有言:勇于敢则杀,勇于不敢则活。一个人无所顾忌,则充满凶险;有所顾忌,则行稳致远。大勇是大智的拐杖,大智是大勇的方向,大智大勇、有胆有识方能成事。对为官从政者来说,心有所畏、行有所止绝不是怯弱胆小、畏首畏尾,而是深谋远虑,审时度势,于"敢"与"不敢"、"为"与"不为"之间,体现出从政为民的大气魄、立业保身的大智慧。

无用之用,方为大用

庄子与学生走到一座山脚下,见溪边一株大树粗百尺,高数千丈,树冠宽如巨伞,能遮挡十几亩地,枝繁叶茂、特别醒目。

庄子不由得问伐木者:"请问师傅,如此大好木材,怎一直无人砍伐,以至独独长了几千年?"伐木者似乎对这棵树不屑一顾,道:"这何足为奇?此树是一种不中用的木材。用来作舟船,则沉于水;用来作棺材,则很快腐烂;用来作器具,则容易损坏;用来作门窗,则脂液不干;用来作柱子,则易受虫蚀,此乃不成材之木。不材之木也,无所可用,所以无人砍伐。"

听了此话,庄子对弟子说:"此树因不材而得以终其天年,岂不是无用之用,无为而于己有为?"弟子顿然醒悟,点头不已。

一得

有用之用,用在其处;无用之用,用在其时。水润万物而不语、山有百藏而不言,山、水的胸怀就体现在它所处的位置;一块砖头,平常放在角落里不显山不露水,看似毫无用处,但它既可以盖房子,也可以铺路,放在司马光的手里还可以砸缸救人。有用无用并非截然对立,看似无用之中,实有大用。比如,有些书不能直接教你谋生糊口、职场升迁,但能为人生奠基、为精神打底,让你"腹有诗书气自华"。不读书输掉的就是这种骨子里流露的气质,看到夕阳余晖,脑海浮现的是"落霞与孤鹜齐飞,秋水共长天一色"的意境,而不是一张口"哇,好多鸟,真好看!"某些时候,"有用"并不是不好,只是不够好;"无用"是为了跳出"有用"的框框,追求更高境界的"大用"。援用到官员的治理实践,我们总是容易被常规经验所束缚,习惯利用现有资源去解决"过河"的问题,动辄归咎没有资源优势、区位条件,缺少"桥"和"船"。事实上,条件既有现成的,也有后天的,有些看似"无用"的条件只要善加利用,就是"出路"所在。"让你吃一个苹果,可以;连续吃三个苹果,恐怕受不了;如果把三个苹果变成一杯果汁,你会一口气把它喝下去。"领

> 导干部只要善于发现事物的属性和功能之间的联系,围绕问题目标,寻找解决路径,通过经验重组、流程再造,创造性地转换,实现跨越赶超就不是梦想。

射箭之道

《庄子·外篇·田子方》中有个寓言,讲的是列子为伯昏无人表演射箭。

只见列子凝神而立,如同木偶。拉弓满弦,搁一杯水在臂肘之上,肘如直角,而后发箭。放出前箭,又搭后箭,前箭后箭,重叠靶心。

伯昏无人却笑笑说:"这是为射而射,并非不射之射。"

他带着列子登上高峰,脚踏危石,下临百丈深渊,背身后退,脚掌半垂在外,邀请列子像他一样站着,重新射箭。

列子刚一踩上石头就吓得匍匐在地,汗从头上一直流到脚跟。

伯昏无人说:"真正厉害的人上窥青天,下潜黄泉,挥斥八极,神气不变。如今你惊惧得目眩神迷,恐怕再也无法百发百中了吧?"

一得

常规情况下稳定发挥"百发百中",只能算作小成之术;身处险境还能气定神闲、挥洒自如"箭无虚发",方为大成之道。如果把能力比作大厦,那么定力就是根基,根基扎得不牢,脚底就会发飘,面对各种诱惑的干扰和考验,就很容易惊慌失措、未战先乱。某种意义上,定力而非能力才是一个人走多远、飞多高、成就有多大的紧要之处。对为官从政者而言,定力是抗干扰不偏离的选择力,也是去浮躁不散神的内敛力,还是抵诱惑不变色的免疫力,更是经打击不走样的意志力。定力的养成不是一朝一夕之功,只能通过一点一滴的精神沉淀、一丝一缕的性格编织、一分一寸的意志磨练。一个干部的定力平时看不出,往往体现为关键时刻的表现、利益面前的取舍、担当时候的态度,看晋级升迁时能否淡定、风险关口处是否敢闯、非议误解时能否忍耐。只有处理好"公"与"私"、"名"与"利"、"是"与"非"的关系,保持内心的坚守与宁静,恪守心灵的从容与淡定,才能"风吹云动星不动,水涨船高岸不移",乱云飞渡仍从容,任尔东西南北风。

延迟满足

美国心理学家沃尔特做过一个"成长跟踪实验"。

他在一个幼儿园选出十几个 4 岁儿童,并给每人一颗巧克力,跟他们说,如果现在就吃,就只能吃到一粒,如果 20 分钟后再吃,就能吃到两粒。

有些儿童急不可耐地就吃了,还有一些通过各种方法,如唱歌、讲话,甚至睡觉等方式,熬过了于他们而言漫长的 20 分钟。

经多年追踪,沃尔特发现,能等到 20 分钟的孩子,在青少年时,仍能够等待,在各方面综合素质明显强于迫不及待的孩子,并在以后也更容易地获得了成功。

一得

常言讲,心急吃不了热豆腐,茶太烫的时候要凉一下再喝。这是老百姓都懂的普通道理。从自然规律来看,一分耕耘、一分收获。但毕竟是春耕夏耘、秋收冬藏,还有一个"时间差",不是即刻"变现"的。放眼演艺界,很多人并不是少年出道、"刷脸"而红的偶像派,而是不愠不火、多年积淀的实力派。再联系到官场来看,有很多也是前面慢、后面快、后步宽宏者。做一个好干部,拼的不

一叶虚舟

仅是能力和实力,更是耐力和定力。用流行网语来说,就是"你的气质里藏着你读过的书、走过的路""你走过的路,每一步都算数"。所谓"厚积薄发""行稳致远",也正是此理。有时,看似慢了,其实厚积的是底蕴、练就的是定力。如若在成长进步上"急吼吼",付出一点努力就想即刻吃到"巧克力",必然导致干工作、做事情的目标异化,很可能做事沦为"做秀"、"秀功"多于"绣功"。这样的功利、实用之心,其实领导眼里"亮堂堂",群众心里"有本帐"。与"计利当计天下利、求名应求万世名"的格局更是相差甚远,很可能飞不高、走不远。

一叶虚舟

为人处世应该抱着什么样的态度,《庄子》中有个"虚舟遨游"的故事带给我们许多有益的启示。一叶小舟在渡河行进,突然就要被一条船撞上,小舟上有一个暴脾气的人,立即向快要撞来的船高喊着要对方让开,一呼不听,再呼不听,到了第三次呼叫时,便骂声连连,就在此时却发现撞来的船上,竟然一人都没有,不禁停止骂声,而且哈哈大笑起来!

两船相撞,为什么前者不怒而后者恶声相随?庄子说:"向也不怒而今也怒,向也虚而今也实。"因为前者虚,后者实。后辈从这则寓言造出一个暗寓道家哲学精义的词,即"虚舟应物"。

一得

　　船在水中行,但是水不能入船,否则船会倾覆。人就好比一艘船,可以进入这个世界,但不可以让世俗进入你。如果空空的心填满了怨恨、愤怒、欲望,生命终将无法承受。有时候,你生气仅仅是因为对方"竟然这样""竟然有这样的人",而非仅仅是他对你造成的伤害。看起来是对方跟自己过不去,其实是自己跟自己过不去,一味纠结只会让自己沉溺于痛苦中,从而降低做人的格局。一叶虚舟让我们看清自己,对做好管理工作同样大有裨益。管理者成就的大小并不在于智力的高低,而在于个性品质的不同,情绪稳定就是其中一项重要品质。成功的领导者,总是先处理心情再处理事情,做环境情绪的调节者,而不是破坏者。只有自己首先保持"空船心态"、情绪稳定,才能稳定下属的情绪,大家情绪都稳定,才能把事情做好,让和气增多、机会变多、快乐更多,日臻"修己以安人""进退得自由"的管理境界。

骆驼背上的苍蝇

一只骆驼筋疲力尽、受尽风沙,辛辛苦苦穿行于沙漠。一只苍蝇趴在骆驼的背上,毫不费力穿过了沙漠。

苍蝇自鸣得意,觉得自己很聪明、会省事。它假惺惺地对骆驼说:"感谢你!不辞辛劳地把我驮过来,真是不容易啊。再会啦!"

骆驼看了一眼苍蝇,淡然地说:"你在我背上的时候,我并不知道。因为,我专心致志要过沙漠,不可能注意到你。你走时,也不必跟我打招呼。你根本就没什么重量,影响不了我,来去请自便。对我来说,你存在与否,都不重要。别把自己看得太重了!"

古今中外,关于动物的寓言很多,每一篇都暗寓褒贬,独有其"别裁"与"新解"。看这则寓言故事,如果透视一下那只"苍蝇",它给职场之人的启示至少有两个方面:其一,一个人固然要自信,"任他风吹浪打,我自岿然不动",但自我感觉与别人评价,有时可能相差不是一个"量级"。自己到底有几斤几两,对自身的长处短处、长中之短、短中之长,能撑起多大的"分量"、捣腾出多大的

"名堂",该有全面体认、自知之明,心态要稳、定位要准。所谓知人者智、自知者明,即是此理。其二,身在职场,应该有自己立身的资本、存在的价值。有时,看似那不显山、不露水,平平凡凡、踏踏实实一朵小花蕾,可是只要能坚守、不放弃,"苔花如米小,也学牡丹开",终能绽放出自己的光彩。反之,如果在团队里工作一回、与人共事一场,最后在上司、同事的记忆里,只是一个"跑龙套""打酱油"的印象模糊之人,立业无其能、岁月不留痕,终究可悲可叹。

越权和失职

公元前403年,三家分晋国,是为韩、赵、燕,韩国最为弱小,但韩国能内政修明,到了韩昭侯时期,得益于昭侯实事求是,从严治吏,韩国国力越来越强大,诸侯不敢侵韩。

《韩非子·二柄》记录:某次,韩昭侯喝高了,烂醉如泥、和衣而寝。典冠(负责管理帽子的官员)怕他着凉,赶紧找来一件衣服给韩昭侯盖上。昭侯暖暖和和地睡了一觉,醒来后就问:"谁给我加的衣服?"随从回答:"是典冠。"昭侯顿时变了脸色,下令严肃处分了典冠和典衣(负责管理衣服的官员)。为什么要"兼罪典衣与典冠"？昭侯解释说：处分典衣，是因为他失职，明明属于他职权范围内的事，却不去做，这叫在其位不谋其政；处分典冠，不是因为他加盖了衣物，而是他越权，越权或失职比受寒着凉的害处要大得多！

> **一得**
>
> 　　暮犬晨鸡，各司其职；没有秩序，不成章法。无论是在社会，还是在职场，每个人对自己都要有清晰准确的角色定位，知道什么事该做，什么事不该做。否则，不该做的事做了，该做的事没有做或做到位，造成角色错位、行事越位，就会像故事中的典冠一样，"好心"办坏事，有苦劳、没功劳。有心栽"花"花不开，往往与职责不清、责任不明有很大关系，造成了"基层不负责，分管不担责，领导不问责，层层不履责"的局面，结果只能是耕了别人的"田"却荒了自己的"地"。领导者找准角色定位，关键在回归本源、回归本心、回归本质，搞清楚"我是谁""为了谁""依靠谁"三者间的内在逻辑，从群众中来到群众中去，向下扎根，身入心入，铭记当初为什么出发的理想，坚定今天"再一次出发"的信念。古人说，"一了千明，一迷万惑"，作为领导者，定位准确才能行动正确，角色定位准，才能唱好人生戏，在哪里存在，就会在哪里绽放，哪里生活都是一道靓丽的风景、一曲华美的乐章。

爱因斯坦的自知之明

1952年11月9日,爱因斯坦的旧友、以色列首任总统魏茨曼去世。前一日,就有以色列驻美国大使向爱因斯坦转达了以色列总理本·古里安的信,正式提请爱因斯坦为以色列共和国总统候选人。

当日晚,一位记者给爱因斯坦打来电话,求证此事:"据说要请您出任以色列共和国总统,教授先生。您会接受吗?""不会。我当不了总统。""教授先生,您是最伟大的犹太人。不,不,您是全世界最伟大的人。由您出任以色列总统,象征犹太民族的伟大,再好不过了。""不,我干不了。"

爱因斯坦刚放下电话,电话铃又响了。这次是驻华盛顿的以色列大使打来的。大使说:"教授先生,我是奉以色列共和国总理本·古里安的指令,想请问一下,如果提名您当总统候选人,您愿意接受吗?""大使先生,关于自然,我了解一点;关于人,我几乎一点也不了解。我这样的人,怎么能担任总统呢?请您向报界解释一下,给我解解围。"大使进一步劝道:"教授先生,已故总统魏茨曼同样是教授呢。您一定能胜任的。""魏茨曼和我不是一样的。他能胜任,我却不能。""教授先生,每一个以色列公民,全世界每一个犹太人,都在期待您呢!"

爱因斯坦的确被同胞们的好意打动了,但他觉得研究物理更适合他。不久,爱因斯坦在报上公开发表声明,正式谢绝出任以色列总统。

一得

知人者智，自知者明。如果说智是知人善任、解决问题外在的"力"，明则是通达内心、洞彻机理内在的"道"，是想通悟透后拿得起、放得下的主动选择。拿得起，认清"尺有所短、寸有所长"，不以鲁班与墨子比逻辑、斗辞锋，不以张良与韩信拼攻城、赛兵法，厘清自身比较优势、选定长远努力方向，从而发挥最大内在潜能、实现更大人生价值，这是自知之明。放得下，有敬畏之心，非我所有丝毫不取；无贪欲之念，两袖清风是我所求，追求不强求、在意不刻意，不为名累神、不为利伤脑、不为欲伤身，始终保持清醒头脑和知足心态，这也是自知之明。智者未必是明白人，而明者往往蕴藏着大智慧，故而王安石以为"知己者，智之端也，可推以知人"，他把自知之明放在了知人之智前面，同为宋人的洪迈也说："人苦不自知，发千载一笑。"千年之后，共产党人与百姓融为一体、和人民打成一片，从群众中来、到群众中去，把自知之明升华到"小我溶于大我"的"无我"境界。如刘伯承元帅婉辞"常胜将军"横匾时说："我不敢当，没有百姓给吃给穿给人，军队就不能打仗。"又如孔繁森感悟："把自己当珍珠，就会时常有怕被埋没的痛苦；把自己当成泥土，让众人把你踩成路，就不会被埋没。"从终极意义上来说，忘掉自己、回归百姓，报答众生、奉献社会，是王阳明的"良知"之行、

> 弗洛伊德的"超我"境界、马斯洛的价值实现层次,也是自知之明的最高修为。到了这个阶段,一个人就再也不会自我迷失、自我失落、自我分裂、自我堕落。

幸福的密码

1988年4月,哥伦比亚大学哲学系的霍华德金森为了完成博士毕业论文,向市民随机派发出了一万份问卷。

问卷主题是《人的幸福感取决于什么》,卷中要求填写详细个人的资料,以及关于幸福的诸多选项。历时两个多月,他最终回收了五千二百余张有效问卷。经过统计,只有121人认为自己非常幸福。在加以分析后,他发现其中有50人是这座城市的成功人士,他们的幸福感主要来源于职场上的成就感。而另外71人,有的是普通的家庭主妇,有的是菜农,有的是公司里的小职员,甚至还有靠救济金生活的流浪汉。这些普通的平凡人,为什么也会拥有如此高的幸福感呢?

通过深入的电话交流,霍华德金森发现,这71人虽然职业多样习性迥然,但他们有着共同的地方,就是都对物质没有太多的要求,热爱生活乐于助人。

这样的调查结果让霍华德金森很受启发,于是他得出了这样的论文总结:这个世界上有两种人最幸福:一种是淡泊宁静、乐于助人的平凡人,一种是已获成功、职位很高的杰出者。他的导师看了这份论文后十分赞赏,批了一个大大的"优"!

毕业后,霍华德金森选择留校任教。一晃,二十多年过去了。

2009年6月,一次不经意间,他又翻出了当年的那篇毕业论文,突然来了兴趣:当年121名"非常幸福"的人现在还好吗?于是,他把这些人的联系方式找了出来,用了三个月的时间又进行了一次问卷调查。71名普通人中,除了两人离世外,共收回69份调查表,其中有的已经跻身成功人士之列;有的一直过着平凡的日子;也有人由于疾病和意外,生活窘迫,但是他们的选项都没变,仍然觉得自己"非常幸福"。而那50名成功者的选项却发生了巨大的变化,仅有9名事业顺利的人仍然坚持当年的选择——"非常幸福";23人选择了"一般";16人因为生意受挫,或破产或降职,选择了"痛苦";另有2人选择了"非常痛苦"。

看着这样的调查结果,霍华德金森瞠目结舌。两周后,霍华德金森以《幸福的密码》为题,在《华盛顿邮报》上发表了一篇论文。论文结尾,他总结说:所有靠物质支撑的幸福感,都不能持久。只有内心淡定平和、无私关爱他人,继而产生的快乐,才是幸福的真正源泉。

一得

　　幸福不是看拥有了多少、获得了多少，而是看满足了多少、奉献了多少。2000多年前，一代亚圣孟子阐发"君子三乐"：家庭平安、心地坦然、教书育人；100多年前，半个完人曾国藩提出新的三乐："读书声出金石、宏奖人才诱人日进、勤劳而后憩息。"千年的历史演进、严谨的科学实验都已证明：幸福不是来自索取，而是源自付出；不取决于物欲，而有赖于修为；无须避开世间的车水马龙，只需在心田修竹种菊锄草，养活心中一团春意，何处都是花香满径。对为官者来说，同样如此。从政生涯的幸福感，既要靠内修于心，端正"官念"、淡化"官欲"，做人知不足、做官常知足，对信仰虔诚以奉、对组织忠诚不二、对规矩庄诚持守、对同志真诚交心，不忘初心、不违本心、不负真心，回归简素淡定的自我，凡事少一分计较，多一分欣赏；少一分挑剔，多一分感恩；少一分尖刻，多一分平和；少一分阴冷，多一分阳光，又少不得外化于行，一心为民、两袖清风，做事不知足、工作不满足，带着感情、背着责任、扑下身子为百姓竭诚服务，以群众的"存在感""获得感"提升为官的"幸福感""成就感"。

作文与做人

苏轼作为苏门四学士的导师与核心,在指导与帮助学生的时候,特别注意因材施教、因人而异采取不同的教导方式。

晁补之曾作《闵吾庐赋》,苏轼读罢,觉得写得很不错,但是也存在一些问题。在苏轼看来,文章之道首先要以平和为基础,平和之上再曲尽变化,假如平和不足,却先将精力放在奇丽变化方面,对今后的发展会非常不利。苏轼本来想直言相告,后来仔细想想,觉得晁补之天性敏感,如果自己以导师的身份直接指出他文章的毛病,势必会触动他的自尊心,效果反而不好。思之再三,苏轼提笔给黄庭坚写了一封信,信中说:"我不便将对这篇赋的意见直接告知晁补之,怕伤了他的自尊,我把我的意见告诉你,你跟晁补之是朋友关系,什么话都好讲,你就权当是你自己的意见告诉他吧!"

苏轼本是一个性格开朗、豪爽、狂放、不拘小节的人,但他在对待弟子的问题上用心极为细致,这就是他的胸怀,他的用心,是文坛宗主的风范和气派。

一得

练习书法从点、横、竖、撇、捺等基本笔画起步,把楷书基础打坚实了,书法之路才有可能走得远,正所谓"不善小楷,无以成家"。

写文章也是如此，如果没有"平和"做底子，一味求怪、求变、求奇，以"出格"求"出新"、以"立异"来"标新"，结果只能使创新变创"伤"，往往得不偿失，弄巧成拙。俗话说，字如其人、文如其人，方寸之间、字里行间的勃勃生机无不彰显着生命个体的精神气象，蕴含着为人处世的内在追求。做人也不例外，秉持平和的心态，自然能妥善地对待世间的人和事。为官从政之人，固然要少一些文绉绉，但儒雅谦和的书卷气还是要多一点，"官架子"不能摆，但通达平和的"官样子"一定要有。"官样子"不是摆"造型"、耍威风，心生狂妄、自我膨胀，以"霸气"充"大气"，"匪气"显"豪气"，而是举手投足、言行举止间都怀有一颗平常心、知足心，处处显示着一种善良、仁爱的亲和力，既为尊重自己，也为尊敬别人，让人有如沐春风之感。从苏轼身上，我们品味到平和是一种心态、一种智慧、一种美德，它让我们越过障碍、走向通途，安顿心灵、实现圆满。

谦和的胡翁

明朝时,苏州城中有间当铺,老板姓胡,人称胡翁。胡翁平日里谨守"低调做人、谦和生财",故而生意很好。

这天,已是腊月二十九,胡翁正在盘账,忽然听见伙计在柜台上与人争吵,便急忙出来察看。与伙计吵架的是一位同街街坊张老头,胡翁不像别的掌柜那样盛气凌人,反而先是将自己的伙计批评了一顿,然后又向张老头赔不是。

伙计不服气,向老板诉苦:"东家,这个张老头前些时候来当了衣服,今天他要取回衣服说是过年要穿,可是又不还典金,还破口大骂,怎么就算是我的错呢?"

胡翁没有回答,他让伙计先去干别的活,自己则谦和地对张老头说了非常恳切、体谅的话,随后还安排其他伙计取来几件冬天御寒必不可少的衣服,让张老头带回去。

奇怪的是,这位张老头不仅不道声感激,甚至连一声招呼也没打就提着衣服急匆匆地走了出去。

第二天清早起来,胡翁便听说张老头昨夜在另一间当铺里死了。那家当铺老板有口难辩,被死者亲属纠缠着打了好长时间的官司,老板只好花了一大笔钱才将事情摆平,可已被拖得精疲力竭,生意也大受影响。

后来,大家才知道张老头因家中物品典当一空,负债累累,便想以死来讹诈一笔钱财抵债。他自己服毒后,先来到胡翁的当铺滋事,可胡翁一直礼让有加、谦和忍让,使他没能讹诈成功。于是张老头只好趁毒性未发作时赶紧出来另选一家。

众人都称赞胡翁有先见之明,从而避过了一场灾祸。可胡翁回答说,自己并不知道张老头会以死讹诈,只是觉得一个人若是无理取闹,肯定有所缘故,据理力争一定不是最好的解决方法,不如和和气气送他几件衣服助他过冬。

一得

群经之首、大道之源《易经》六十四卦中,唯有谦卦六爻皆吉。谦则受益,满则招损;自满必溢,自高必危。谦和低调、虚怀若谷的人生态度里,展示的是人格的魅力、绽放的是人性的光辉、蕴涵的是人生的智慧,既为事业发展积聚了不可替代的无形力量,又给个体自身营造出安全友善的人际关系。这种可贵的品质不是自然天成与生俱来,而要靠不断努力修为得来。多从历史长河中观照自己、多在人生万象中定位自己,有助于为官从政者清醒地认知生命有限、认识有限、能力有限,在工作上知不足、事业上不知足、生活上常知足,心存善念、身行善政,平和对人、平常入世、平静处变,凡事换位思考、遇事大气谦让。有了这份谦和大气,待人和风细雨、处世

> 高山大川，不自大其事、不自尚其功，下属看在眼里、记在心里，不言自动、不令而行，自然营造出一种有人缘、有人气、有人味的和畅氛围，从政生涯也才能走得高、走得远、走得稳。

死心眼的回报

巴扎尔和阿米尔都是印度的耍蛇人，他们以耍蛇为生、养家糊口，随时都有被毒蛇咬伤的可能。巴扎尔是个憨厚老实的人，他总是随身携带蛇药，以防意外发生。而阿米尔则不同，他非常害怕被毒蛇咬伤，又不想携带蛇药，经过一番苦动脑筋，终于想到了一个既能表演耍蛇挣钱又能避免被毒蛇咬伤的"妙招"。

阿米尔把毒蛇弄死，小心翼翼地把蛇皮剥开，然后往里面填充质地柔软的海绵，中间则用铁丝做支撑。这样，他每次表演耍蛇时，只要偷偷地踩一下铁丝的一头，"毒蛇"就会扭动身子起舞。而围观的人都被"毒蛇"的精彩表演吸引了注意力，所以始终没有人看穿他的把戏。

相比之下，巴扎尔显得有些"死心眼"，一直坚持用各种活的毒蛇做表演，所以不时会被毒蛇咬伤、出了意外、中止表演，现场效果就没辛格尔那么好了。蛇药种类又少，药效也不够好。

为此,巴扎尔在表演之余,花费大量时间潜心钻研医学。多年以后,他成了一位医药学家,研制出了多种特效蛇药,在救死扶伤的同时,也给自己带来了许多财富。而阿米尔呢,依旧还是一个落魄的街头耍蛇人。

一得

巴扎尔和阿米尔,一个憨厚老实"死心眼",赢了一世;一个弄虚作假"脑子活",胜在一时。两人的经验与教训,当以为鉴。古话讲,"机关算尽太聪明,反误了卿卿性命"。身在官场,立身当以"诚"字为先,做事当以"实"字为本,一步一个脚印,踏踏实实地走;一事一个交待,老老实实地干。短期来看,可能是吃亏的,因为没有得到即时的回报;可能是寂寞的,因为不曾吸引大众的眼球;可能是无奈的,因为别人缺少足够的理解,但人善天不欺、回报终有期,久久为功、终能成功。这种成功,可能是事业上的"出彩",可能是经济上的"酬报",可能是做人上的"口碑",等等。东方不亮西方亮,总有一处显荣光。反之,如若投机取巧、弄虚作假、省事省力,虽不至于丢了性命,但"终南捷径"毕竟不是"康庄大道"。天长日久,要么在玩弄"假把戏"的自鸣得意中,误以为成功很容易,放松了进取心、荒废了真本事,愈益"堕落"成为一个"平庸之徒",甚至是"油腻之徒";要么是谎言终有被戳穿的时候,真相大白之日,便是身败名裂之时,引起众怒、群起声讨……

临大事者有静气

清朝康熙皇帝雄才大略,不仅治国有方,而且在教育子女方面也颇有心得,经常亲自训导教育皇子。后来雍正皇帝将其父亲的训导汇编成《庭训格言》,书中开篇就记载了一段真切感言。

书中是这样记录的:以前,吴三桂等人发动"三藩"叛乱,我处理军国事务,从早到晚,没有空闲时间,但我保持着内心的坚定,表面上给人以悠闲逸乐的样子,每天都到景山练习骑马、射箭。那时,我们满洲八旗主力都离开京城奔赴前线,留下来的都是一些老弱病残者。这种情况下,便有不法分子在景山的路旁扔下一些书帖,上面写道:"现今正有'三藩'和察哈尔布尔尼的叛乱,各路大军忙于征讨,在此危急之时,为何还有心思到景山去游玩呢?"对这种造谣生事的现象,我就像没有看见也没有听见似的。不久,"三藩"之乱和察哈尔叛乱都先后被剿灭。当时,倘若我稍稍表现出惊疑、害怕的意思,那么人心就会动摇,或许会发生一些难以预料的意外之事。

古往今来成大事者,无不是有静气之人,正所谓"非宁静无以致远"。越是惊天动地,往往越是让人看不出惊心动魄。大敌当前、危难时刻，康熙皇帝故作轻松，实则内紧外松、气定神闲，尽显绝非等闲！皇帝不急不怕一切如常，忠诚拥护之人心里就有底，妄图作乱之人就不敢妄动。相反，一旦控局者也和众人一样惊惶失措，后果就真的不堪设想了。在干事创业的从政路上，领导者总会碰到这样那样的风险挑战，遭遇措手不及的突发事件。此时应对险象环生、岌岌可危的复杂局面，既不能没了主张、束手无策、陷于被动，更不能慌里慌张、盲目决策、轻举妄动，尤需一份举重若轻的静气。这种静气看似是一个人的平和心态、心理素质，其实蕴含着冷静观察、深刻思索的过程，依赖于形势分析和判断能力。前者快速梳理、筛选、排序各类信息，发现核心问题，综合把握基本情况；后者判断信息的真实性相关性、判断事件走向、判断舆论走向、判断主要矛盾、判断解决问题的要点、判断行动切入点。这种分析判断形势的能力归根结底是一种实践智慧，既来源于自身以往的经验教训总结，也可从历史得失和"他山之石"中借鉴习得，为官从政者只有在无事时居安思危，在平时工作中就留心锻炼掌握这种能力，才能在有事时临阵不惧、临危不乱。

致命的优点

非洲有一种几乎全透明的鱼,在水中游动非常灵敏,很难捕捞。也正因此,当地人把这种鱼称为"仙胎鱼"。别说是鱼网鱼叉,就是一片树叶的影子投射下去,它们也会异常灵敏地避开。但对于当地的渔民来说,捕获仙胎鱼却是易如反掌!

只要天上有太阳,渔民们就可以在两艘小船上拉一条十几米长的绳子,然后两人各划一艘小船,将绳子拉紧贴着水面,并排划船缓缓往岸上靠,而等在岸上的渔民见小船快靠岸了,直接往水里撒网就能轻易地捕获仙胎鱼。

很多人会好奇,为什么只用一条绳子就能把仙胎鱼赶到岸边呢?原来,仙胎鱼的最强优点也是它的致命弱点,因为一片树叶的影子都能让它们警惕地避开,这也就意味着,任何一点影子都可以驱赶它们,它们就是宁死也不会靠近绳索的影子,所以绳子一点点往岸边靠,它们为了与绳子保持距离,也就被绳子的影子逼着慢慢往岸边游,直到落入渔民们早就等待着的网里。

> **一得**

列夫·托尔斯泰说:"人生的一切变化,一切魅力,一切美都是由光明和阴影构成的。"面向阳光,阴影永远在你身后。胆怯退缩,一条小小的阴影,也足以吞噬人的一生。接纳人生的阴影并非易事,其实就等于承认自己的不完美。而人的可贵之处,就在于能够正视自己的缺憾,学会接受并努力超越自我,从而让生命的历程更加宽广厚重。现实中,我们很多时候想问题办事情之所以看不清、看不远,还是因为跳不出、看得近,不是"本领恐慌",而是"本领不恐慌",明明本领不足、才识不够,却满不在乎、无知无畏,习惯于沿袭传统思维和已有经验,困溺于自己的"舒适区"和"安乐窝",不想也不愿走出去、冲出来,封闭落后跟不上形势的变化,自然被时代潮流所裹挟,无法预见未来,也就无法把握自己。仙胎鱼的故事启示我们,任何事物都有两面性,重新审视自己,敢于挑战自己,切勿让最为依赖和引以为傲的优点,成为致命的缺点。

莫泊桑拜师

莫泊桑是19世纪后期法国批判现实主义作家,也是世界三大短篇小说大师之一。莫泊桑骄人文学成就的取得,与其初学写作时的老师福楼拜有着密不可分的关系。

莫泊桑17岁时,有一天他的舅舅领着他去拜访著名作家福楼拜,想请福楼拜做莫泊桑的文学导师。可是,莫泊桑却骄气满满地问福楼拜究竟会些什么。福楼拜就反问莫泊桑,那你会什么呢?

莫泊桑异常自豪地说:"我什么都会,早上用两个小时读书写作、用另外两个小时弹钢琴,黄昏则用一个小时向朋友学习修汽车、用三个小时练习踢足球,晚上会去烧烤店学做烧鹅。星期天去乡下种菜。"

轮到福楼拜回答这个问题时,只说了一句话:"我每天早晨用四个小时来读书写作,傍晚用四个小时来读书写作,晚上,我还会用四个小时来读书写作。"

福楼拜继续问道:"我的特长是写作,你呢?"莫泊桑无言以对了,但他深受启发,下定决心以福楼拜为师,专心写作。

好坏都在一"舌头"

> **一得**
>
> 世界上的机会是无限的,但每个人的时间和精力却是有限的。所以,越是优秀的人,越是懂得专注。正如先哲所说,"不广求,故得;不杂学,故明"。事实上,专注之所以能助推成功,根源就在于专注使外界的烦恼摒弃在自己的大脑之外,到达一种忘我的境界。这对领导者而言更为重要。从政为官,首在做人,做人首在心境。如果领导者沉迷于掂量左右人情、考虑世故周全、计算利弊盈亏,什么都想得到,最终的结果往往是什么都得不到。一个有作为的干部一定是专注于事业的干部,一定是将有限的时间资源用在刀刃上,安于本职而不安于现状,专心事业而不专攻人情,迷恋做事而不迷恋做官,把心思和精力聚焦在推动发展、为民造福上。作为领导者,要想做成大事,就理应专注对的事情,并持续做下去,努力达到"思心一至,不闻雷霆"的高境界。

好坏都在一"舌头"

古希腊著名的寓言家伊索,年轻时曾经给贵族当过奴隶。有一次,其主人设宴请客,客人都是当时希腊的哲学家。主人命伊索置办酒席,要求做"最好"的菜款待宾客。伊索专门收集了各种动物的舌头,准备了一席"舌头宴"。

开席时,主人惊问:"这是怎么回事?"伊索不紧不慢地答道:"您吩咐我为这些尊贵的客人备办最好的菜肴,而'舌头'是引领各种学问的关键,对于这些哲学家来说,'舌头宴'难道不是最好的菜肴吗?"客人们都被伊索说得频频点头、哈哈大笑。

也许是有意"考验"一下伊索,主人又对他吩咐道:"那我明天还要再办一次宴席,但菜要'最坏'的,你再去准备吧!"

第二天开席时,上的菜依然全是舌头。主人一见,大为光火,以为伊索故意耍他。而伊索不慌不忙地回答:"难道一切坏事不是从口而出的吗?舌头既是最好的,也是最坏的东西啊!"这下,主人被伊索说得无言以对了。

一得

舌头是"好"与"坏"的统一体,从一个方面去考察,它是最好的;而从另一方面去考察,它又是最坏的。伊索正是把握了"舌头"的矛盾属性进行辩论,从而征服了对手,同时留给了人们以深刻的理性思考。所谓"良言暖心、恶语伤人""雄辩是银、沉默是金""妙语如珠、言惊四座""信言不美、美言不信""祸从口出、因言获罪",良言、恶言、雄言、无言、信言、美言、妙言、罪言,皆因为舌头。很大程度上,好坏全在一舌头,成败也在一舌头,但最关键的却在舌头的主人。舌为人之器官,人为舌之主宰;舌头无灵性,人却有理性。什么话能说、什么话不能说,什么时候宜说、什么时候不适宜说,什么对象可说、什么对象不可说,全在人自己合理分辨、拿捏时机、把握分寸,处之得当,顺风顺水、如鱼得水;处之不当,城门失火、引火烧身。控制不了自己的"舌头",还怎么控制得了人生?管理不了自己的"嘴巴",还怎么管理得了自己的团队?把握不了自己"说什么",还怎么把握得了自己"做什么"?说话的规矩,是必守的政治规矩;说话的本领,是必备的履职本领;说话的涵养,是必修的为人涵养;说话的艺术,是必练的领导艺术……

莫让工作跟着情绪走

1965年9月7日,世界台球冠军争夺赛在美国纽约举行。路易斯·福克斯如有神明相助,得分一路遥遥领先。胜算在即,他只要正常发挥就可稳拿冠军了,然而就是在这个时候,一只苍蝇落在了主球上,他挥手将苍蝇赶走了。可是,当他俯身击球的时候,那只苍蝇又飞回到主球上来,他再一次起身驱赶苍蝇。这只讨厌的苍蝇开始破坏了他的情绪,而且更为糟糕的是,苍蝇好像是有意跟他过不去,他一回到球台,它就又飞回到主球上来,近处的观众哈哈大笑。福克斯的情绪恶劣到了极点,终于失去理智,愤怒地用球杆去击打苍蝇,球杆碰到了主球,裁判判他击球,他因此失去了一轮机会。接下来,他陷入了情绪躁乱的恶性循环,方寸大乱,连连失手。而对手约翰·迪瑞则抓住这个机会,奋起直追,终于夺走了桂冠。

到嘴的鸭子又飞了,福克斯不堪此去,走上绝路。第二天早上,人们在他的房间里发现了遗书和尸体。

一得

"小不忍则乱大谋。"如果你是对的,你没必要发脾气;如果你是错的,你没资格去发脾气。在前进道路上,谁都希望万事如意。然而"欲渡黄河冰塞川,将登太行雪满山",工作生活中不如意不顺心的事情经常发生。如果对情绪不加控制,把它带到工作中,牢骚满腹,萎靡不振,甚至"撂挑子",存在"工作随着情绪走"现象,不仅不利于问题的解决,还可能使工作遭受损失。三国时期,张飞听闻关羽战死沙场,抑制不住哀伤,借醉鞭打士兵,命令他们日夜赶造兵器为兄弟报仇。结果,两名部下忍无可忍,趁张飞醉酒时,将他刺杀在军营里。这样一位曾吓得敌将"肝胆碎裂,倒撞于马下"的"万人敌""五虎上将",最后却没能得到一个理想结局,皆是因为他被负面情绪蒙蔽了双眼。拿破仑说过:"能控制好自己情绪的人,

> 比能拿下一座城池的将军更伟大。"因此,控制不住自己情绪的人,即使能力再大也无济于事。听风就是雨,只会自乱阵脚。先不畏浮云,才能去拨云见日。所以,收拾好心情,调整好心态,摆脱不良情绪干工作,必将迎来柳暗花明的大好春光!

所做之恶留在身边,所做之善回到身边

一个妇人每天给全家人做馒头吃。她总是多做几个,放到门前,留给饥饿的路人。

一个衣衫褴褛的老乞丐每日来取走馒头,在离开时都会自言自语地咕哝一句:"所做之恶,留在身边;所做之善,回到身边。"日复一日,妇人对老乞丐越来越厌恶,因为,馒头全是让他拿走的,而他从没表达过谢意。

终于有一天,妇人在馒头里下了毒!就在准备放到门前时,她后悔了。最后,还是将有毒的馒头烧掉了,重新做了一些没毒的,放到门口。老乞丐还是和以前一样取走了饼,还是嘟哝着他那句"口头禅"。

那天晚上,妇人在外地的儿子回来了。儿子一进家门就迫不急待地告

诉母亲:"在离家不远的地方,我饿得昏倒在地上。幸好有一位衣衫褴褛的老人路过,他好心地给了我一个馒头。填饱了肚子,这才有力量继续赶路!"

听了儿子的话,妇人脸色苍白——如果不是在最后一刻把有毒的馒头烧掉,那她就再也见不到自己的儿子了!突然之间,她明白了那句话的含义——"所做之恶,留在身边;所做之善,回到身边。"

　　善有善果,恶有恶报。一念清净,烈焰成池。赠人玫瑰、手留余香,播种善良、收获希望。反之,存为恶之心、干损人之事,最终会"反噬"自身,这就是俗话说的"报应"。善良是人生最好的"修行"。修行要持续,如登如攀、坚持不懈、日益精进。有时,善恶虽在一念间,但为善拒恶却是一生事。如若施人之恩就急于求报,这也不是发自本真的善良。善良是官德最底的"基座",基座要筑牢,一日三省、摒除邪念、律己修身、不断提升。作为领导干部,在很大程度上,不行浅层次的"明显之恶",既有内在自律,也有外在压力,这容易做到;但不行深层次的"潜在之恶""隐性之恶",就是不漠视群众的疾苦、不践踏群众的心血,更不能断子孙后代的路铺自己路,这就真正考验"官德"了。真的要始终牢记初心、不悖本心,有"衙斋卧听萧萧竹,疑是民间疾苦声"的情怀,"但

> 得众生皆得饱,不辞羸病卧残阳"的境界,群众安危冷暖记在自己心上、群众摔跤疼在自己身上,始终存善念、做善事,全力谋善治、行善政,用心用情用真功、实践实干求实效。

当皇帝的能受气

德皇威廉一世与宰相俾斯麦是一对有名的好搭档。

威廉一世在世时,回到后宫经常气得乱摔东西。有一次甚至连珍贵的器皿都摔坏了,皇后就问他:"你又受了俾斯麦那个老头子的气?"威廉一世说:"对呀!"皇后就问:"你为什么老是要受他的气呢?"威廉一世说:"你不懂。他是宰相,一人之下,万人之上。下面那么多人的气,他都要受。他受了气哪里出?只好往我身上出啊!我当皇帝的又往哪里出呢?只好摔茶杯啦!"

1888年,威廉一世逝世,留下了一个统一强盛的德意志帝国。十年后,俾斯麦去世,墓碑上刻着简单的一行字:"冯·俾斯麦侯爵,威廉一世皇帝忠实的德国仆人。"

一得

人都有憋屈事，也都有受气时。对于普通人来说，能受气、肯容忍，可称为具有宽厚从容的善良品德。而对于领导者而言，宽恕之道就不只是修身养性的个人私德，还是顾全大局团结人心的从政官德，浸透着关心、蕴含着信任、饱藏着激励，能够营造出和谐共生、携手共进的创业环境，激发出百川归海、百鸟朝凤的向心力、感召力、凝聚力。能受气，方成器。威廉大半辈子"憋屈"于俾斯麦，最终完成了德意志的统一强盛大业；李世民"畏惧"魏徵当面直谏，从善如流开创了"贞观之治"；赵祯被包拯唾沫喷到脸上都不吱声不擦拭，广开言路成就了"仁宗盛治"。我们党从胜利不断走向新的胜利，也得益于领导干部有着大度能容、大气包容的宝贵传统，谭震林同志就曾生动地指出："对来自下级的批评，要听下去，要当下级干部的'出气筒'。""谭大炮"做了"出气筒"，没有威风扫地，反而威信大增。从这个意义上来说，为官从政"会当官"，其实就是甘当、乐当、善当"受气官"。把有"气"受，看成发现工作弊病、查找自身不足的良机；把能"受"气，当作谦则受益、事业进步的福分，多听听下级的气话、多品品群众的牢骚，可以从没本事有脾气的下等人、有本事有脾气的中等人，更快地成长为有本事没脾气的上等人。

不为外物放弃"天性"

一位禅师看到一只蝎子掉到水里,心中不忍,决心救它。谁知伸手一碰,蝎子便蜇了他的手指。

禅师不为所惧,再次出手,岂知又被不领情的蝎子狠狠蜇了一次,再次受伤。

有一路人看不下去,出言相劝:"它老蜇人,不识好歹,咎由自取,何必相救?"禅师回答:"蜇人是蝎子的天性,而善是我的天性,我岂能因为它的天性,而放弃了我的天性呢?"

一得

禅师宁愿被蝎子狠蜇,也不放弃自己善的天性,坚守自己心中的善意与追求。这让人想起了古人的一句话:"我与我周旋久,宁作我。"当代一位老领导也曾经说过一句话:"作为政治人物都有开头,有个好结局不容易。"一正一反、一古一今,其实都说明了一个道理,就是坚守正义的价值追求、正确的做人操守,不被外物所惑、不为外因所变,确难做到、实属不易。保持自我不容易、人生圆满不容易。为什么有些干部会在扰攘红尘、缤纷仕途、众生喧嚣中迷失了自我,导致党性失规、行为失范、防线失守? 有的是因为耳根太软,听不得他人的劝说与游说,相信"不跑不送、原地不动"的谣言,因人言蛊惑而改变了自己的价值取向;有的是因为内心虚荣,与别人攀比,觉得"人生苦短、享受是真"有道理,因对标不准而偏离人生的正确航向;有的是因为定力太浅,受不了糖衣炮弹的袭击,陷入"为人说情、替人站台"的误区,因利令智昏而悖离自己的努力方向。 事因难能,方显可贵。 立身处世、立业成事,自然不能冥顽不灵、固执己见,但亦不能人云亦云、随波逐流。 保持自我、保持本色、保持善性,是亘古不变的制胜大道。 因为,善良本性、好的人品是一个人最好的"通行证",当一个人周身都散发出善意、始终保持着不变的善意,自能形成独到的"强磁场",吸附成就事业的正能量……

晏殊:"实诚"赢得"青睐"

北宋词人晏殊素以说话真诚著称,最终成为一代宰相。他14岁时参加殿试,真宗出了一道题让他做。晏殊看过试题后回答说:"我10天以前做过这个题目,草稿还在,请陛下重出个题目吧。"真宗见晏殊这样真诚,感到他可信,便赐他"同进士出身"。

晏殊在史馆任职期间,每逢假日,京城大小官员常到外面吃喝玩乐。晏殊因为家贫,无钱花销,只好呆在家里和兄弟们读书写文章。

有一天,真宗点名要晏殊辅佐太子,许多大臣不解。真宗解释道:"近来群臣经常游玩饮宴,只有晏殊和他的兄弟们闭门读书,如此自重谨慎,正是东宫合适的人选。"

晏殊向真宗谢恩后说:"我也是个喜欢游玩饮宴之人,只是因家里穷,如果我有钱,也早就参与宴游了。"真宗听了,越发赞叹他的真诚,对他更加信任。

一得

晏殊的举动,让人不禁想起了电视连续剧《聊斋》主题曲当中的一句唱词:"牛鬼蛇神"倒比"正人君子"更可爱! 引用这句话,绝对不是鼓吹与提倡放弃做正人君子的价值追求与人生操守,变成凶神恶煞之徒,去做肆无忌惮、为所欲为乃至伤天害理之事。 而是,"真性情"比"假道貌"更可爱! 有时,在与别人竞争时,面对于己有利而他人并不知情的潜在条件,敢不敢主动说出真相,放弃这种可能赢得胜算的优势;有时,面对点赞声声、鲜花簇簇、掌声阵阵之时,敢不敢和盘托出背后的真实原因;有时,在做出成绩、取得成就时,敢不敢理性分析,说出长期的累积因素、团队的共同努力。 如此种

老人捕蝉

种,都会使本来笼罩在自己身上的"光环"大打折扣,使自己由"圣人"降为"常人"、从"神话"变为"白话"。但,唯"真"更动人心、唯"诚"能感人心、唯"实"可聚人心。做一个真诚、实在之人,失掉的是眼前,赢得的是长远。也可谓:成如容易由真心,无心插柳柳成荫!

老人捕蝉

庄子讲过一个驼背老人捕蝉的故事。

故事讲的是,孔子有一次到楚国去,在树林中见到一个驼背老人。

老人用竹竿粘取蝉,就像在地上捡起一块小石头一样容易。

孔子很惊讶,询问老人是如何做到的。

老人说:"我在竹竿头上叠放着两个泥丸,练习移动竹竿而不让泥丸掉下来,经过五六个月,练成后我去粘蝉,很少有失手的;后来用三个泥丸练习,练成后去粘蝉,失手的几率只有十分之一;最后用五个泥丸练习,练成后粘蝉就从不失手了。我粘蝉的时候,身如断树桩,手臂如枯树枝,天地之大,万物之多,而我只盯着蝉的翅膀,其他一概不理会,怎么会粘不到呢?"

孔子大为所动,赞叹老人"用志不分,乃凝于神"。

不精不诚,不能动人;精诚所至,金石为开。隋人王通在《文中子·魏相》中写道"不广求,故得;不杂学,故明",清代纪晓岚认定"心心在一艺,其艺必工;心心在一职,其职必举",说的都是一个道理:专心致志,故而有所作为。目不能两视而明,耳不能两听而聪,心思用在什么地方就会收获什么,精力花了多少就能回报多少。为官从政也不外乎如此,成功的秘诀全在于"惟精惟一"罢了:把心放在事业上、把事业放在心上,多谋事、少谋人,专心谋事、埋头做事,聚精会神搞建设、心无旁骛谋发展,就一定能够实现个人与事业的共同发展。反之,朝令夕改、半途而废注定一事无成、碌碌无为;更有其者,时间没花在阳光下、精力没用在正道上,只会危险地堕入悬崖、滑向深渊。因此,一名合格的领导者,除了要有志气、勇气、锐气、才气,干事创业的专注之气也必不可少。

魏文侯"有容乃大"

战国之争,很大程度上是人才之争——谁拥有的人才越多,谁的实力就越强。例如,魏国拥有李悝、翟璜等一批有智慧有能力的人才,富国强兵,开拓疆土,一跃成为中原霸主。而当时的国君魏文侯,礼贤下士、招纳人才、善于纳谏、知错能改,在历史上也留下了趣闻轶事。

一次,魏文侯借着酒劲让大家评价自己是什么样的君主。酒桌上没人敢说魏文侯的坏话。偏偏大夫任座说:"您是一位不贤明的君主。攻取了中山国不按老规矩封给弟弟,却封给儿子。"文侯顿时怒形于色,准备处罚任座,任座吓得跑了出去。见此情景,翟璜却说:"我听说贤明的君主,他的臣子说话就率直。刚才任座的话很率直,因此我知您很贤明。"听了之后,魏文侯若有所悟,急忙将任座请回,还亲自下殿堂去迎接,奉为上宾。设若没这后续一幕,只怕堂下再无人敢直言,群皆阿谀唯诺而已。

史书还记载,一次师经弹琴,魏文侯随着音乐起舞,一边舞蹈一边唱到"要让我的话不被违抗"。师经听了拿起琴去撞魏文侯,没有撞到人只是撞破了帽子,魏文侯问群臣:"作为一个臣子却去伤害他的君主,该当何罪?"大臣都说应该采用烹煮的刑罚,于是师经被抓起来准备用刑。师经说:"我能说一句话再去死吗?"魏文侯同意了,师经说:"尧舜都是害怕自己的话不被违抗,只有桀纣才担心自己的话会被违抗。我撞的不是君主,而是桀纣。"魏文侯听了惭愧不已,立即释放了师经并赔罪。

> **一得**

厚德载物、有容乃大。魏之所以雄于天下，魏文侯能容人、容事、容言，是其中一个重要原因。李悝、翟璜出身贫寒，文侯却不拘一格起用为相，改革弊政；乐羊食子、吴起杀妻，文侯却力排众议起用为将，横扫诸国；任座、翟璜冒死直谏，文侯却能从谏如流，笼络团结了一大批当时最优秀的政治、经济、军事人才，成就魏国百年霸业。"小气"难成"大器"，包容是从政为官者的重要品德，体现的是胸襟和雅量，彰显的是智慧与气魄。我们常说"宰相肚里能撑船"，我们不能等到真做了"宰相"才有"肚里能撑船"的胸怀，在普通的工作岗位上一样要有这样的心胸。首先是要能容人。特别是能容人之过，容人之短。人非圣贤，孰能无错。对别人的小错误小过失，只要不是原则性错误，就要有包容之心，帮助改正提高，不能一棍子打死。同样，金无足赤、人无完人。越是一方面有才能的人，缺点有时也越明显，要多一些宽容、多一些理解，为能人营造宽松的环境。其次是要能容事。容事才能成事，容他人所不能容，方能为他人所不能为。领导干部要以大局为重、以事业为重，只要有利于发展大局的事，都要全力支持；对一些无关紧要、无关宏旨的小节可视而不见，对一些无关大局、无伤大雅的小事可忽略不计。最后是要能容言。大千世界、形形色色的人都有，人言嘈杂，说好说歹的都有。领导干部要听得进"忠言"，容得了"异言"，忍得了"流言"，分得清"谗言"。

皇帝的自律

南宋淳熙五年(1178年),布衣陈亮直接上书,谈论恢复中原对策。孝宗皇帝看了书奏,召见陈亮,拟予以破格重用。但是,由于妥协派大臣的诋毁阻挠,起用陈亮之事终究泡汤。陈亮十分失望,怏怏回归故乡,不时借酒浇愁。一次,他与某狂士携带一位乐妓外出饮酒。酒喝多了,狂士便称乐妓为妃子。旁边有一位酒客随即撺掇狂士:你既然封了妃子,那么谁为宰相?狂士用手比画说:陈亮为左相,你为右相。于是,酒客让狂士端坐大殿中央,他与陈亮一右一左上前奏拜。狂士过了一把"皇帝"瘾,陈亮过了一把"宰相"瘾。

殊不知,那个酒客别有用心。"封妃拜相"结束,那个酒客随即跳过县州衙门,直接进京城(临安)到刑部投诉,指控陈亮图谋不轨。刑部立即派人将陈亮与狂士抓捕,严加拷打,最后又将案情上报孝宗皇帝,建议判处死刑。孝宗皇帝接到奏报,并没有马上批复。他对身边侍卫说:人命关天,你们迅速去陈亮家乡查清事实真相。调查结果表明,所谓"封妃拜相",不过是一场闹剧。当大臣再次请求法办陈亮时,孝宗皇帝断然回答:"秀才醉了,胡说乱道,何罪之有?"皇帝一言九鼎,陈亮与狂士终究被无罪释放。

假如陈亮生活在盛行"文字狱"的明清,发生类似事件,恐怕在劫难逃。幸运的是,陈亮遇到的是宋孝宗,后来参加礼部的进士考试,还中了状元。

一得

欲戴皇冠，必承其重。担领导之名，就应该尽领导之责。这个"责"，既是对自己、对他人负责，也是对事业、对历史负责。身处高位，一言九鼎，拥有生杀予夺的大权，更应时刻战战兢兢，如履薄冰，自律理性。有宋一代，虽然没有出过多少明君，但也没有出过一个暴君，因为皇帝大多懂得敬畏生命，不以暴虐立威，随意屠杀臣民，宋朝也成为后世文人津津乐道的"黄金时代"。能管住别人是领导力，能管好自己才是真正的领导力。管好自己，既在人前，更在人后，不论是一介布衣，还是贵为天子，所谓"修身慎独，不欺暗室"。"一个知识不全的人可以用道德去弥补，而一个道德不全的人却难以用知识去弥补"。在道德约束、严格自律这个问题上，曾国藩堪称后世的好榜样。功成名就之后，曾国藩依旧要求自己坚持每天反省，保持"读书不二"和"读史"的习惯，这就是严格的自律。"自修之道，莫难于养心"。领导者如何自律？儒家讲慎独修身，佛家讲勇猛精进，道家讲慎终如始，不管身处何种环境，只有严格按照一定的原则、标准和规范来做事，既靠纪律规矩的外在约束，更靠个人修养的内核驱动，抑制人性的弱点，抵御外界的诱惑，方能明心见性、登高望远。

沈从文"耐烦"

沈从文一生信奉踏踏实实做事做人,用他的话来说就是做任何事都要"耐烦"。沈从文写文章耐烦,文章一遍遍地修改,常常在深夜流着鼻血工作;他批改学生文章耐烦,有时在文稿上写的批注比原作正文还要多;他编辑文艺副刊也很耐烦,他的批改、推荐、转寄稿费和发出的鼓励信件,使许多青年作家后来成为了他的朋友。沈从文这种在任何环境下都能做到耐烦的特质,赢得了大家的尊重和敬仰。

新中国成立后,沈从文从北京大学转业到中国历史博物馆工作,彻底结束了文学生涯,一头扎进了文物研究。1979年,沈从义的《中国古代服饰研究》面世,受到了国内外的高度赞扬。中国古代服饰研究在当时是很冷门的领域,研究难度也非常大。沈从文几乎从零做起,勤奋学习,逐一克服这些困难。他的研究成果直到今天仍是服饰史研究的标杆。沈从文只读过小学,能取得这样不俗的成绩,与他在治学上的耐烦踏实是分不开的。

治学作文能"耐烦",体现的是大师名家"板凳甘坐十年冷,文章不写半句空"的毅力和定力;做人做事能不能"耐烦",则反映人与人气度、格局以及修养的高下。为官之人更是应以"耐烦"为第一要义，面对平凡琐碎的日常事务，面对艰巨繁重的发展任务，不厌其烦、不厌其难，不急不躁、不惧不惑，不驰于空想，不骛于虚声，始终保持一颗平常心、包容心、同理心。可以说，"耐烦"问题既是一个态度问题，不忘初心，牢记职责，直面现实，认真应对，方能行稳致远，积小胜为大胜，积跬步至千里；也是一个方法问题，不该用精力的地方尽量少烦心，该用精力的地方一定全身心，才能在忙中有所超脱、有所沉潜、有所积淀；还是一个操守问题，一事当前，不论大小、多少、难易都能积极主动、担当作为，不怠慢、不松懈、不推诿，不为小义违大道，不因小节损大德，因为它折射出民本意识，关系到人心向背。

孔光之"树"

孔光，字子夏，孔子第十四代孙，西汉三朝重臣，两次担任御史大夫，两次出任丞相。

史载：汉成帝时，孔光任尚书令，这是个掌握核心机密的要职。孔光有一个经常销毁演说草稿的习惯，凡是涉及与皇帝之间对话内容的草稿一律销毁,以防止机密外泄。同时,如果他推荐某人做官,也不会让其知道是自己推荐了他,以防结党营私。

更令人钦佩的是,孔光回到家后,对自己的兄弟、妻子和孩子,只字不提朝中政事。家人们也知道孔光的嘴是非常严的,也就不去找那个没趣。但他们都没去过皇宫,为了长长见识,问问别的新鲜事总可以吧?于是家人向孔光提出了一个问题:"长乐宫温室殿前种的都是些什么树啊?"孔光听罢,皱了皱眉头,先是沉默不语,继而顾左右而言他,完全答非所问。家人们着实没想到,孔光的保密工作竟然做到滴水不漏的地步。这就是孔光"不言温室之树"的典故。从此,"温树"就成了一棵具有特殊寓意的树,后人有诗赞曰:"忠慎有逾于温树。"

一得

这则典故留下了保密史上的一段千古佳话,孔光的表现,也堪称古代公职人员严守机密的典范。独居守心,群居守口。守口如瓶守的是什么?对公门中人而言,守护的既是职业操守和本分,更是一份信任和重托。某种意义上,能不能做到居官谨慎、严守机密,还直接关系自身及家人的安危,所谓"君不密则失臣,臣不密则失身"。三国时期的杨修之死就是因泄密而被杀的一例明证。古人说,"乱之所生也,则言语以为阶"。看似"闲话",无意失口,说话不慎,口无遮拦,拿着工作机密当谈资、显身份,甚至主动充当消息源和传声筒,传播"内幕消息"谋取私利,凡此种种,不仅会给工作带来诸多困扰,严重的还会动摇事业全局,造成无法挽回的影响和损失。守口如瓶、防意如城,严守纪律机密,遏止私心杂念,体现的是政治素养,衡量的是忠诚几何,撑起的是从政风骨,既为尊重他人,亦为尊重自己,更蕴含着成事立业的大智慧。

相由心生

从前,有一个雕刻家,技法精湛,很多人慕名而来,求购雕塑。而他又有一个独特的兴趣,就是特别喜好雕塑妖魔鬼怪。直到某一天,他照镜子的时候赫然发现,自己的相貌变得很丑:不是五官发生了改变,而是整个面相凶恶丑陋、狰狞古怪。

后来,他到一个寺庙里,向方丈大师求助。大师说:我可以帮你,但你必须先帮我雕刻100尊观音像。于是,雕刻家开始悉心研究观音菩萨的举止和表情、神韵和德性,有时甚至到了以己身为菩萨、浑然忘我的境界。

半年之后,当他把善良慈悲、宽容亲和的观音大士雕塑出来之后,迫不急待地去寺庙找方丈,对方丈说:我已经完成了您交待的任务,请您务必帮我治病。

方丈但笑无语,从背后拿出镜子,对他说:你的病已经好了。这时,他才蓦然发现,自己的相貌已经正气端庄,与前番判若两人了。

  心中有魔,面相如魔;心中有佛,所见皆佛。心存恶念,恶向胆边生;心存善意,善由心底起。一个人,如果眼前常见美好、心中贮满善意,则能感受到诗意、生发出美感,工作忙碌而仪表美丽、职场辛苦而内心充盈。见到男儿、丰神俊朗、仪态翩跹;见到女子,秋波盈盈、笑意隐腮;见到景致,采菊东篱、悠然忘我,这就是所谓"我见青山多妩媚,料青山见我亦如是""眼前见天下无一个不好人"之境界。一个人总是面如观音、面带微笑,热情洋溢、热心待人,运气总不会差。而一个人如果心存怨恨、心魔难除、心意难平,心情影响表情、表情化成神韵,面目越来越可怕、举止越来越乖张,让人敬而远之,甚至是怕而避之,这就是所谓的"相由心生"之理吧。其结果,必然是心情不舒畅、生活不顺畅、事业不通畅了……

投豆自省

《宋人轶事汇编》载：有个叫赵概的读书人，不仅勤奋好学，每天还用投豆的办法来检查自己一天的言行和过失。

赵概的书房里，放着三个盒子。一个装着白色的豆子，一个装着黑色的豆子，一个是空的。一天里要是他做了一件好事，或者有了一个好念头，他就取出一颗白色的豆子，投到空盒子里；要是做了一件坏事，或者有了一个不好的念头，他就取出一颗黑色的豆子，投到空盒子里。到了晚上，他把丢进空盒子里的豆子倒出来，数数白豆子有多少，黑豆子有多少，用这个办法来检查自己在这一天里有多少过失，有多大长进。

有了过失，就想办法改正；有了长进，就勉励自己更加努力。起初，赵概投的豆子，常常是黑色的比白色的多，后来，他注重时时内省、磨砺克制、改过迁善，黑豆子越来越少，白豆子越来越多了，赵概也以高德闻名于世。

一得

每天在心里给自己"投豆"的过程，就如同清除心灵杂草，拂拭思想尘埃，也正是内心道德养成、人格境界升华的过程。人生处处是修行，生活处处是道场。每日反躬自身、自查自勉，从身边的小事做起，从点滴细节改起，不让"小窟窿"变成"大漏斗"、"小问题"变成"大错误"，其实，既为认识自我，更为完善自我。俗话说，"牛不知力大，人不知己过"。存在缺点和问题并不可怕，可怕的是缺乏发现自身缺点和直面矛盾问题的勇气。"不知其非，安能去非？不知其过，安能改过？"无论身居何职，官拜何位，公门中人都应学学赵概，在自己的心里多放几个"盒子"，始终坚持"与人不求备，检身若不及"，对做过的事情经常剖析，对自己的言行进行评判，自查自纠，改过去非，防微杜渐，才能不断涤荡心灵，勇猛精进，完善自我，切实炼就金刚不坏之身。

家族长盛不衰的秘密

俗话说：富不过三代。但是北宋著名的政治家、军事家、文学家范仲淹后世家族，却兴旺了八百年。这一切的奥秘，源于他曾留下的家训百字铭，归纳起来就是"自立、读书、清俭、行善"八字。

范仲淹少年求学时因家贫常常吃不饱，他就用小米煮粥隔夜凝固后，拿刀切成四块早晚各吃两块，再佐以咸菜。一位家境比较好的同学看见后,便让家人送饭菜时多捎上一份,不料范仲淹毅然谢绝,说:"常年食粥已成习惯,若骤然食佳肴珍馐,素志必不能持。"他对这种清苦生活毫不介意,而将全部精力用在勤奋读书。

儿子范纯仁结婚时打算用绫罗绸缎装饰婚房,他得知后立即将范纯仁招来训话:"我们家素来清俭,如果将帷幔带入家门,我将当庭焚烧。"并语重心长告诫儿子:"钱财莫轻,勤苦自来;奢华莫学,自取贫穷。"行善,是一个家族强大的灵魂。《义田记》也有记载说,范仲淹曾花费巨资购置良田,用佃租接济贫寒的老百姓,后世子孙以其为榜样,接力做好这一横跨数百年的善举。

公元1051年,一代名臣范仲淹离世,遵照他的遗愿,遗体没有运回原籍苏州,而是葬在洛阳的母亲墓旁。

一得

古人云:"道德传家,十代以上,富贵传家,不过三代。"范氏家族八百年兴盛不衰,正是源自范仲淹这位家族奠基人"立德、立行、立言"的耳濡目染、代代相承家规族训"内化育人"之功。纵观范仲淹的一生,在年少未成名时拒绝朋友"恩济",让后人知道依靠别人帮助难以成功须"自立";功成名就时诫谕子弟谨记"发奋举业"之道,让后人懂得上进成才唯有"读书";居官理政时励求至刚至正教育儿孙要"忍穷免祸",让后人明白保护自身恪守"清俭";身处庙堂高位不忘江湖民生之忧"利济众生",让后人接力效仿学会"行善"。八字箴言,于今时今日仍不过时。常言道:父母之爱子,则为之计深远。古往今来,多少钟鸣鼎食之家、诗书簪缨之族最终都难逃"代际弱化"的梦魇。为什么?一切都源于家风失守和爱的放纵,说到底是为情所困、为爱所缚,难逃护短护犊之情,忘记了青菜豆腐才是平安符,清白持家才是守护神。不是春风胜春风,浩然家风济世长。家风家规既是累世的总结传承,又是后世的行为规范,其实,遗子以清白家风,培育百世之德,自有百世子孙保之,而这也恰恰是家族长盛不衰的秘密所在。

遗失的念珠

从前有座寺庙,庙虽不大,却藏有一串佛祖曾戴过的念珠,因而很有名气、香火很旺。庙里住有一位老住持和他的七个弟子,除了他们,谁也不知道念珠供奉在哪里。七个弟子都很有悟性,老住持觉得把衣钵传给其中任何一人,都可以光大佛法。不料一天,那串念珠突然不见了。

于是,老住持召集七个弟子训话:"不管你们谁拿了念珠,只要放回原处,我不追究,佛祖也不会怪罪。"弟子们都摇头否认,连连解释自己没有作案的条件。七天过去了,念珠依然不见踪影。老住持又说:"只要承认了,念珠就归他。"但又过了七天,还是没人承认,大家只顾解释,撇清干系。老住持很失望地说:"明天你们都下山吧。拿了念珠的人,如果想留下就留下。"第二天,六个弟子收拾好东西,长舒了口气,干干净净地走了。只有一个弟子留了下来。

老住持问留下的弟子:"念珠在哪里?"弟子沉默不语。追问多次,弟子依然什么话都不说。老住持最后明言:"我相信你,但你为何自愿背上这偷窃污名?"弟子这才缓缓说道:"这些天大家只顾自证清白,相互猜疑指摘。如果没人站出来,问题永远解决不了,谁都不能释怀解脱。再说,念珠不见了,佛还在的呀。"老住持听后哈哈一笑,从怀里取出那串念珠,戴在了这个弟子手上。

一得

  不是所有的事情都要说清楚,比解释更重要的是解决。两者虽是一字之差,却有着天壤之别,因为"解释"是说、"解决"是做,"说起来容易,做起来难"。口吐莲花撇清关系、巧舌如簧推脱干净,态度不可谓不好,解释不可谓不细,但"总有一种理由拒绝你",最后问题在"你听我说"中被拖延、矛盾在"与我无关"中被放大,只会误了时机、寒了人心。而敢于担责、想方设法之人,即便不能解决全部问题,甚至暂时还会受到误解,但时间迟早会还以公道、世人一定会感佩在心。这一难一易取舍之间,完全体现出截然不同的担当态度、认知高度,充分反映出大相径庭的价值取向、格局气象。正如马克思墓志铭上所揭示出的本质:"哲学家们只是用不同的方式解释世界,而问题在于改变世界。"今天,我们一再讲树立问题意识、坚持问题导向,首先当然是查找问题、发现问题,但更重要的是如何对待暴露出来的矛盾问题,是发挥主观努力把"解决"作为首要选择,还是强调客观理由把"解释"当作第一选项;是靠"说功",还是靠"做功",这才是检验学习运用马克思主义唯物辩证法的"试金石"。说到底,想干事的人总有办法,不想干的人总有理由;只要思想不滑坡,方法总比困难多!

"罗"与"目"

汉代刘安《淮南子·说山训》中有一段话:"有鸟将来,张罗而待之,得鸟者,罗之一目也。今为一目之罗,则无时得鸟矣。"

意思是,有只鸟即将飞过来,张网以待,鸟入网中,能捕到鸟,似乎只是一个网眼起了作用。但是如果没有整张网,而只用一个网眼去捕鸟,那就永远也捕不到。

这就是"罗之一目"与"一目之罗"的区别。

一得

同是一个"网眼",但置于全网之中,便能"得鸟";脱离整张网,空张一目罗,只会"失鸟",其作用有根本区别。就如同一颗螺丝钉,放在一架高档仪器上,就是精密配件;若仅就其自身而论,只是普通零件,两种情形,价值迥异霄壤,这就是个体与整体、局部与全部的关系。党员干部是政治人,干事创业、担当作为,离不开组织和团队。组织能够提供十倍于个体的力量,组织也能够使个体的力量增强十倍,个体只有在组织和团队中,才能更有底气大胆干事、拥有舞台施展才华。适应新时代、实现新作为,更应自觉强化组织观念、发扬团队精神,树立全局视野、确立系统思维,不囿"小我"、跳出"一隅",力戒个人英雄主义、克服自我本位主义,在全局中举棋、在大局下落子,在本职岗位上尽好主责、干好主业、当好主角,为组织出力、让事业出彩、使人生出色。

唯有"心灯",方能不灭

一个漆黑的夜晚,有一位盲人从培训班上完课,准备回家。老师友善地提醒他:"天这么黑,你打个灯笼吧!"

盲人并不领情:"我是瞎子,什么也看不到。有光没光对我都一样,也用不着打灯笼啦。"老师说:"可是,有光亮照着,别人看到了,可以让开你啊。"

盲人觉得老师说得有道理,就打了灯笼,但是半路上还是跟别人撞了。他就埋怨起来:"你这人也真是的!难道没看到我手里提的灯笼吗?"对方回答说:"其实,你灯笼里的灯早已灭了,根本没有光亮,所以我才没注意到你。"

盲人在一刹之间顿悟:一切外在的光是靠不住的,灯笼里的灯,风大了会灭,油尽了会灭,摇晃时会灭,而生命中有一盏灯是永远亮着的,再大的风也吹不灭,再剧烈的晃动也摇不灭,那就是"心灯"。

这也是一个"老"故事,可能很多人都听过。其中的道理,也不难领悟:唯有心灯明,方能持久行。心灯,才是一个人心中永远的光明。如果灯笼提在自己手、希望寄在别人身,把自己的内心快乐甚至人身安全,都系在别人身上,指望别人一定会注意自己、在意自己,用心维护、悉心守护,那毕竟太理想主义、终究不可靠。只有点亮心灯、找到根本光明,才能把握真正快乐、健康、幸福、成功的真谛。联系到领导干部的工作实践,同样如此。外因只是条件,内因才起决定作用。所有的一切,如果不付出主观的努力,只是寄希望于外在因素,指望外人援助、他人帮助、众人相助,毕竟有很多的不确定性。因为,别人怎么做,不由自己做主。只有依靠自己的努力、凭借自己的实力,才是提升成功率、获得成就感的根本所在。

决策施策篇

JUE CE
SHI CE
PIAN

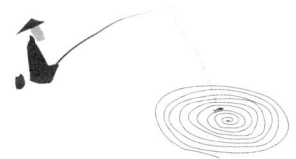

实践出真知

宋人史料笔记《独醒杂志》记载,宋人马正惠将珍藏的《斗牛图》展于厅堂,一个交田租的农夫看到此画却暗暗发笑。马正惠感到奇怪,便问农夫为何发笑。农夫回答说:"我只是个种田人,并不懂得画,但是却很了解活生生的牛。牛打架的时候,一定把尾巴紧紧地夹在大腿中间,力气再大的人也没有办法把它拉出来。可你看这张图,两只牛在打斗,而它们的尾巴却高高举起。这和实际情形不一样啊!"马正惠听后深为叹服。

哲学家曾说:"艺术是实践智性的善";中国传统画论也有"外师造化,中得心源"的重要主张,这些都告诉我们,艺术来源于生活,要在把握事物基本规律的前提下进行艺术创作。脱离生活实际想象出来的"牛",不但显不出它们的神态,反而显得苍白无力,还会惹出"此牛非牛"的笑话。贴近自然、深入生活,"搜尽奇峰打草稿",艺术创作才有源头活水。"远观以取其势,近观以取其质",描摹山水必须全方位、多角度的观照,才能体悟其外在形状、内在精神和细致差别,所谓"春山艳冶而如笑,夏山苍翠而如滴,秋山明净而如妆，冬山惨淡而如睡"。惟有如此，方能做到胸中有丘壑，下笔如有神。躬行悟真知，功夫在诗外。为官从政也是如此。面对纷繁复杂、不断变化的实践情境，单纯的感性经验或理性知识都无法穷尽实践的全部多样性和变动性，必须运用实践智慧推动感性经验和理性知识的融合，建立起两者间的沟通，使感性经验由"知其然"向"知其所以然"提升、理性指导由抽象向现实过渡，进而以超越性思维来实现认知上的飞跃，从而把握实践情景、揭示事物本质、获得有益启示。也惟有如此，对于理论原则与实践类型是否匹配，方案计划与实践目标是否一致，发展蓝图与实践路径是否契合，才具备真正的评价和鉴别能力。

有些事并不像它看上去那样

传说，有两名天使扮成行者，来到人间历练，救助世人摆脱苦恼。

第一天，他们到一富家借宿，主人将他们领到阴冷的地下室，找了一角让他们栖身。年纪稍大的天使无意间发现墙上有个洞，就顺手把破洞修好了。

第二天，他们借宿在一户穷人家。主人非常热情，拿出了仅有的一点

有些事并不像它看上去那样

粮食招待他们，还让出了自己的床铺给他们睡觉。一早醒来，年轻的天使发现，这家人唯一的生活来源——一头奶牛死了，主人十分难过。见此情此景，他愤怒地责问年长的天使："第一个家庭什么都有，你还帮他们补好墙洞；第二个家庭如此贫穷，还热情招待我们，而你却没有阻止损失的发生！难道你的修炼只是锦上添花，不能雪中送炭？"

年长的天使答道："在地下室过夜时，我从墙洞看到了一间前人藏宝的密室，里面堆满了金银珠宝。因那家主人贪婪，我不愿让他得到这笔意外之财，所以把墙洞填上了。昨天夜晚，死神本来是要召唤农夫的妻子，我让奶牛代替了她去死亡。所以有些事并不像它看上去那样。"

一得

世事纷繁复杂，对立中有统一、统一中有矛盾。事物的现象与本质，有时是一致的，有时可能恰恰相反。"恶果"的背后可能本有"善花"，而"善果"可能却是"恶花"所致。眼睛也会"骗"人，用"心"才能察出真情。透视本质、洞见真相的能力，是领导力的一个重要方面，也是科学决断的基本前提。作为领导干部，切忌情况不明、妄下结论、盲目决策，必须要通过及时有效的沟通，广泛掌握各个方面的信息，综合分析，去粗取精、去伪存真，这样才不会被"一叶障目"，为表象所惑，作出正确判断和科学决策。

欧阳修整肃文风

北宋嘉祐年间,士人刘几多次在国子监考试中名列榜首,只因他文章中诡谲险怪的文句迭出。有此导向,学子们纷纷仿效,一时形成了怪异浮华的为文风气。欧阳修很讨厌这种文风,总想好好整肃一下。

某年,恰逢欧阳修主持进士考试。他明确规定,凡是写艰涩险怪文章的考生一概不录取。有个考生在文章中写道:"天地轧,万物茁,圣人发。"意思是:天地初分之时,万物开始生长,伟人方才问世。欧阳一见此等文风,心下非常厌恶。于是在其后续写道:"秀才剌,试官刷。"意思是:你秀才的文章若违背事理,考官就把你刷掉!还用大红笔把文章从头到尾横涂了一道,称作"红勒帛",批上"大纰缪"三个字后张榜公布。后来发现这篇文章的作者果然是刘几,而此后考场文风也发生了变化,大家都学着写内容充实、朴素实用的文章了。

欧阳修大力改革文风,发现了许多经世致用的优秀人才,其中就有王安石、苏轼、苏辙等流芳百世的名家。

古话讲,"文以载道""言之无文,行而不远"。但这样的"文",应是言之有物、有理、有序、有味、有用,而不是一味地追求诡谲奇异、浮丽绮华，逞弄文字上的"奇技淫巧"，以"出格"求"出彩"。对领导干部来讲，很大程度上，立言也是立业，为文也是为政，说话也是说事。因为，领导工作的相当一部分是通过文字工作来实现的。领导干部的文风反映了自身的内在爱好，影响着下级的行为偏好，不仅仅是文字风格的问题，更是从政品格的问题。可谓文风就是作风，折射党风、影响政风、关乎民风。因之，无论是发表讲话，还是撰文立说，都应学会使用清新朴实、言简意赅、活泼生动的语言，让人想听爱听、听得懂弄得通，这样才能传之当世、传之久远。

尹继善的为官诀窍

尹继善，清雍正、乾隆年间的名臣，满洲镶黄旗人。虽为八旗勋贵子弟，但好学颖悟，才识过人，历任云贵、川陕、两江的总督，文华殿大学士兼翰林院掌院学士，协理河务，参赞军务，可谓"阅历天涯遍"。他最为人推崇的还是颇具代表性的政事与为人。清末陈康祺编撰的史料笔记《郎潜纪闻》记载道，尹继善为官性善谦下，虚怀若谷，每当作出重大决策、发布重要命令时，必定召集监司以下的僚属共商，让大家畅所欲言，找纰漏，匡过失。

他常说,我的想法大家认为有异议的地方,一定要据理反驳,我解释之后大家仍不满意的可以继续反驳,务必使决策"万无可驳而后可行",千万不要因为我是总督就随声附和、有所顾忌。

尹继善是这么说,也是这么做的。他数十年宦海生涯,每到一地,都能革除积弊,敢于直言,造福百姓,政声卓著。乾隆皇帝曾评价他"公正端厚,所至以爱民为先务,故甚得名誉,临事不动声色,而大小悉就理筹画,河工诸务并协机要"。

一得

唐初名臣魏徵有言,"兼听则明,偏信则暗"。老话也说,听人劝、吃饱饭;三个臭皮匠,顶个诸葛亮。领导干部可以是某一领域的专家,却不可能是无所不知的全才,身居高位,主政一方,更应时刻战战兢兢、如履薄冰,多闻多问、反复比较,慎重用好手中的权力,力求每一项决策都能经得起历史和时间的检验。当然,作为领导者,集思广益、虚心听取各方意见"多谋"是必须的,但还需综合平衡、择机"善断"。尹继善为官遇大事胸有主见,且敢于直陈无隐,则更显其胆识才略。史书载,雍正皇帝最欣赏李卫、鄂尔泰、田文镜,让尹继善学此三人。尹继善奏曰:"李卫,臣学其勇,不学其粗。田文镜,臣学其勤,不学其刻。鄂尔泰,宜学处多,然臣亦不学其愎。"世宗不以为忤。

降价的圈套

犹太商人是世所公认的"第一商人",犹太人的经营智慧不仅体现在盘算上的精明,更重要的是思路上的精明。

早些年,有个犹太商人沙米尔移民到澳洲经商。到了墨尔本,就干起老本行,在街头开了一家食品店。而他店的对面,是一个叫安东尼的意大利人开的食品店。于是,两家免不了互相竞争。

安东尼眼看新的竞争对手出现,感到很恐慌。他决定率先出招,用降价战胜对手,便在店门口黑板上写了几个大字:火腿,每磅只卖五角。不想沙米尔立即响应,竟竖起牌子:一磅四角。安东尼见沙米尔如此,一赌气,立即将价格改为:火腿,一磅三角五分钱。这样一来,价格已降到了火腿成本以下。没想到,沙米尔更离谱,真是跟他耗上了:一磅三角!

几天下来,安东尼撑不住了。他气冲冲地跑到沙米尔店里,以经商老手的口气怒斥:有你这样卖火腿的吗?这样下去我们都会破产!犹太人报之一笑:我的店里根本不卖火腿,连我也不知道一磅三角卖的是什么!依我看,这样下去,只有你才破产,而不是"我们"。

安东尼这才发觉自己上当了,知道遇上了真正的竞争高手。

一得

商人决策失误损害的只是一个企业的利润乃至存亡，而领导干部决策失误损害的则是众多百姓的切身利益和一个地方的发展大局。要想在激烈焦灼的发展竞争中平添胜算脱颖而出，只能基于细致观察和理性分析，做到知己知彼、心中有数，实质上靠的是"思想的勤奋"、用脑子谋事，而不是"应激式忙碌"、凭意气用事。思路清晰，策略得当，就能出招准、收效好；如果情况不明决心大，心中无数办法多，抓不住重点和关键，盲目出招，只会越做越糟。现实中，一些干部看似"兵来将挡、水来土掩"，反应很快、行动迅速，"打地鼠"一般忙碌不停，但所抓工作往往却收效甚微，甚至事与愿违，症结就在有激情少才情、有动力少智力，以事务的勤快掩盖思想的懒惰，不假思索、稀里糊涂，最终沦为"劣质勤奋者"。真正的高效管理者应当是在对各类情况精准把握的基础上，进行综合分析研判，善用智慧谋事，选优路径做事，最终才能成事。

谁更忠诚?

咸丰十年(1860年),英法联军一路进击北京,咸丰听信了居心叵测的胜保奏言,飞诏曾国藩和胡林翼进京勤王,并指名要鲍超率湘军万名入卫。

此时,皖南战事吃紧,湘军正全力攻打安庆,鲍超所部又是湘军的主力,正对抗太平军精锐陈玉成部。一旦抽调鲍超所部北上,江南战局必然不堪设想。处于两难之际的曾国藩,从朝廷留恭亲王在京主持议和的安排上,领会出朝廷本意在议和,而且他深信,只有2万多人的英法联军不足以颠覆清廷,其目的在于掠夺财物,与太平军有着本质的区别。太平军西征势头非常猛,曾国藩在反复权衡之后,采纳了李鸿章"按兵请旨,且无稍动"的建议,请朝廷选曾国藩或胡林翼为督军勤王。奏书在路途往返之际,朝廷已签城下之盟,北上勤王之事也不了了之。

与之相反,胡林翼于九月初五接到圣旨,当日即命令荆州将军都兴阿率部掉头,改赴京城入卫,并致书都兴阿,嘱其"能早到一日,可早纾圣主一日之忧"。这与曾国藩的按兵不动,形成鲜明对比。胡林翼认为,"此事不容计较利害""惟大义之所趋",因而批评曾国藩,要他"不能以吴楚安危为念"。

某种意义上,谁也不能说胡林翼比曾国藩更加忠诚,因为曾国藩这样做的目的,是替朝廷的长远大局考虑,后来的事实也证明,安庆之战确实是当时军事态势的关键转折点,太平军从此陷入了被动挨打的局面。

> **一得**
>
> 在湘军之中,胡林翼的见识与品德都不在曾国藩之下,然而胡林翼的成就却不如曾国藩,一个重要原因,就是胡林翼缺乏曾国藩这样的战略定力。人生总是会遇到各种挑战,领导者所面对的挑战更是远远超出常人。如果缺乏坚强的意志,就会导致思想上患得患失、行动上犹豫不决,最终错失改革发展的良机。对领导者来说,不仅要有过人的见识,更重要的是明白之后还要有一种"倔强之气",对目标坚持但不固执,对变化敏锐但不敏感,对失败放下但不放弃。这种战略定力是优秀领导者不可或缺的可贵品质。

劝民种树

山东胶东一带自古出产柞蚕,又叫山蚕、野蚕,织出来的茧绸虽然不如蚕丝绸高档华贵,却结实耐用,价格便宜。

乾隆年间,李湖调任山东宁海州(治所在今山东牟平)知州。上任后,他因地制宜,大力推行山蚕养殖,鼓励督责每家每户种植柞树,并严禁砍伐,对作践柞树的,以伤损庄稼的罪行论处。由于不能立即产生经济效益,这些强制措施当时引起民众抱怨,从长远看,最终成效显著。由《榆巢杂识》记载,"二十年来,居民放蚕收茧,利甲一郡,至今登州茧绸称最"。这里所说的登州茧绸就是著名的"宁海绸"。

李湖告别宁海的那天,"州民送者遮道"。后来,宁海百姓又为他建立祠庙,加以奉祀。

一得

有人说,天下真实紧要的官员只有两种,一是宰相,二是县令。此话难免失之偏颇,却凸显了县官在国家治理体系中的重要性。县域治理的兴衰成败,很大程度上又取决于诸如李湖之类的县官,是否具备过人的见识和前瞻的眼光。因为在纷繁复杂的县域治理情境中,只有穿透迷雾、洞见先机,审时度势、因地制宜,才能真正为百姓谋一本万利、谋根本福祉。苏东坡以诗意的眼光在西湖长堤两侧种植桃树、垂柳,留下"苏堤春晓"美景,泽被后世,千古流芳;焦裕禄抓住治理"三害"的关键,带领兰考人民大面积栽植泡桐,发展林业经济,群众亲切地称泡桐为"焦桐";谷文昌绿化荒沙滩,苦干14年,变荒岛为宝岛,东山群众至今念念不忘,民间有"先祭谷公,后祭祖宗"的说法。世界上相距最远的两点是"说"与"做",因为中间隔着"怎么做",作为领导者,必须千方百计缩短这两者的距

> 离，像苏东坡、李湖、焦裕禄、谷文昌等极富实践智慧的人那样，在实践中坚持，在坚持中升华，种下一片惠泽后世的树木，在老百姓心中树起一座不朽的丰碑。

两记"耳光"激出的"白石大师"

在中国近代史上，齐白石是一位诗文、书法及篆刻造诣极高的国画大师，不仅其艺术作品给人以精神和心灵上的至高享受，他从木匠到巨匠的人生逆袭更为后人提供了诸多启示，特别是他被两记"耳光"打醒的故事，尤为值得我们省思。

齐白石出身贫寒，读书不到一年，便辍学在家。15岁时，齐白石拜一位木匠为师，学建房、造桌椅等手艺。一天，齐白石与师父收工回家的路上，遇到三位木匠同行，师父急忙拉开齐白石，毕恭毕敬地给他们让路。齐白石不解地问道："我们是木匠，他们也是木匠，师父为何要这样恭敬？"师父批评道："小孩子不懂规矩！木匠也有三六九等之分，我们做的是粗活，而他们做的是细活，还会雕花，要不是聪明人，一辈子都学不成的。我们怎敢和他们平起并坐呢？"自尊心很强的齐白石听后，无异于挨了一记重重的

"耳光",他暗下决心,一定要学会做精细活,从此踏上了从木匠到画师、从画师到巨匠的宗师之路。

然而,艺术之路并不好走,当时传统文人中存在着严重的文化和身份偏见,他们认为齐白石出身低微,画不出什么高雅的东西来,甚至有人说他是"野狐参禅",一度时间其画作定价比一般画家少了一倍,甚至无人问津,生活十分落寞。这对齐白石来说无疑又是一记"耳光"。但他不为所屈,闭门十年"衰年变法",自创红花墨叶画法,于大俗中见大雅,最终修成"正果",成为殿堂级的大师。

若不是这两记"耳光"打醒了齐白石,恐怕终其一生也不过是一个籍籍无名的木匠,既不会在绘画之路上登堂入室,更不会成为开宗立派的艺术巨人。

"水不激不跃,人不激不奋"。对齐白石先生来说,这两记"耳光",不仅是以耻自勉的印记,更是破茧成蝶的标记,可贵之处就在于他以"一物不知,深以为耻"的自觉,把耻辱转化为前行动力,用努力和成功来洗刷耻辱。人没有尊严,就无所谓人的价值,被伤了尊严,才能更快成长。一个地方、一个单位亦是如此。作为领导者,理应把发展的落后、群众的抱怨、领导的批评视为一种耻辱,始终以"总量不如人,速度就要快于人;实力不如人,力度就要大于人;现在不如人,将来一定要超过人"的精气神,正视差距、找准差距、攻克差距,在进位争先中彰显班子尊严、体现个人尊严。

慌急失措的齐景公

春秋末期,齐国国君齐景公虽然生活奢靡、喜欢享乐,但对丞相晏婴却十分器重,不论大小国事均先请教晏子后再作决定。

一天,齐景公到渤海湾游玩。风和日丽、景色宜人,齐景公正玩得兴起,突然,一名驿使从都城临淄匆匆赶来向景公报信:"丞相晏婴病重,危在旦夕,请君上火速赶回,否则恐难见上最后一面。"齐景公听后,心急如焚,立即挑选了最好的马匹和驭手,急忙赶回都城,因为齐景公深知,如果没有晏子辅政,齐国必定危机四伏、国势衰微,随时会有祸乱发生。

途中,齐景公不停地催促驭手,"快点,再快点!"尽管马车已经跑得很快,但齐景公仍觉得速度还不够快,索性把驭手推到一边,自己拿起鞭子赶起马车来。显然,齐景公的驭马水平根本无法与高超的驭手相比,马车的速度反而慢了下来。

齐景公又觉得坐马车速度太慢,干脆跳下马车,自己徒步奔跑,以求快点赶路。他跑了一段路后,累得汗如雨下,只好又重新回到马车上。由于齐景公的反复折腾,结果比预计时间晚了近一天才赶回都城,晏婴已经去世,他只能伏在晏子的尸体上大放声大哭。

齐景公想以最快的速度赶回都城的心情可以理解,但慌急失措,不懂得运用最佳的方法也是不行的。天下事无非大小多少、轻重缓急八个字。同一件事情,不同的人能看出不同的门道、会作出不同的抉择,这里面就有认识水平和眼界视角的问题。成熟的领导者都深谙"缓事急办,敏则有功;急事缓办,事缓则圆"的道理,事情越紧急越是举重若轻,冷静权衡利弊再做决定,不慢在一个项目,也不快在一个项目。急事缓办不是形式,更不是不做,而是一种心态,考量的是领导者的智慧、心态和毅力,否则,即便想缓,也未必缓得下来。当然,事情是不断变化的,轻重缓急也是在转化的,可能此时,是缓事,而彼时,就可能变成急事,有如岳飞所说"运用之妙,存乎一心"。

"叠伏"并非灵光一闪

抗日战争期间,八路军在敌后战场以少胜多、以弱胜强的战斗不胜枚举,而刘伯承亲自率领的七亘村伏击战更是创造了战争史上的奇迹。

1937年10月,为配合国民党军队保卫忻口、太原,第129师师长刘伯承率第386旅进抵山西平定地区,积极寻机侧击日军。经过实地勘查,刘伯承认为七亘村是日军进犯太原的要道,也是我军埋伏进击日军的理想之地。

10月25日,侦查发现有1000多人的日军辎重部队正在距七亘村10公里的测鱼镇宿营,刘伯承即令第386旅在七亘村附近设伏。26日早晨日军进入伏击地区,经两个多小时的激烈战斗,八路军仅以10多人伤亡的代价,毙伤日军300多人,其余日军则逃回测鱼镇。刘伯承在对华北战场态势和敌情进行分析后判断,日军前方急需补充粮弹,其辎重军队仍将经七亘村运送补给,遂令原设伏部队再次在七亘村附近设计埋伏。28日,日军果然以步、骑兵400多人掩护辎重部队仍沿原路西进,并加强警戒。这一战又湮灭了日军100余人,缴获骡马数十匹。

八路军在同一地点连续两次设伏,当日军根据"战胜不复"的兵法推测我军行动时,刘伯承偏偏打破这一逻辑定则,反其道而行之,创造了"重叠伏击"的经典战例。

> **一得**
>
> 　　七亘村"重叠伏击",表面上看是刘伯承元帅灵机一动的"金点子",实则是在准确掌握任务、敌情、我情、地形、时间"五行"的基础上,对日军的动向、战术、心理的敏锐洞察和正确判断。这种凭借经验和知识的融合激荡而展露出"瞬间知道怎么做"的机智,为实践创新提供了广阔空间,也是实践智慧的神秘、神奇、神韵所在。某种程度上讲,一切纯粹理性的行动都具有不同程度的局限性。恰如哲学家邦格所说,"光凭理性是不能使人产生新思想的,就像光凭语法不能激发诗意,光凭和声理论不能奏出交响乐一样"。其实,地方治理亦是如此。打破一切可以打破的边界是创新的起点,治理实践既不要专执某种行为模式,也不要拒斥某种行为模式,而是要根据特定情境,迅速、灵活、正确地理解和解决,创造性地展开最合适地实践行动。

"天知道"的由来

　　清朝末年,上海闸北有一家叫"天知道"的梨膏店,产的梨膏糖曾是皇宫贡品。梨膏店的附近有一家姓于的水果店,梨膏店的发迹就是因为这家水果店。

光绪八年,于家水果店从山东莱阳运来五十篓梨,由于路途遥远被颠破,再加之被雨水淋湿,运到闸北时有些梨已经烂了,店家想了各种办法也卖不掉,只能分拣后丢了。水果店旁边住着一对夫妻,正没有粮食吃,见于家扔掉许多烂梨,就捡了回来,挖掉烂眼食用。一吃很甜,于是就把削好的碎梨片切成小块出售,一个铜钱卖五块,只用半天就把碎梨片全卖了。

接着,夫妇俩就到于家水果店将一篓篓的烂梨买来。反正梨烂了也不值钱,于家乐得其所,一股脑儿都低价卖给他们。买得多了,这对夫妻就将梨削好放进大缸里,用糖腌制起来,这样更好吃,一上市卖得很火。后来,夫妇俩到处买烂梨,削去皮放进锅里熬成梨汁,制成膏糖。春天没梨吃,人们都想吃梨膏糖,一下竟成了南方的名产。慈禧无意中吃到梨膏糖后,觉得十分爽口,便传旨叫夫妻俩每年进贡。这一下,他们的生意更好了,也正式开起了梨膏店。

于家水果店老板暗自打探,终于知道这些梨膏糖是烂梨制成的,既眼红,又嫉妒,夜里写了"天知道"三个大字,贴了在梨膏店的大门上。第二天,这夫妻俩一看"天知道"三个字,男老板笑逐颜开,说:"我正想起个名字,真是好极了。我们的梨膏糖连当今天子都吃过,应当叫'天知道'。"

这对夫妇把招牌写得特别大,来看的人一问,知道皇上、太后都爱吃他们家生产的梨膏糖,生意越做越大。

> **一得**
>
> 机遇随处皆是,但决定人生的还是思维。"天知道"梨膏店的夫妇俩将烂梨这种"废品"的产业链深度挖掘延伸,做出了"名品"、做大了生意,可谓是发散思维的绝妙应用。影响成功的因素很多,但最关键的还是两种思维,一种是辩证思维,让人不走歧路;另一种就是发散思维,让人找到更好的路。作为领导者,一旦囿于一己之见或陈规定式,往往会坠入非此即彼的怪圈,走不出进退两难的困境。但是,有了发散思维,就能在多方位、多角度、多层次的思考中,突破"唯一的答案""一条道跑到黑"的思维局限,就会以更开阔的视野、更宽广的胸怀、更开放的理念创新解决问题的路径。"横看成岭侧成峰,远近高低各不同。"当改革发展中百思不解、束手无策时,换个角度思考问题,或许会收获意想不到的效果。

结婚为什么戴钻戒

"钻石恒久远,一颗永流传"是一句耳熟能详的广告词,这句经典广告词的背后,却隐藏着一个惊天逆转的营销故事。

20世纪30年代,世界经济遭遇危机,各行各业一片萧条。戴比尔斯钻石公司为了挽回亏损,不断开发新产品,推出了一大批设计精美的时尚钻石首饰,但高端消费人群这一块市场空间显然太小,钱包缩水的富人们对炫耀消费的兴趣也大不如前。一段时间之后,销售业绩依然糟糕,"时尚计划"以失败告终。接着,戴比尔斯公司又采取了诸多自救措施,大多收效甚微。

此时的戴比尔斯公司已是人心惶惶,于是向广告公司寻求援助,共同商讨对策。经过一番分析,不久便正式推出"A diamond is forever"广告语,广泛宣传只有永恒的钻石才能媲美永恒的爱情,将钻石包装成结婚必备品。这一举措大获成功,不仅提升了戴比尔斯公司钻石销量,也带动了整个钻石饰品行业蓬勃发展。进入20世纪60年代,80%的美国人订婚选择钻戒作为信物。1993年,"A diamond is forever"被翻译成中文"钻石恒久远,一颗永流传",从此,钻石与爱情的故事传入了中国,钻石消费市场也进一步扩大。到了2006年,戴比尔斯在全球的销售额已经达到了61.5亿美元。

一得

被誉为竞争战略之父的波特曾下断言:"基于文化的优势是最根本、最难以替代和模仿、最持久和最核心的竞争优势。"因为文化可以把本不搭界的事物跨界糅合在一起,往往能在"随风潜入夜、润物细无声"中打动人心、产生共鸣,起到奇效妙用、收获意外惊喜。正是巧用文化柔性整合力、嫁接共同认可价值观,戴比尔斯公司才得以达成"钻石＝坚硬＋稳定＝永恒＝爱情"这样一个关系式,化弹性需求为刚性需求、变奢侈品为必需品,从而撬开了全社会消费者构成的巨大市场、赢得了数以亿计的宝贵财富。商品营销可以如此推广,地方治理同样可以借鉴。把文化作为一个地方最大的不动产,收集挖掘文化资源、提炼设计文化主题,充分发挥"文化＋"的整合功能,创新文化与商贸、教育、现代服务等产业融合方式,可以源源不断催生出新产品和新业态,提升相关产业高回报附加值,无形中为地方发展提供更为持久的支撑力。国外的"时尚之都"巴黎、"创意之都"伦敦、"音乐之都"维也纳、"电影之都"洛杉矶、"文艺之都"爱丁堡、"雕塑之城"佛罗伦萨,国内的"博爱之都"南京、"休闲之都"成都、"浪漫之都"大连等等都是成功的范本。可以说,文化既是一个地方的灵魂和名片,也完全能够给这个地方带来独特的滋养。

改佛面瘦

戴颙是南朝刘宋时期有名的艺术家,在雕塑、绘画、诗文和音乐等方面均有很深的造诣。

宋文帝曾下令铸造一尊一丈六尺高的铜质佛像,供奉在瓦官寺。铸成以后,令人遗憾的是,佛像的面容看上去显得消瘦,和佛身不相称,但工匠们也无法修改。

于是人们把戴颙找来,让他给想个办法。戴颙看了佛像后说:"不是佛像的面部太瘦,而是佛像的肩膀太肥的缘故。只需要把佛像的肩膀、手臂削减一下,佛像的面部就丰满了。"

工匠们依言用锉刀把佛像肩膀、手臂的肥硕部分锉去。果然,佛像面部"消瘦"的问题迎刃而解。众人无不佩服戴颙的智慧。

一得

常规思维只能产生常规决策、常规行动,虽无风险亦无创新。佛像的面容显得消瘦,一般人的思维是加宽佛像的面部,但戴颙却反其道而行之,削窄佛像肩膀,这远比加宽面部更容易。治理实践展开的背景和境域纷繁芜杂、变动不已,可谓"阳光下每天都有新东西"。如果领导者习惯以固有思维、惯例方法来思考问题,结果必然是永远步人后尘、亦步亦趋,就很难驾驭全局、掌握工作主动权。作为领导者,唯有冲破思维定式的枷锁,克服思维惰性的阻力,校正视角、打破常规,才能创造性地展开实践流程,达到"一招破满盘活"的战略效果。

一流人物

宋仁宗年间,江浙一带发生大饥荒。当时,范仲淹主管浙西路兼任杭州太守,他调发粮食,募集钱物,但仍然力不从心。

吴中百姓有赛舟船、做佛事的传统,于是,范仲淹一方面积极鼓励民间多举办赛事,引导城中居民大规模出游、玩赏,一方面召集各寺院住持僧人,告谕他们抓住民工工价低廉的时机,大力兴建土木工程。与此同时,官府也翻修仓库和官吏住舍。那些从事贸易、饮食行业,以及仰仗官府、私家养活的工匠、民夫,每天大概有几万人。

在这次饥荒中,杭州粮价一度大幅上涨,范仲淹没有采取强行压价的做法,而是以高于市场价大量收购粮食,各地粮商见有利可图,将大批粮食

"画廊+咖啡馆"的成功

运往杭州,粮价上涨趋势很快被平抑。这一年两浙路灾区唯有杭州平安无事,百姓没有流离失所。

朱熹称誉范仲淹为"天地间第一流人物",察其平生言行事功,当之无愧,令人仰止。他在杭州救灾中打出的一套"组合拳",直击要害,招招见效,令人叹服,可谓中国古代版的"罗斯福新政"。面对危机、困境、难题,如果按常理出牌,兵来将挡,拆东补西,看似得心应手,救一时却不能管一世。作为领导者,创新的勇气不可少,实践的智慧更难得,唯有走出头脑"深水区",打破思维"硬框框",通权达变,见"危"识机,推陈出新,独辟蹊径,努力追求"落一子满盘活""牵一发动全身"的决策、创举,方能以一流之才智成就一流之事业。

"画廊+咖啡馆"的成功

在法国,一位青年画家倾其所有在最繁华的街头开了一间画廊。他想,凭自己的技艺,用不了多久定会生意兴隆。

但出人意料的是,画廊开了好几个月,几乎无人问津。原因很简单,这条街上有许多著名的画廊,而他只是一个名不见经传的小人物,无法引起人们注意是情理中的事。

后来,这位年轻人调整了经营方向,他在另一条街开了一间咖啡馆,并巧妙地将他的画作布置在墙面和所有角落,让人一进来就犹如步入了画作展览馆,喝着咖啡、欣赏着绘画,感觉特别舒适、高雅,咖啡馆的生意竟出奇地好。渐渐地,他的画挂得越多,换得频率越高,咖啡馆的客人就越多。许多人来到这儿,不是单纯地为了喝咖啡,更是为了欣赏一下他精美的画作。

一天,一位路过此地的书画商,对墙上的画作十分感兴趣。当他得知这些画作全部出自咖啡馆老板之手时,随即用高价收购了所有的画作,并与这位年轻人签订了一份长达十年的销售合同。

一得

打破一切边界、颠覆一切传统是创新的起点。年轻画家将画廊和咖啡馆跨界融合,创造出新的业态,可谓是杂交创新的经典范例,正应了一句古话"有意栽花花不开,无心插柳柳成荫"。对地方治理而言,这种跨界整合亦是实践创新的重要通道。就像发展农业,如果单纯"种庄稼",充其量只能解决温饱,而一旦耦合了健康养生、休闲旅游,把"种庄稼"变成"种产品""种风景",就能重建农民对脚下土地的信心。当今时代,是一个比创造力的时代,也是一个跨界整合的时代。作为领导者,理应与时偕行、因时借势,敢于打破边界,善于跨界创新,这不仅是个人能力提升的需要,更是顺应时代步伐的需要。

谁是良医

战国时,魏文侯曾问名医扁鹊,"你们兄弟三人,哪一位的医术最好?"扁鹊答道:"大哥最好,二哥次之,我又次之。"魏文侯不解,又问:"为何你的名气最大,而他们两人一点名气没有?"

扁鹊说,"长兄治病看病人的精神,善于在病情还没有发作前,事先根除病因,所以他的名气无人知晓;二哥给人治病,是在病情初起的时候,就能药到病除,一般人以为他只能治轻微的小病,所以他的名气也只传于乡里;而我治病,是于病情严重的时候,一般人看到我又是针灸放血,又是敷药动刀,以为我的医术高明"。

> **一得**
>
> 《黄帝内经》有言:"上工治未病,不治已病,此之谓也。"治国如治病,良相如良医。高明的领导好比高明的大夫,往往先知先觉,凡事见微知著,善于小中见大,以敏锐的洞察力深刻把握实践情景,透过复杂表征、剖析内在机理、揭示事物本质,将潜在风险隐患控在未发之时,化于无形之中,当头棒喝,一掌击醒,防止"炎症"演变成"癌症"。事后补救不如事中控制,事中控制不如事前预防。与其等"病入膏肓"时再施猛药、下重手,不如趁"疾在腠理"时就除病因、去病根,显真本事。

避免解决问题时的"怨猫心理"

有一座古城堡里住着一群老鼠,每天快乐地生活着、嬉戏着。突然有一天,来了一只流浪猫,使老鼠们惶惶不可终日。

于是,老鼠们聚在一起,纷纷哭诉流浪猫的暴戾与凶狠,决计商量出一个有效的办法来逃避猫的魔爪。一只总被认为最聪明的老鼠说:"我有个主意,我们给猫的脖子上挂一个铃铛。这样,它走路的时候就会叮当作响,我们提早逃跑不就能万无一失了吗?"老鼠们一致认为这是一个好主意。

那么问题就来了:由谁去给猫挂铃铛呢？怎样才能挂得上呢？去一个牺牲一个,去两个牺牲一双,都去了就会全军覆没。

解决问题必须突破思想禁锢，但不能违背最基本的法则。猫是老鼠必须敬畏的生物链上端，"老鼠给猫挂铃铛"的办法，胆魄勇气固然可嘉，但思维方向错了，结果必然是既不可行，更无法执行。猫是老鼠不能碰的天敌，这是自然法则。禁令是官员不能碰的底线，这是从政法则。譬如，国家严禁强制征地拆迁，不得变相减免土地出让收入，禁止以环境为代价换取一时发展，等等。这些要求虽然极大增加了地方治理难度，可谓"戴着镣铐跳舞"，但对于这些问题，不要抱怨，因为抱怨也无济于事，更不要"想钻空子"，因为谁碰谁倒霉，必须顺应形势，及早从其他地方寻找突破口。作为领导者，应有底线意识，善于用底线思维来分析利弊、对待权责，凡事从坏处准备，努力争取最好的结果，牢牢把握主动权。

郭橐驼种树

唐宋八大家之一的柳宗元,曾经在《柳河东集》中叙述过一个郭橐驼种树的故事,这是一篇颇具政论色彩的人物传记,同时也是一个寓意性极强的治民故事。

郭橐驼居住在长安城西,善于种树,经过他手栽或移植的树木,没有不成活的,并且枝繁叶茂、硕果累累,引得他人暗中观察、羡慕效仿,可是谁也比不上他。有人就向他当面讨教种树的方法,他说:"我只不过是遵循树木天性的需求,并且顺应其自身生长的习性罢了。树的本性都是希望树根能伸展、培土要均匀、根土是原土、捣土能结实。如果顺着树性已经这样做了,就不要再动。别人种树往往不是如此,树根蜷曲就换新土,培土不是过多就是过少,早上看一看、晚上摸一摸,更有甚者竟然划开树皮观察是死是活,摇晃树根看它是否结实,这样就违背了树木成长的天性。看似是关爱它,其实却是害它。"

来人又问:"把你的种树方法,用到做官治民上,可行吗?"郭橐驼如实回答:"我只知道种植树木罢了,可是我看到官吏不断对百姓们发号施令,一会儿打鼓聚集大家,一会儿鼓梆召集大家,催促耕地、勉励种植、督促收获、要求抽丝,百姓反而更加困苦疲乏、无法生息。这与我种树的行当,大概也有相似之处吧。"

> 一得

天性的背后是本质,本质的背后是规律。郭橐驼之所以成为种树高手,就在于其掌握了树木生长的天性,遵循了树木栽种的规律。看似"无为",实则是科学作为。种树要顺其天性,治理更是如此。遵循规律、顺势而为,才能不断发展;违背规律、逆势而动,不仅难以发展,还会付出巨大代价。比如,有的地方在产业转型升级中,罔顾人才流动、技术基础、产业现状等客观规律,一哄而上盲目发展新兴产业,结果难免会造成产能过剩、"未强先衰"。可以说,在纷繁复杂的治理环境中,能否遵循规律、因时借势,考验着领导者高瞻远瞩、统揽全局的能力和水平。作为领导者,要顺应新常态、引领新常态,就必须遵循经济、自然、社会等客观规律,按规律办事、按规则行事、按规矩成事,始终以专业的眼光和思维看待问题、分析问题、解决问题。

兄弟争雁

从前,有兄弟俩去山上打猎。一只大雁飞了过来,兄弟二人同时准备拉弓搭箭,将它射下来。

兄弟争雁

哥哥边拉弓，边自言自语道："射下来就煮着吃。"在旁边的弟弟听见急忙纠正："地上跑着的家禽，煮着吃最好，天上飞着的大雁，烤着吃最好不过了。"哥哥听后也急了，就放下弓箭，与弟弟到底怎样好吃。

兄弟俩争论不休，便同到村里德高望重的长者那里去评理。长者看了看二人，摇摇头说："你们把大雁一分为二，一半用来煮一半用来烤，这样不就两全齐美了吗？"

兄弟俩觉得很有道理，随后再回去找那只大雁，但是大雁早已经飞得无影无踪。

聪明人做小事不忘大事，笨人为小事而误事。做事情要分清轻重缓急，如果像故事中兄弟俩在"如何吃"这种无关紧要的问题上争论不休而浪费时间、消耗精力，那么最终往往会竹篮打水一场空。地方治理特别是在县乡层面可谓事无巨细、又杂又多，常常是急事在先、缓事在后，但往往又是急事为轻、缓事为重，若不分轻重缓急，哪样急干哪样，必然是天天做小事，反而容易误大事。对基层治理而言，能否在纷繁复杂的事务中把握轻重缓急、区分优先次序，考验着领导者总揽全局、统筹兼顾的能力和水平。作为领导者，一定要准确把握工作的宏观趋向是什么、中观层面的推进态势是什么、微观

> 层面的关键环节又是什么,区分好哪些是该自己干的、哪些是要放手让下属干的、哪些是必须指导大家干的,不该用精力的地方尽量少烦心,该用精力的地方一定全身心。

留猫的智慧

明代刘基所著的《郁离子》,不仅反映了其治国安民的政治主张,还蕴含着极其深刻的哲学思想。其中就有一则关于权衡利弊的故事。

战国时期,赵国有一户百姓家中鼠患成灾。于是,他到中山国去借猫,中山人送给了他一只猫,并且告诉他,这猫很会捉鼠,但也喜欢捕鸡。

果不其然,一个月之后,他家的老鼠是全被捉干净了,然而鸡也被这只猫吃得所剩无几。他儿子认为这只猫是个祸害,气愤地对父亲说:"为什么不把猫送走呢?"

父亲说:"我们最大的祸患就是家里有老鼠,而不是家里没有鸡。老鼠太放肆了,偷吃了我们的粮食、咬烂了我们的衣物、挖穿了我们的墙壁、啃坏了我们的家具,如果我们不除掉老鼠,那我们很快就要挨饿受冻了。没有鸡,大不了不吃鸡肉罢了,离挨饿受冻还远着哩!"

> **一得**
>
> 做任何事情都会有利有弊,关键在于权衡利弊。赵人养猫,儿子要送走,父亲却要留下,就是因为有猫利大而害小,无猫利小害大。两害相权取其轻、两利相权取其重,这生动地体现了"两点论"和"重点论"的辩证智慧。在治理实践中,局部与整体、当前与长远、效率与公平、发展与代价等矛盾无处不在,领导者最重要的工作就是权衡考量,"审大小而图之,酌缓急而布之,连上下而通之,衡内外而施之"。作为领导者,理应注重"两点论"和"重点论"的辩证统一,善于从底线看弊、从高线看利,对实践作出妥帖明智的安排,从而形成最为有利的抉择。可以说,将治理中错综复杂的矛盾关系处理得丝丝入微,达到"微妙的平衡",这是领导能力的真本事,也是实践智慧的高境界。

传奇建筑师

北宋文学家欧阳修的《归田录》、科学家沈括的《梦溪笔谈》中,都曾详细记载了一位传奇都料匠(也就是现在所说的建筑师)喻浩的故事。

杭州梵天寺修建了一座木塔,才建了两三层时,吴越王钱俶登上木塔,嫌它晃动。工匠说:"还没有盖瓦,上面轻,所以才会这样。"可盖好瓦之后,木塔仍旧晃动。工匠无计可施,只好暗中请教喻浩。喻浩笑着说:"这很容易,只要逐层铺上了木板,并用钉子钉牢之后,就不晃动了。"工匠照办,塔身果然稳定。因为钉牢木板以后,上、下、左、右、前、后六面互相连接,就像只箱子。人踩上去,上下及周边四面互相支撑,当然不会晃动。人们都佩服喻浩技艺精湛。

后来,喻浩奉命主持建造北宋都城汴梁(开封)开宝寺塔。塔刚建成的时候,有人看到塔不够端正,向西北倾斜,大家都感到奇怪。对此,喻浩解释说:"京城地势平坦无山,而多刮西北风,如此不用一百年,塔自然就正过来了。"喻浩料事如神、构思精巧,被人称作宋朝开国"木工第一人"。

一得

深处种菱浅种藕,不深不浅种荷花。木工政工,原本相通;天下之理,存乎一用。造塔是一项系统工程,层层叠加、环环相扣,方能稳稳当当。治理实践更是如此。只有把握趋势、遵循规律,注意各环节之间的关联性、耦合性,才能激发"联动效益"和"共生效应"。战略主动、战术巧妙,各环节协同并进、互相配合,工作自然风生水起、别开生面。反之,如果抓住一点、不及其余,或者只见表相、不见本质,就可能出浅招,甚至出蠢招,互相掣肘、互相抵触,

> 效益耗损，必定差强人意，甚至功亏一篑。作为领导者，治理实践中眼光要远、脚步要近，看事要准、出招要巧，瞻前虑后、联上接下、看左顾右，如此，方能发挥比较优势、激活要素资源、带动整体突破、形成理想效果。

错失改革机遇的嘉庆

如果对清代的各个帝王作个综合评价，嘉庆肯定是私德最好的，也是除康熙之外最有人情味的皇帝，但正是这位仁慈勤奋的皇帝造成了"嘉庆中衰"，最终以一个彻底的失败者形象进入了历史。

嘉庆十年，皇帝经过对大清整体形势的评估与反思后，确定了"守成"和"法祖"的治国方针。但标榜"法祖"的嘉庆却在最核心的地方背离了满清帝王一以贯之的特点：一是"现实的精神"，二是"超凡的勇气"。他十分清楚清朝危机的严重程度，也明白这具看似还有几分体面的大清躯体已经病入膏肓。他不是不想改革，而是不敢改革。他考量最多是担心一着不慎，使大清毁在自己手上，这是他绝对不敢承担的历史责任。

凡事以"稳定"为最高目标，导致嘉庆在中华民族"千年不遇之变局"的前夜,终止了雍正、乾隆时期就开启的新政探索,不仅堵死了大量剩余劳动力的出路,加剧社会动荡,而且使腐败之癌由乾隆晚期的局部侵蚀,演变到嘉庆晚期的浃髓沦肌、全面扩散。大清王朝从"康乾盛世"走向万劫不复的关键一步,由此肇始。

一个恐惧失败、不敢承担风险的统治者,注定干不成大事。大清王朝的不幸,就在于需要伟大帝王的时候,坐在这个位置上的,却是一个平庸的好人。

> **一得**
>
> 中国的改革历来是危机性改革,都是逼出来的,没有面临尖锐的矛盾,乃至走不下去之时,这常不会主动自觉改革。鲁迅先生曾从人性的角度,对此作过深刻剖析,"中国人的性情总是喜欢调和、折中的。譬如你说,这屋子太暗,说在这里开一个天窗,大家一定是不允许的。但如果你主张拆掉屋顶,他们就会来调和,愿意开天窗了"。改革是有成本的,不改革成本更大。历史反复告诫我们,越不改革,问题就越大,问题越大,改革就越难,代价就会与日俱增。当前,无论从哪个视角来谋划地方发展,其最终的落脚点都会集中到改革上,而成功的改革都是在探索中一步步走出来的。作为领导者,首先要有"自己向自己动刀"的勇气,与其被动改革,不如主动变革,以改革的主动赢得发展的主动。衡量一个领导者是否合格,

> 很重要的一个方面就是看其在有风险时敢不敢闯，在有利弊时善不善谋，在有争论时肯不肯干，在有非议时能不能忍，在有疑难时会不会解。不冒风险才是最大的风险，理应成为每一个领导者的座右铭。

危机也是良机

南宋绍兴年间，杭州城最繁华的一条街市着火了，火势蔓延迅速，数以百计的房屋、商铺都在熊熊烈火中化为废墟。有一位裴姓富商，苦心经营了大半生的几间当铺和珠宝店也在这场大火中化为灰烬。令人疑惑不解的是，他并没有哭天喊地，倒是一副沉着冷静的样子。

火灾过后，他不动生色地派人从长江沿岸平价购回大量的木材、毛竹、砖瓦、石灰等建筑材料。当这些材料像小山一样堆起来的时候，裴姓富商整天品茶饮酒，逍遥自在。

数十日后，朝廷下旨重新修建杭州城，凡是经营销售建筑用材的商人一律免税。于是杭州城内开始大兴土木，建筑材料的价格一时猛涨，裴姓商人趁机抛售建材，所获得的巨额收入远远超过了火灾给他造成的损失。

> **一得**
>
> 塞翁失马,焉知非福;失之东隅,收之桑榆。危机,危机,危中有机,一体两面,既能造成毁灭性打击,也会带来历史性契机。面对危机,头痛医头、脚痛医脚,往往疲于应付,搞得焦头烂额;见危识机、驾驭危机,才能化险为夷,立于不败之地。干部与干部、非凡和平庸之间的差别正在于此。网络信息时代,人人都有麦克风;社会转型时期,处处埋藏引爆点,危机事态形式各样、易发多发。某种意义上,领导干部的危机意识比一般的思想认识更加重要,危机管理能力也比一般的工作能力更加重要。可以说,强烈的危机意识和高超的危机应对能力,是领导干部成熟练达的重要标志。这种成熟练达主要表现为,处理危机能够跳出一时一地一己之局限,不仅看到其直接后果,还能考虑其深层影响、后续效应,审时度势、预判趋势、控制态势、掌控局势,从容不迫、有条不紊地跳好"刀尖上的舞蹈"。

施粥撒土

《宋史》中记载过"布衣宰相"范纯仁在基层主政时,开仓放粮救百姓的一个故事。那年,范纯仁知庆州,正值州境发生饥荒,每日都有人饿死,形势十分危急。范纯仁决定不等朝廷赈灾命令,先将常平仓的粮食拿出来煮粥,救济灾民。

衙役将粥棚搭建好之后,发现许多不是难民之人也来领粥,于是就上报范纯仁。范纯仁闻听后,微微一笑说:"不要慌张,只需在粥中撒入一把土,就可以解决此事。"

众下属一听都愣住了,不知是否该执行这样一件有违常理的命令。范纯仁见状,宽慰他们说:"没事,尽管按我说的去做,到时自会见分晓。"上官主意既定,衙役们随即来到粥棚,从地上抓起一把沙土,当着众人的面撒到了锅里。

这时正围在粥棚前准备领粥的一部分人,看到这种情景就转身离开了,他们刚一走出粥棚,后面的人立即就抢着冲了进来,全不顾沙土喝下大碗米粥。下属迅速将这种情况报告范纯仁,范纯仁听后笑道:"那些看到粥里撒土就立刻离去的人,如此讲究,肯定不是家中无粮的难民。真正的饥民,饥饿难耐,怎么会在意粥里的这点土呢?"大家这才明白,往有限的粮食里撒土,真正用意是要让最困难的人活下来。

这件事很快传遍了大江南北,朝廷上下纷纷赞许范纯仁既有担当又有智慧,范纯仁亦被调回京城重用,后来还拜了相位,因清正廉洁、政绩卓著,人称"布衣宰相"。

一得

良相必起于州部,猛将必发于卒伍。自古以来,基层一线就是最大的社会治理面,也是最大的矛盾所在地,治理地方往往最能体现领导干部的能力水平、实践智慧。面对纷繁复杂、林林总总的基层矛盾,有的人有想法没办法、有思路没门路,一筹莫展、疲于应付;有的人却能抽丝剥茧、出奇制胜,"一招破题、满盘皆活",让百姓由衷地喝彩,给上级意外的惊喜。可以说,在更高行政层级上干得好的官员,在地方主官这个岗位上,未必就干得好;但是大凡地方主官做得好的,到更高位置上往往都比较胜任。因为,经过了实践历练,才识、见识、胆识都不一样了。表面看,这种才识、见识、胆识"运用之妙,存乎一心",似乎只可意会、难以言传;但细究起来,实质上是治理实践中深层次的融汇变通能力,而这种能力根源于对上级精神的准确领会,对基层情况的准确把握。面对发展道路上的层峦迭嶂、民生诉求的千姿百样,领导干部只有具备创造性解决实际问题的能力,勘破表象、洞见本质,逢山开路、遇水架桥,才是真正有本事、能干事,也才能在区域发展史上传好一棒、留下一笔。

"风"的生意

1956年,松下电器与大阪制造厂合资,设立了大阪电气精品公司。松下幸之助委任西田千秋为总经理。

大阪公司的前身是专做电风扇的,产品比较单一。西田千秋准备开发新的产品,试着询问松下幸之助的意见。松下对他说:"只做风的生意就可以了。"

西田并未因松下否定的回答而灰心丧气。他紧盯住松下问道:"只要是与风有关的,任何事情都可以做吗?"松下那时并未细想,回答说:"当然是这样。"

几年后,松下又到这家工厂视察,看到厂里除了生产电风扇、排风扇、暖风机、鼓风机之外,还生产果园和茶圃里防霜用的换气扇、培养香菇和家禽养殖用的调温换气扇……

创新不是追逐"风口",而要找准"风向"。创新也不在发现需求,而贵在创造需求。西田敢于跳出常规、校正视角,另辟蹊径、深耕细作,把"风的生意"越做越大,也让企业发展之路越走越宽。

对地方治理而言,实践境域纷繁复杂,创新实践既不能无视地区差异,也不能超越发展阶段,对大致相同的理论指导、制度安排、政策设计,如果不作系统性提炼、探索性发展、创造性转换,不取"真经"而取"曾经","一条道跑到黑",穿新鞋、走老路,往往误入歧途,陷入进退两难的境地。在这个跨界"打劫"、千变万化的时代,作为领导者,增强创新发散思维,既要笃守正道、把握规律,更要放宽眼界、串点联线,比别人早一点看到未来,或许就比别人早一点抓住机遇。

移兵伐吴

三国末期,魏国司马昭派遣钟会领兵征讨蜀国。钟会担心征讨的计划泄露,就放出风声,以征讨吴国为名,命人在青州、徐州、荆州、扬州等地建造大船;又派人在山东登州、莱州等地临海地区,征集海船。

司马昭不明白钟会的用意,就召见他问道:"你是从陆路进军收复四川,为何还要造船呢?"钟会答道:"蜀国如果听到我国要出兵,定会向吴国求救,所以我先虚张声势,使吴国不敢轻举妄动。等到灭亡了蜀国,大船已经造好了,再带领打了胜仗的部队去征讨吴国,岂不是一举两得?"司马昭非常高兴,钟会的策略后来果然奏效了。

> **一得**
>
> 在一个谋士如云、奇谋迭出的风云时代,三国名士普遍的高格调与大格局,令人惊叹不已。钟会提出的统一战略,与诸葛亮的"隆中对"、鲁肃的"江东对"异曲同工,着眼全局又环环相扣,彼此关联又遥相呼应,显示出高人一等的不凡见识。古人说:"善弈者谋势,不善弈者谋子。"地方治理就像一盘很大的棋局,成于谋势,败于谋子。对领导干部而言,既要谋事,更要谋势。谋势首在顺势,把握时代大势、认清复杂形势、预判发展趋势,遵循规律、顺势而为,破解发展中的难点、痛点和堵点,工作自然事半功倍、忙而不乱。谋势重在蓄势,善于统筹兼顾、协调布局,学会"十指弹琴",不仅在主要战略方向上要有主动权,在次要战略方向上也要有主动权,注意各环节、各层次的互相依托、有效支撑,深根厚植、积力蓄势。谋势还要造势,有时候突破某项重点工作,仅靠自身力量很难解决,就要因形而造势,因势而驭行,通过借助外部舆论、分析利弊大小、实现互利共赢、达成共同愿景,从而争取上级重视、各方支持。

变质的"青苗法"

宋神宗即位时,北宋王朝正处于内忧外患之中。神宗想要有所作为,于是起用王安石为相,开始了以富国强兵为主要目的的变法改革。王安石颁布实施的新法条文很多,但推行效果远不如设想的好,其中"青苗法"便是典型一例。

"青苗法"就是在每年青黄不接、百姓粮食匮乏的时候,由政府提供小额贷款,帮助百姓暂渡困难;百姓收获之后,以二分的利息向政府还本付息。早在王安石担任地方官时,就试行过"青苗法",不仅百姓得到了实惠,而且政府也增加了收入,确实做到了"民不加赋而国用足"。然而"青苗法"在全国范围内推广之后,却弄得民怨沸腾,被指责为与民争利的"苛政",其中很重要的一条原因在于,新法执行过程中人为出现了偏差。

王安石将发放青苗贷款情况作为考核指标,就有官员以行政手段强推贷款。穷苦人家只需要少量贷款,却被迫认购了更大的数目;富裕人家不需要青苗贷款,也不得不认购了贷款,于是扶持成了负担。更有地方擅自将利息提高到三分,从中盘剥百姓、获得利益。一些贪官污吏还利用手中青苗贷款的审批权,在贷款和还款过程中做手脚,进一步榨取民脂民膏。

遗憾的是,王安石并没能及时了解到执行过程中的实际情况,也没有时时督查核实,新法的推行也就变质了。

> 一得

制度设计在顶层，推进路径靠中层，成效如何看基层。客观上讲，在基层或多或少存在一种现象，就是上有政策、下有对策，很多政策在执行中变形走样，"沙滩流水不到头"，使其所产生的社会效应明显减弱，甚至是"负效应"。一个好的领导者，最重要的一个能力就是认认真真、诚诚实实地面对问题，不会"舍本求末"，用"自我动机"的正确，来掩盖"谋划不周延、执行不到位"的偏差，更不会"舍民求己"，用"自我感觉"的成就感，来代替"群众叫好"的获得感。为政之道，既患无策，更患策行不远。作为领导者，要实现政策目的和执行效果的统一，必须善于运用系统性、辩证性思维审视政策，既看到需要完善的方面和环节，又看到已取得的成果，不因小的不足而全盘否定；既看一个时期的实施情况，又用发展的眼光审视更长时期，避免用静止的眼光看问题；既看每一个政策本身单独发挥的作用，又看它与其他政策之间的协同效应，在权衡利弊中趋利避害，让美好的主观愿望充分发挥良好的现实效应。

治人还是治法

春秋时期,楚国令尹孙叔敖在苟陂县修筑了一条水渠,灌溉沿渠万顷农田,百姓广为称赞。

可当水渠修成后,有的农民就开始把庄稼种到堤岸边上,甚至堤坝内。雨季来临时渠水会上涨,这些农民为保自家庄稼不被淹没,便偷偷挖堤放水。水渠经常因决口导致水灾,"水利"变成了"水害"。

历代苟陂县官都要面对治水的难题。如果有一任县官在渠水暴涨时能调动军队前去修筑堤坝,堵塞漏洞,治水有功,便会被百姓称赞为好官;如果置之不理或治理不当,造成损失,便会被百姓贬损为庸官。结果到宋代时,苟陂县一带出现了 87 位"好官",395 位"庸官"。

宋代李若谷任苟陂知县后,一上任就贴出告示:今后凡是水渠决口,一概不抽调任何军队护堤,而只抽调沿渠百姓自行修好决口堤坝。百姓们私下议论他是从古至今最不得民心的庸官。李若谷听后笑着说:"好官庸官不是评出来的,要看最后的治水效果。"果然,此后沿堤百姓都因害怕被抓去救灾,再也没人为保自家良田而擅自开渠放水,甚至在堤岸边种庄稼的百姓也越来越少。"水害"得到根治,人们这才意识到李若谷是真正有为的好官。

> **一得**
>
> 　　人管人累死人，制度管人管灵魂。就水治水、水来土掩，救一时却不能管一世。找准堵点、明确责任，才能收到"磨不推自转""渠不修自治"的效果。古人说，治事先治人，治人先治法。治理实践中，则是良法易求、良吏难得。如果苟陂县历任官员都能够因时而变、随事而制，明规立矩、晓以利害，那何至于让一条水渠泛滥1500年，又何来"好官""庸官"之说？计利当计天下利，求名应求万世名。对领导干部而言，既要有干事创业、建功立业的良好动机，更要有功在当代、利在千秋的实践追求。想干事而不去干、坐而论道不行，能干事而干不成、没效果也不行。有些事看似轰轰烈烈，但徒有虚表，形式大于内容；有些事兴一利却带一弊，甚至带几弊，效果背离初衷。智慧的领导者，善于在权衡利弊中处理局部与全局、当前与长远、主要与次要的关系，面对问题抽丝剥茧、理出头绪，化解矛盾不拘一格、别出机杼，以最为有效的手段达到"一招破满盘活"的效果。

"失语"的上将军

周勃是西汉开国将领,前半生跟随刘邦起兵反秦。刘邦去世后,吕氏专权,周勃与陈平等合谋智夺军权,一举消灭吕氏诸王,拥立汉文帝,后官至右丞相。

周勃本是小手工业者出身,肚里无甚墨水,平素寡言少语。一次,汉文帝问周勃:"全国一年判决的案件有多少、支出又是多少?"周勃老实谢罪,回答不知。汉文帝很不满意,又问左丞相陈平。陈平回答很聪明:"若问判决情况,可咨询廷尉;若问钱粮收支,可咨询治粟内史。"文帝又问:"那么你做什么?"陈平就高谈阔论了一番丞相的职务:"对上辅佐天子调理阴阳,对下养育万物适时生长,对外镇扶四夷和睦诸侯,对内爱护团结百姓,使公爵大夫各尽其职。"皇帝很满意。

周勃因不善言辞而十分汗颜,不久便请辞了右丞相之职。免职后回到封地,害怕自己被杀,常披挂铠甲,令家人手持武器。于是,有人告发说他谋反。刑狱官把周勃逮捕审问,周勃有道理却不知如何辩白作答,受尽狱吏羞辱。无奈之下,拿出千金送给狱吏。狱吏让他找儿媳妇,也就是文帝的女儿作证,又请太后出面前去说情,才捡回一条性命。

周勃出狱后说:"我曾经统率百万雄师,可是何曾知道狱吏的尊贵呀。"一声感慨,令人玩味。

> 一得

俗话说，"言为心声，语为人镜"。厚重少文的周勃，虽说质朴老实，"不知为不知"，却也折射出他平素不善读书学习，缺少墨汁浸染，空有匹夫之勇，而无勇者之识。关键时刻"失语""无语"，又不懂从政治上观察处理问题，注定了他的人生走到高点后，又必然会回到起点。语言是形式也是内容，谁掌握了语言谁就掌握了思想，谁就能更好地传播思想。某种意义上，语言表达能力也是领导干部能力素质的重要体现。现实中，有些领导干部奉行"沉默是金"而寡言少语，自认言多必败而谨言慎语，其实是心中没底而三缄其口。更有甚者，在关键时刻还冒出一两句"雷语""妄语"，导致"小事闹大，大事闹炸"，耗损群体形象，产生负面效应。进入新时代，信息传播渠道多、速度快、影响广，人人都有麦克风，个个都是自媒体，领导干部一味沉默无法应对众声喧哗，试图"公关"处理反倒可能弄巧成拙。只有平时深入调查研究，科学预判发展趋势，正确借助媒体力量，遇事才能胸有成竹，说话才能得体情真，言之有理、言之有物、言之有矩，避免关键时刻缺位、失语、雷人。

给鼻子眼睛留余地

英国当代雕塑家安尼什·卡普尔,凭借雕塑《坠入地狱》而一举成名。

一天,英国著名纸媒《星期日泰晤士报》的记者采访安尼什·卡普尔。这名记者也是一个业余雕像爱好者,他想请教安尼什·卡普尔当好一个雕塑家的诀窍。

安尼什·卡普尔说:"其实,根本没有什么秘诀,我的体会是,当好雕像师,只要做到两点:一是把鼻子雕大一点;二是把眼睛雕小一点。"

记者疑惑地问道:"为什么要这样做呢?鼻子大眼睛小,那样的雕像岂不是太难看了?小巧的鼻子,大大的眼睛,那才美啊!"

安尼什·卡普尔接着解释说:"鼻子大眼睛小,就有修改完善的空间啊。试想一下,如果鼻子大了,还可以往小里修改;如果眼睛小了,还可以向外扩大。反之,一开始把鼻子雕小了,就再也无法加大了;眼睛一开始雕大了,也就没办法改小了。"

雕塑家雕刻的是人像,领导者雕琢的是"大地",同样需要着眼未来预留发展的空间。想到"最坏"、把准"底线",这个地方的发展至少不会向糟糕的趋势演变。比如一座城市,最重要的不是建筑而是规划,规划要实现与时偕行、以变应变,就必须以"书写一本长期史书"的理念,既对当代负责,也对历史负责,为后人留下充足的发展空间和后备资源。如果只管当前、不顾长远、割断文脉、违背规律,结果必然是造成无法弥补的历史性遗憾。正如一位丹麦建筑师所说,一个蹩脚的医生可以使生命长眠地下,一个蹩脚的规划可以使遗憾长留人间。对领导者来说,干在当前、谋在未来,让地方发展留有余"力"、留下余"地",不仅是一种大智慧,更是一种大担当。智慧在于决策科学,担当源于民本情怀。

"100分"现象的反思

几乎每一个孩子从上学的那一天起,其父母内心深处的愿望都是:在学校里考满分、排第一。只是他们后来在学校的表现,有的让父母感慨"真不是读书的料",有的则是求学路上虽然顺风顺水、成绩优秀,最终的事业发展却差强人意,正印了一句古话"小时了了,大未必佳"。

中国校友会网发布的《中国高考状元调查报告》显示:近20年来,1120

名高考状元大多未能成为各个行业的拔尖人才,发展状况与社会期望相差甚远。

其实,对这种现象,大数学家陈省身生前早有担忧,他曾给中国科技大学少年班题词:"不要考100分。"当时,此话一出,颇遭非议。人们难以理解:学生不就是要学习成绩好么?不就应该将目标锁定在100分?而陈省身觉得,每门课程、次次考试都要以标准答案获得满分,学生哪还会思考和探索、创造性地解决问题?

> **一得**
>
> "考"是手段,不是目的。通过"考",查找知识点上的不足,更多的是,训练解题思维、优化做题方法,达到举一反三、触类旁通之效。而这种手段一旦被"异化"为目标之后,必然是一心冲着考试去、一切对着考试来,落实到学习行动上,就是死记知识点、多做练习题,掌握了大量"不可繁殖的知识",而不是"可繁殖的知识";训练的是标准化、程式化思维,而不是求异性、创造性思维。这样的学生,哪怕回回考满分,终究是"平庸的完美",鲜能成为高才、奇才、大才。其实,不仅是学生经常要考试,不同年龄、不同职业的人,都在面临着不同形式的"考试"。联系到官员的治理实践,也同样如此,整个从政生涯可谓经常面临"判断题""选择题""问答题",等等。当此之时,以什么为目标、以什么为标准,请谁

来出题、由何人阅卷，就显得尤为重要。不一样的态度和方法，显示出不一样的为官情怀、从政格局、治理智慧。如果有一种对事业负责、为发展尽责的担当精神，有一种让群众来评判、让时间来考查、让实践来检验的长远眼光，那就会敢于突破、勇于"试错"，不追求标准答案、不囿于现成路径，走前人没有走过的路、干他人没有干过的事。这样做，有时看似"山重水复疑无路"，闯过去之后，却往往是"柳暗花明又一村"。

凿井得人

宋国有户丁姓人家没有井，于是只能出门打水，经常有一个劳动力在外面打水。等到他家院子里打好井之后，这家主人就告诉周围人说："我打了一口井，就如同得到了一个人。"

听到了这话的人互相转告说："丁家人打井，挖出来了一个人。"国人都在讨论这件事，宋国国君听闻，便派人去查探虚实。丁家的人解释说："我的意思是说，我家挖了井之后，不用有一个劳动力基本花在外出打水上了，这不相当于得到了一个人嘛！不是说我从井里挖出了一个人啊。"

其实,这样的典故还有很多,比如,三人成虎、曾参杀人。三个人谎报城里有老虎,听的人就信以为真;三个人告诉曾参的母亲曾参杀人,本来信任儿子良好品德的慈母也吓得翻墙而逃,由此可以看出,缺乏事实根据的流言是可怕的。

> **一得**
>
> 讲话讲不清楚,就给谣言滋生留下了后门;道听途说、以讹传讹,就会为谣言传播推波助澜,如同回声会把一句话化成两句话一样。人们说的话,本来就有许多似是而非、似非而是的地方。如果听到任何传闻都不假思索,轻信盲从,往往会误入歧途,甚至上当受骗。当今社会,思想多元,思潮泛起,各种"新潮"观点、"时髦"言论众声喧哗,各吹各调,有些往往打着"民主""人权"的旗号,貌似"客观""公正",其实鱼龙混杂,包藏祸心,不易识别。一名领导干部成熟与否,关键看其是否具有较强的政治鉴别力,对苗头性倾向性问题能见微知著、防患未然,在大是大非面前始终做到心明眼亮脚跟稳,敢于亮剑发声不回避。流丸止于瓯臾,流言止于智者。提高政治鉴别力,一靠深刻敏锐的洞察力,二靠科学严谨的分析判断,以批判的、历史的、辩证的眼光去审视,以是否符合事物发展的客观规律和社会常理去观照,自然能去伪存真,淘沙见金。这也就是陈云同志常说的:不唯上、不唯书、只唯实,交换、比较、反复。

不战而降只因没有"撬棍"

二战中期,在中非,500多名意大利士兵奉命防守一个野战机场。他们拥有坚不可摧的混凝土永备工事,还得到了德国人援助的两门威力巨大的88炮和足够的弹药。

而进攻的英军只有400多人,连像样的装备都没有,更别奢望有88炮那样的威力武器了,英国指挥官对这次进攻战基本不抱任何希望,甚至已经准备撤退了。

但让人出乎意料的是,战役刚打响,意大利军队就放弃抵抗,打出了白旗。当英军非常疑惑地询问意大利军官为什么投降时,对方气急败坏地答道:"我们没有撬棍,没办法打开那些该死的弹药箱!有炮也没用!"

条条大路通罗马。打开弹药箱的途径绝非只有一种,没有撬棍,还可以另想他法,可意军却放弃努力、不战而降,这是过于强调客观条件所致。联系到现实中某些官员,在一个地方、一个单位主政一段时间,山还是那座山、路还是那条路、人还是那样的人,山河依旧、未见起色,而他们往往习惯于把差强人意的改革发展成效,把

决策施策篇 171

自己没有做事、做不了事、做不成事，归因于上级政策不明细、实际操作有难度，资源禀赋不充足、交通区位受制约，干群思想不解放、求稳怕乱行动慢，等等。正所谓，要想为失败找理由，总有理由可藉；要想为成功探路径，总有路径可循。若主观上不努力，甘守现状、甘于平庸、甘居劣势，即使机遇横在眼前也只能"擦肩而过"，坐失良机；更遑论化劣势为优势，出人意料、出奇制胜了。为官从政者，当拼着一股子"精气神"，少摆客观条件、多讲主观努力，不为滞步找借口、只为前行找路径，以智慧指数让事业之路风生水起、以勤奋指数让从政生涯气象万千。

正面炮战军舰的坦克

1943年，二战在欧州正如火如荼进行，呈焦灼对峙状态。在意大利，为了阻挡美军登陆，德军第504重装甲营出动17辆虎式坦克，对海边的美军滩头阵营发起进攻。

虎式坦克是二战中有名的坦克，重达56吨，配有重甲和88毫米口径滑膛炮，防御性能出众、火力强大，在当时的坦克家族里可谓力压群雄、独步天下，装备虎式坦克的德军在北非和欧洲战场所向披靡、战绩辉煌，击毁各类坦克无数,一度在盟军装甲兵中引发"虎式恐惧症"。

这一次,504重装甲营指挥官依旧骄横跋扈、不可一世,在一路追击盟军坦克至港口滩头后,脑子仍然发热,选择一字排开与美国军舰在1000—1500米的距离上展开对射!令人遗憾的是,仅仅发射过一轮炮弹后,3万吨级战列舰上的381毫米口径线膛炮就直接把这些坦克送回了零件状态。该事件被美国海军誉为"萨莱诺海滩拍蚊子"。

一得

俗话说,上帝让谁灭亡,必先使其疯狂。历史上兵家因胜而骄、因骄而狂、因狂而败的案例比比皆是。德军指挥官以坦克战中的优势,狂妄挑衅不是一个量级的对手,最终招来灭顶之灾,常胜之师折戟沉沙,可谓自取其辱、见笑于人。而笑话的背后则是迷信自己、奉曾经获胜的经验为圭臬、放之四海而皆准的经验主义思维模式。成功经验是可贵的,但经验主义却是可悲的。对于治理地方的官员来说,尤其需要警惕经验主义作祟。伴随着改革开放的伟大进程,各个地方在克服困难、推动发展的过程中取得了显著成绩,也积累了独到经验。但历史不是简单重演,问题不会简单重复,无论多么宝贵的经验,对未知实践的价值都是有限的。领导者如果沾沾自喜于一得之功、洋洋自得于一孔之见,好汉总提当年勇、将军常言马上威,固步自封、夜郎自大,形成思维定势、陷入路径依赖,用一种眼光看待所有问题、按一种套路回应全部挑战,小则策略失误、影响地区发展进程,大则战略错误、给人民造成重大损失。高明的领导者决不会满足于解决个案问题的经验论水平,而是努力把零散局部的经验总结、拓展和提升,使之条理化、系统化,转换为对某类事物特殊规律的把握,进而推动感性经验向实践智慧跃升,这才是毛泽东同志所说"靠总结经验吃饭"的科学正解。

作文与做官并非一回事

曾国藩麾下第一幕僚赵烈文,对大儒王夫之(世称船山先生)非常敬仰。王夫之的名作《读通鉴论》在书局刻印过程中,他便陆陆续续借来读过一遍,十分钦佩其见事高明、议论深刻。待到正式付梓面世之际,赵烈文看着那被装订成十大本、五十余万言的巨著,真是爱不释手,心中对王夫之的崇拜又增添了几分。

赵烈文深知曾国藩也一向尊崇王夫之,他将这份敬仰之情向曾国藩说了出来:"大人,船山公议论戛戛独造,破自古悠谬之谈。卑职想,若使其得位乘时,必将大有康济之效。"他以为,自己的见解一定会赢得曾国藩的赞许。

未曾想,曾国藩轻轻地摇了摇头:"不见得。船山之学确实宏深精至,但有的则嫌偏刻。作文与做官并不是一回事。作文以见深识闳为佳,立论即使尖刻、偏颇点亦无碍,不至于伤害到某一个人,也不指望它立即收到实效,只要自圆其说,便是理论,运笔为斤,自成大匠。做官则不同,世事纷繁,人心不一,官场复杂,尤为微妙,识见固要闳深,行事更需委婉,万不可逞才使气,只求一时痛快。历来文坛之泰山北斗,在官场上却毫无建树,甚至一败涂地者,盖因不识此中差别耳!"

中国古人一直追求"学而优则仕",能写得一手好文章是封建"官人"们的基本功。但有的人实现了立德、立功、立言"三不朽",譬如孔子、王阳明、曾国藩;有的人达到了文章传千古、仕途有建树"两不误",辟如苏东坡、白居易,文才堪称千古风流,做官也兴办了苏堤、白堤这样惠及当世、泽被后世的实事工程;也有一大批文人士子,慨叹"怀才不遇、报国无门"者有之,"生不逢时、有志难伸"者有之,"明珠投暗、无人赏识"者有之,"一生郁郁、落魄潦倒"者有之,究其原因,固然是多方面的,但可能确实一些人是因为在作文与做官之间,道理转换不了、心态调整不了、情境切换不了、角色融通不了,有"文才"无"干才",导致了碰壁和失败。理想是"丰满的",但现实问题是复杂的;理论是恢宏的,但治理实践是具体的;"文才"可在纸上展示,但"干才"需要通过一举一动来体现。写文章讲究笔运千斤、力透纸背的豪情,而解决具体问题往往需要庖丁解牛、迎刃而解的技巧。政坛之人,应识得作文与做官的差别,学以致用、用以促学,以学增才、以才践学,融通于心、通权达变。有文化,但不能做文人;有书卷之气,但不能用书生意气;胸怀大道正义,但不能理想主义;讲究领导艺术,但不能搞权谋之术。既仰望星空,又脚踏实地;既以文载道,又躬身行道;应该既胸怀大志,又实干成事,把锦绣文章写在黄土大地上,把才华抱负体现在具体实践中。

丙吉问牛不问人

西汉宣帝时期,丞相丙吉选贤任能、政绩卓著、深得民心,位居麒麟阁十一功臣第六。《汉书·丙吉传》就曾记录了丙吉一次察访民情时,问牛不问人的故事。

一年暮春,丙吉和以往一样,走出相府体察民情。在经过一处道路时,正好遇见了刚刚斗殴结束的一群行人,死伤的人横卧在道路上,丙吉经过那里却不闻不问,继续前行。身边随从感到迷惑,纷纷私语:"大人向来注重民生,这里发生了斗殴命案怎么一句都不问?"向前走了不多久,又碰到一人在赶牛,牛气喘吁吁吐出舌头,丙吉见状,立即停下询问赶牛人:"这牛走了几里路了?"部下听后更诧异了,认为丙吉重视牲畜而轻视人命,处理得并不合适,甚至有人嘲笑丙吉老糊涂了。丙吉这才不紧不慢地答道,"发生争路斗殴,应当禁闭城门、捉拿凶犯,此乃长安令、京兆尹这些属地官员的职权事务。我只需适时考核,有功则赏、有过则罚罢了。丞相不亲自处理小事,应该关心国家大事。现在正值春天,还不应该太热,如果这头牛因为天热的原因而喘气,就说明时令节气失调了,农耕势必会受到影响。我因此才询问赶牛人。"部下听后无不佩服。

一得

　　下属真心敬佩的不是领导,而是领导水平;累死人的不是工作,而是工作方式。领导干部承担着大量政务事务,头绪杂、任务重,如果凡事都大包大揽、越俎代庖,抓不住重点和关键,就会使简单的问题变得复杂、明朗的局面变得模糊,最终沦为"救火队长",甚至"无效工作狂",困在"一团乱麻"中走不出去,这既是对领导能力的削弱,更不利于调动团队的积极性。高明的领导者都善于优化组合,能分清轻重缓急,准确把握工作的宏观趋向是什么,中观层面的推进态势是什么,微观层面的关键环节又是什么。然后根据这些情

文章太长受"廷杖"

况,找出主要矛盾和矛盾的主要方面,把握好哪些是该自己干的,哪些是要放手让下属干的,哪些是必须指导大家干的,在全局中抓重点,在重点中抓关键,在关键中抓具体,强化分管靠前指挥,固化中层主体责任,硬化末端直接落实,这样才能把工作抓到点子上,精力用在关键处。

文章太长受"廷杖"

明朝洪武九年十二月,刑部主事茹太素给太祖皇帝上了一份奏章,洋洋洒洒17000字,朱元璋"批阅"得两眼发花,着实看不下去了,就让中书郎王敏念给他听。读到6370字,尽是空话、不知所云,朱元璋气不打一处出,传令茹太素立即进宫面圣。茹太素刚一进宫,朱元璋就严厉训斥他,并命人扒掉他的裤子狠打了二十大板。

第二天,朱元璋气消之后,继续听人念这份奏折,一直读到16500字,才算切入正题,提了5条工作建议。朱元璋采纳了有价值的4条予以实施,并苦笑说:"为臣者不容易,可当天子就容易吗?国家百废待兴,我需要切合实际、解决难题的谏言。可就拿今天这事来说,本来五百字就可以说清楚,茹太素偏要跟朕东拉西扯、云里雾里,迟迟不切入正题,既浪费自己精力,也耽误朕的时间。"鉴于此事,朱元璋特地让中书省专门制定了行政文书规范,规定公文奏章必须简明扼要,不准搞繁文缛节、玩文字游戏。

一得

  文以载道,以文辅政。治政从来与作文密不可分。古往今来,有识之士无不提倡写短文、讲真话,如韩愈、柳宗元倡导古文运动,就是为了扭转浮文积弊,以文风净化政风。而后人在总结空谈最盛的宋明两代亡国教训时,都不约而同指出"清谈误国""朝政驰,士大夫腾空言而少实用",清初思想家颜元更是借宋儒批判明末文臣"无事袖手谈心性"。积弊难消,至今仍有人空话不离口,长文写不够。有的长篇大论,叠床架屋、云遮雾罩,空洞无物、华而不实,错把冗长当质量;有的避实就虚,只提要求、不明举措,无的放矢空对空;有的东抄西凑、聚沙成堆,鹦鹉学舌、照猫画虎,生搬硬套闹笑话,等等。此类文章下笔千言、离题万里,"干货"太少、"湿货"太多,"水货"充斥、"假货"泛滥,既浪费时间精力,又影响行政效率,更助长"文山会海"。殊不知,文不在长,富有新意则灵;话不在多,打动人心就行。很大程度上,最难写的是"千字文",观点凝练、精华浓缩,叩击人心的金句一点,胜过套话一大堆;务实管用的措施几条,胜过空话千万条。概而言之,为文当戒"假、大、空",务求"短、实、新",言之有道、言之有理、言之有味、言之有用,才是最好的!

曹规李随

北宋时,名将曹玮镇守秦州(今甘肃天水一带)长达七年,屡次上表章请求朝廷派人来接替他的职位。宋真宗问宰相王旦,有谁可以代替曹玮,王旦推荐李及出任。有人认为李及谨慎忠厚,行为正直,不是防守边塞的人才。韩亿将这些疑虑告诉王旦,王旦什么也没说。

李及到秦州后,边将、官吏都轻视他。一日,有士兵大白天在市场抢夺妇女的金银首饰,有关官吏将其捉捕,押来报告李及,李及正坐着看书,命人将士兵带上前来审问,士卒服罪,李及下令处死,然后继续看书。此后,边将、官吏都对李及非常畏服。不久,这件事传到京师,韩亿又来见王旦,并称赞王旦有知人之明。

王旦笑着说:"士卒做强盗,主将予以处死,是一件很平常的事,哪里值得赞扬?我用李及,不是基于这个考虑。曹玮治理秦州已经七年,连羌人都畏惧心服,他治理边塞的措施已经非常合宜。如果派别人去接替,一定会自恃聪明,改变作风,败坏曹玮已经取得的政绩;任用李及,只是因为他为人敦厚,必能谨守曹玮的规模而已。"韩亿听了,更加叹服王旦的见识。

一得

　　发展需要创新突破,但创新突破不是另起炉灶重开张。 被实践证明行之有效的战略方针、治理措施,一以贯之、保持定力,方能静心沉气、干得成事。 为了打开所谓的"新局面",不经调查研究,不作长远考虑,不顾实际效果,急于烧"三把火"、踢"头三脚",忙于提"新思路"、喊"新口号",致使"王县长挖,李县长填,张县长来了不知怎么办"的闹剧一再上演,最终丧失的是民心民力、啃食的是群众信任、败坏的是执政根基。 试想,如果李及为了一己政绩,对本已完备的治边方略"改弦更张",另搞一套,折腾的恐怕就不仅仅是一个秦州,危及的将是整个大宋的国家安全。 创新不是"翻烧饼"、穷折腾,标新立异,同样,继承也不是墨守成规,不能越"雷池"一步,战略不变、思路不变,但是具体的路径、方法、抓手还要与时俱进,既要坚持稳中求进,又要坚持变中求新、变中求进、变中突破。 "人事有代谢,往来成古今。"不管个人岗位有什么变化,一任接着一任干,一张蓝图绘到底,在干事创业这场接力赛中,奋力跑好属于自己的这一棒,留下一路前行的坚实足迹,创造出无愧于历史的业绩,这才是为官从政者应有的担当和情怀。

布里丹的小毛驴

哲学家布里丹养了一头长得非常壮实又很爱思考的小毛驴,他每天要向附近的农民买一堆干草来作饲料来喂。

这一天,送草的农民出于对布里丹的敬仰,另外多送了一堆草料放在旁边。小毛驴站在两堆数量、质量和距离完全相等的干草之间,犹豫不决,不知道该如何下口。"先把左面的吃了,因为左面的草比较新鲜。应该先吃右面的,右面的闻起来更加香甜。不,还是先吃左面的……"小毛驴开始了激烈的自我辩论,目光不停地在两堆草之间转换,始终拿不定主意。最后,竟然被活活饿死了。

两鸟在林,不如一鸟在手。生活中,我们无时无刻不在面临选择,不停地对比,不断地分析,左右摇摆,举棋不定,期待"鱼和熊掌兼得",结果许多时候鱼和熊掌皆失。领导干部推动工作的主要方式是决策,而决策本身带有一定风险,或许要挖到最后一锹,才能见到金子。如果因此瞻前顾后、畏首畏尾,不做决策或者决策滞后,丢掉的不仅是机遇,甚至断送整个事业。项羽优柔寡断而错失良

心一烦躁,耳边青蛙乱叫

机,垓下一战,兵败身死而不自知;袁绍迟疑不决且刚愎自用,官渡一败,饮恨而亡,成就曹操霸业。决策的目的是为了解决问题,正如吃草的主要目的是为了维持生存,至于选择先吃左面的草,还是先吃右面的草,本质上没有任何区别。凡事翻来覆去,文来文去,推来推去,抓不住重点,搞不清主次,该拍板时不拍板,该决断时犯迷糊,一味追求稳操胜券、十足把握,常常"慢半拍"甚至"慢几拍",表面上看是追求完美,实际上是最大的不完美。一件事情要不要决策,主要看事情值不值得干、有多少人支持干以及有没有干成这件事的能力,三个方面重叠比例较高就可以择机拍板了。临机决断很重要,在不断变化中把握时机更重要,千载难逢的机遇毕竟可遇不可求,与其好高骛远地坐等,不如把眼前的机会抓紧抓住了,把手头的事情办好办实了,这也意味着一种成熟、一种胜利、一种成功。

心一烦躁,耳边青蛙乱叫

一位农夫来到城里一家餐馆,问老板是否需要青蛙腿,并说他那儿有整整100万只。餐馆老板听后吓了一跳,问农夫从哪儿找到那么多青蛙。农夫答道:"是这么回事,我家附近有个池塘,里面有上百万只青蛙。每到夜里它们就开始叫,我都快被它们逼疯了!"

老板信以为真,和农夫签订了一份协议,在接下来的几个星期里向餐馆供应青蛙,每次500只。很快第一次交货的时间就到了,可是农夫却只带来了两只瘦小的青蛙。老板很奇怪,问道:"这是怎么回事?不是说好500只吗?其他的青蛙呢?"农夫一脸尴尬:"是我搞错了,其实池塘里只有这两只青蛙,那么多的噪声都是它们发出的。"

一得

心一烦躁,满耳只有青蛙乱叫,忘记了查探虚实,顾不得明了真相,遑论找准方法。生活中总会有一些看似纷繁复杂、无法解决的问题,它们就像几百万只青蛙,伸出无数的"腿",将人层层缠绕;发出嘈杂的声音,在人耳边呱呱乱叫,搅得人心神不宁、心生烦恼。当此之时,如若把控不住自己,慌了心神、乱了阵脚,往往感觉问题很重、困难很大、头绪很多,一团乱麻、难以解开。古贤早就说过,"心外无物,风动帆动,仁者心动"。千万莫把这句话简单归结为"唯心主义",其中其实蕴含了大道理、大智慧、大修为。静生智,定生慧。修行先修身,修身先修心。如果镇定心神、不急不躁,删繁就简、研机析理,理清主要矛盾、次生矛盾,抓住"牛鼻子"、对准"要害处",靶向用力、精准发力,也许就能够拨开云雾、一招致胜。一切处置定当之后,回头再想,原来很多自己臆想中的"青蛙",要么根本不存在,要么就是"纸老虎",根本难不倒,没什么大不了!

懂锁的心

一把坚固的大锁挂在大门上,一根铁杆费了九牛二虎之力,还是无法将它撬开。正当它无可奈何地唉声叹气时,钥匙来了,他瘦小的身子钻进锁孔,只稍稍一转,大锁就"啪"地一声打开了。

铁杆疑惑地问:"为什么我费了那么大力气也打不开,而你却轻而易举地就做到了呢?"钥匙说:"因为我最了解他的心。"

民心所想便是政道所向,故而圣人无常心,以百姓心为心。为官从政者要想走进百姓内心、赢得群众信任,就必须认清经济增长的"数字感"代替不了群众真实的"获得感","自我感觉良好"的"成就感"更代替不了"群众叫好"的"幸福感";GDP、财政收入终究只是冰冷抽象的"数字政绩",就业、收入、上学、看病、生态才是温暖人心的"微笑政绩"。只有坚持发展为民的价值取向、民生优先的行动指向、民意为重的评价导向,找准群众需求"最大公约数",把有限的资源、资金、政策最大限度用到改善民生、提高群众生活水平的"潜绩"上,既"舍得花"又"花得好",既"锦上添花"更"雪中送炭",办好一件件看似不足以"惊天动地"、不会被"大书特书",但却暖在群众心坎上的民生实事,才能提升群众幸福指数、拉近干群心的距离、夯实党的执政基础。

小壁虎拒绝包扎"伤口"

一只小壁虎被蛇咬住了尾巴,拼死挣扎,得以逃命,但它的尾巴却断掉了。

有位农民心疼小壁虎,拿出自家珍藏的止痛草药,准备给它包上。

对农民的好意,小壁虎断然拒绝:"不,我很感谢这伤痛,因为痛让我知道自己还活在世上。而且,你包扎了我的伤口,它怎么能长出新的尾巴来呢?"

说完,小壁虎带着钻心的疼痛爬走了。它所走的,是长出新尾巴的"重生之旅"。

一得

将断尾的伤口包扎起来,其实也并非完全不痛,只不过程度减轻一些罢了,而为此付出的代价是,疼痛持续的时间更长,新的尾巴长不出来,"缓释"的是一时,"残缺"的是一生。壁虎虽小,内心强大、意志惊人,甘愿承受暂时的剧痛以求长出"新尾",当断则断、浴火重生。其实,痛苦本来就与生活相伴相生。我们生活中的每个人,是不是有时也会面临像小壁虎一样的"断尾之痛"呢?为官从政之人同样如此。领导干部是有血有肉、有亲有眷的人,面对的人和事纷繁复杂、具象万千,在工作、生活、人际关系等各个方面,也有挫折、有纷扰、有失败,造成心理压力、负面情绪,有时不免会陷入痛苦与纠结之中。当此之时,要有接受现实的理性、有忍受痛苦的意志,更要有"快刀斩乱麻"的决断,按下"快进键"、不按"回放键",不沉湎过往、不自我麻醉,走出"昨天"、走好"今天"、走向"明天"。而且,经受的痛苦磨炼越多,抗痛性就会越强,就会日益从容淡定,日臻"痛而不言、笑而不语"的人生境界,最终达到"胜人者力、自胜者强"的内在修为。从这个意义上说,痛苦带来

> 的不一定是负面效应,有时也孕育着新的希望,累积着人生财富。承受不住被压垮,承受得住变坚强。从政之路,并非坦途,也是在经受磨练、对抗挫折中曲折前行,不断自我修炼、实现自我提升。

王罕接访

北宋王罕以善政爱民著称,《宋史》《涑水记闻》都载录了王罕在潭州为民平冤的一个传奇故事。

北宋仁宗至和年间,王罕奉调任潭州知州,不料刚一到任就遇到了一起拦路上访案件。

拦路喊冤的是一位年老的妇人,在她试图接近时,众多衙役一拥而上将她迅速架开了,并向王罕解释:"这是一个疯子!只要得知新官上任,必定拦驾喊冤。之前几任也都询问过,但她语无伦次、颠三倒四还大声谩骂,是个疯婆子!请大人不必搭理。"其他人也纷纷附和,声称那的确是个无理取闹的疯婆子。

不料,王罕却十分重视,当即将老妇人请到官衙,嘘寒问暖、轻声问询。诚如衙役所言,老妇人言语不清、道不明白,还掺杂着一些辱骂。王罕既不生气,也不心烦,只是认真倾听,再从她言语里的蛛丝马迹中抽丝剥茧、反复询问。在王罕的鼓励引导下,老妇人越说越流畅,越说越清晰,事情的前因后果也一点点呈现出来。原来,这位老妇人曾经为人正妻,没有儿女,丈夫另有一小妾,妾生有子。其夫去世后,她被小妾赶出家门,家业都被小妾侵占。老妇人愤而告官,多次争辩未果,竟至愤恚癫狂。此后但凡有新官到任,她都前往喊冤,但因言语不清,加上情绪激动,多有詈骂,因而回回都被人认作疯子。州官只要见到她,就命人驱离,避之唯恐不及。久而久之,冤屈得不到伸张,多年下来竟成了一起"无头冤案"。直到此次王罕到任,才总算弄明白。

事情既已弄清,王罕当即饬令重新调查此案,并作出公断。说来也怪,老妇人冤屈得伸后,精神竟逐渐好转,从此不再发狂。这件事情迅速传遍了潭州,吏民无不钦佩王罕断案神明。

一得

欲达善治,必先善政。 要想取得合乎民心、顺应民意的善治效果,首先要有畅通群众诉求表达渠道,实现群众期盼与政府回应无缝对接的善政途径。 对于百姓"用信访提意见""用脚发声"的诉求表达方式,是防堵打压、粗暴阻挠,还是换位思考、妥善解决,最能体现工作作风和执政能力,也最能影响群众口碑和治理成效。 有的领导者奉行"摆平就是水平、搞定就是稳定、妥协就是和谐",将民众的利益表达与社会稳定对立起来，将群众的利益表达视为不稳定因素，以"权力维稳"代替"权利维稳"，看似化解矛盾、解决问题，实则回避矛盾、制造问题，往往使一些本并不难解决的问题累积成错综复杂的"死结"，其结果必然是走向群众对立面、步入恶政的歧途。反之，从政者一心把维护群众合法权益作为各项工作的基本前提，把畅通表达渠道作为回归干群鱼水关系的重要契机，把解决实际问题作为有效化解矛盾的重要抓手，努力搞清楚群众"怨什么""盼什么"，理清楚可以为群众"谋什么""做什么"，就可谓是践行善政、致力善治。哪怕遇到群众一时不明理甚至不讲理，只要干部受得起委屈、扛得住压力，不和群众斗气，不和自己怄气，以心换心讲情理、实事求是讲法理、对症下药讲道理，终究会赢得百姓信任，树立起可亲、可敬、可靠、可信的善政形象。

皮鞋的来历

以前，人们还是习惯光脚走路，一位国王到乡下游玩，因为路面有很多碎石头，刺得他双脚又痛又麻。回到王宫后，他命令将国内的所有道路都铺上一层牛皮。他认为这样做，不仅为了自己，还可造福全国百姓，让大家走路时不再受刺痛之苦。

可即使杀尽国内所有的牛,也筹集不到足够的皮革,而所消耗的人力、财力,更是不堪重负。面对国王的权威,大家也只能摇头叹息。一位聪敏的下人大胆向国王建言:为什么您要劳师动众,花费那么多财力呢?何不只用两小片牛皮包住您的脚呢?国王听了觉得很有道理,立刻采用这个建议。据说,这就是皮鞋的来历。

一得

变革,有宏大叙事,也有微观表达;有疾风骤雨,也有星火燎原;有自上而下,也有自下而上。2000多年前,秦始皇统一六国,在全国推行郡县制,奠定此后中国政权管理基本框架,这是一种变革;40年前,安徽凤阳小岗村18户农民为了能吃饱饭,率先实行"大包干",拉开了中国农村乃至整个经济体制改革的序幕,这也是一种变革。改变全局难,改变自己则较为容易。改变全局,往往又是从改变自己开始的。改变自己,首先要改变思维和习惯,国王带头示范用牛皮包住双脚,"皮鞋"自然风靡全国。做好领导工作同样如此。领导者一味抱怨下属消极应付,就要反思自己平时是否太强势,常常对人横加指责,或者凡事都喜欢一竿子插到底,让下属唯恐做得越多、错得越多,干脆习惯等候指令,"不拨不转"。实际上,下

> 属们今天的表现,全然是适应领导者管理风格的结果。如果领导者意识到自己是造成问题的一部分,并带头积极作出改变,解决问题也就不是什么难事了。

袋鼠的"讥笑"

一次,动物园管理员发现袋鼠从笼子里跑出来了,于是迅速组织开会讨论如何解决问题,大家一致认为原因是笼子的高度过低。经过研究,决定将笼子的高度由原来的10米增加到20米。可是,第二天,他们发现袋鼠还是跑出去了,所以又立即决定再将高度提到30米。

没料到,隔天袋鼠居然又全跑到外面了。这次,管理员们决定一不做二不休、一次性解决问题,将笼子直接加高到100米,这下袋鼠纵有天大的本事,也"插翅难逃",怎么也跑不出去了。一劳永逸、不再烦神。

而结果又如何呢?某天,长颈鹿和几只袋鼠们闲谈:"依你们看,这些人会不会再继续加高关你们的笼子?"袋鼠说:"这还真难说。如果那帮自以为是、自作聪明的家伙,再继续忘了关上笼子的门,他们可能还会继续加高!"

一得

　　这是一则富有讽刺意味的寓言故事。直白浅显，一笑之后，值得三思。问题与实践相伴相生、与工作并行并存，无处不在、无时不有、无法回避。常规工作人人会做，特殊问题未必个个能解。领导水平和工作能力，在很大程度上就表现为在做好常规工作的同时，及时发现、精准解决"非惯例性问题"的方法与效果。而这，不仅仅靠尽责的自觉、执着的热情、快速的行动。在发现问题和解决问题之间，其实还隔着一个中间的"联结点"，就是深入分析问题、深刻研究问题，分析原因、找到症结，对症下药、精准施策。很多时候，造成问题的客观原因与我们的主观想象可能完全不是一回事，聪明之人未必就能做出高明之举。如果原因尚未分晓，仅凭主观臆想，就妄下结论、盲目出招，本以为是行动快、效率高，其实虚晃一枪、无济于事，甚至南辕北辙、事与愿违，与主观上的美好愿望越走越偏、渐行渐远。

重视与轻视

非洲马赛马拉大草原上生活着一群野牛,它们毛粗皮厚,体形巨大,长着一对粗大尖利的犄角,成年后体重可达700公斤以上。因此,尽管在草原上狮子才是野兽之王,但在面对野牛群时,也不敢贸然攻击。同样,面对狮子,野牛也总会打起十二分的精神来与之周旋、对抗,狮子很少能占到便宜。

但是,在面对另一个不起眼的对手鬣狗时,野牛往往被攻破防线,成为它们的美食,而一只成年鬣狗的体重只有60公斤左右。聪明的鬣狗充分利用野牛对它们的轻视,每次攻击前,一只鬣狗在前面故意吸引野牛的注意,另一只就在后面偷偷等待时机,一旦野牛因警惕放松而翘起尾巴,后面那只就会果断抓住"战机",凭借其牙齿强大的咬合力,猛地攻击野牛的"薄弱部位",使其遭受重创。

野牛的悲剧,让人感慨,也让人联想起这样一首哲理诗:"泾溪石险人兢慎,终岁不闻倾覆人。 却是平淡无石处,时时闻说有沉沦。"水流湍急处,人们总是格外谨慎小心,自然平安渡过;反倒是水流平缓时，往往麻痹松懈，导致船毁人亡。通俗点说，就是多少大风大浪都闯过来了，偏偏在一条小阴沟里翻了船。野牛的高度警惕没有让强大的狮子占到便宜，野牛的心不在焉却让小小的鬣狗屡屡得手。从古至今，人类社会类似这样因为轻视"小人物""小事件""小问题"，而导致"船毁人亡"的悲剧可谓不胜枚举、一再上演。杀机四伏的大草原上只有对手，没有弱者。发展前行的道路同样充满挑战，没有坦途。发展中的问题有长期性的，也有阶段性的；有系统性的，也有个性化的；有深层次的，也有浅层次的，还有许多问题看似"微"不足道，可如果思想上轻视，不看在眼里、放在心上，任由小问题积蓄发酵，一旦某个时机成熟，小问题将不可避免变成大问题，局部问题可能变成全局问题，甚至是致命性问题。作为领导者，未雨绸缪、防微杜渐的忧患警钟必须时刻敲响，冷静客观判断所处形势，在战略战术上一以贯之地始终高度重视身边的各种"小问题"，勿以善小而不为、勿以恶小而不除，靶向用药、精准发力，防止"癣疥之疾"变成"心腹大患"，从而使"发展的道路"更顺畅、让"成长的烦恼"再少些。

松柳树与虎猴气

1944年11月,在延安杨家岭的中央大礼堂,毛泽东接见了八路军三五九旅南下支队的全体干部,他号召大家要学会两种本领,一种是松树的本领,一种是柳树的本领。他说:松树冬夏常青,不怕风吹日晒,寒冷之中也能巍然屹立,松树有原则性;柳树插到哪里都能活,一到春天,枝长叶茂,随风飘荡,十分令人喜爱,柳树有灵活性。

毛泽东是这样号召别人的,也是一直这样身体力行的。他曾对自己的革命生涯有个形象的自喻:既有虎气,也有猴气,但虎气为主。

一得

　　毛主席讲松树、柳树也好,谈虎气、猴气也罢,其实说的都是领导艺术有"一体两翼",开展工作要兼顾两个方面,原则性和灵活性缺一不可。邓小平同志在香港回归谈判中,既向撒切尔夫人强硬声明主权问题不容谈判,又创造性地提出"一国两制"科学构想,为和平解决香港问题打开了成功大门。大政治家往往都有这种禀赋,兼具虎气猴气、能当松树柳树,将刚柔并济的领导艺术运用得得心应手、出神入化。现在我们学习领导艺术,就是要学习这种对立统一、相辅相成的科学辩证法,在重大原则问题上决不让步,在具体工作方法上讲求弹性。没有原则性,势必沦为"墙头草""两面派",得不到别人尊重、丧失驾驭全局的能力,部下终将失去对工作的进取心、对组织的向心力,化为一盘散沙;少了灵活性,刚性有余、弹性不足,简单粗暴管理人才、单一手段开展工作,无法有效解决问题、同样难以让人信服。只有辩证用好"虎猴两气",刚柔并济、能方能圆,因地制宜、应时而用,逢山开路、遇水架桥,如此方能翻越发展道路上的层峦迭嶂,取得理想的治理效果。

实心任事

明代中期以后,士大夫群体中开始流行"认真"或"实心"任事的精神。从当时的一些文学作品,尤其是寓言故事中,可以发现这种内在转向。

明代江盈科的《雪涛小说》"任事"篇中有两则寓言故事,对当时吏治腐败作了相当尖锐的抨击:乡间有个患脚疮病的人,剧痛难忍,对家人说:"你替我在墙上凿个洞。"洞凿成后,他把脚伸进洞里,伸入邻居家一尺多,家人不明白他为什么这样做。他答道:"让它去邻居家随便痛吧,这样就不关我事了。"还有一个大夫,自称长于外科,一个副将从疆场上归来,中了箭,箭头射到了皮肉之内,请他去医治。这个医生手持剪刀把箭柄给剪了,然后辞别。副将说:"箭头还在皮肉内。"医生说:"这是内科大夫的事,不归我管。"

在两则故事后面,江盈科评论:"今天管事的人,看到事情不容易做,就因循守旧,苟安现状,等着后来人做。这也跟把脚痛推到邻家,把责任推给内科是一样的。"

两则故事,各有侧重。前者是以邻为壑,后者是敷衍塞责,归根到底表现为一种不愿担当、不敢任事的陈规陋习,缺少的恰恰是一种"实心"任事的担当精神。所谓"实心"任事,对为官从政者而言,既是修身之要,也是为政之德,告诫我们做人老老实实,做事踏踏实实,不管事情是大还是小,是难还是易,都必须尽心尽力、务实努力地去做。以前清朝皇帝对大臣奏折的朱批中,经常用"实心任事"来鞭策勉励各级官员。其实,不论哪朝哪代,作为官员,能够做到"实心任事"这一条,再加上"清正廉洁",基本上就可以称得上是一位好官了。现实中某些人仅仅满足于"做官",而不是"做人",更不愿"做事"。做大事就是为了做大官,不停地做事就是为了更快地升官。以做官为目标,体现到做人做事上,就是考虑处理的事情是否有利于保位或升迁,目的和手段的倒置,更反映人品官品的高低。官大官小不由你,做不做事全在你。"薄官不能一朝留,清风可以百世纪。"清代苏州西山巡检暴式昭虽然仅为九品小吏,但不畏强权、敢于碰硬,平定胡匪、清缴鸦片、保一方平安,称得上大写的一个人。正如一句唱词所写:"我成不了栋梁材柱石宫殿,我这小木杆也要为百姓撑起茅庵。"这或许也是千百年来老百姓的期待。

做事留一线

东汉末年,群雄割据。盘踞在汉中地区的张鲁在列强的夹缝中生存了约三十年。建安二十年(公元215年),平息西凉的曹操决定讨伐张鲁。

张鲁本来计划称臣归顺曹操。谋士阎圃劝他说:"眼下因为形势危急去降曹,这功劳太小了;不如暂且凭依巴中之地,然后出降。"于是张鲁率众奔往南山。逃走的时候,张鲁左右的人想把宝货仓库一把火全部烧光,张鲁说:"我本来就想归顺国家,这愿望没能实现。现在逃避曹军的锋芒,并非有恶意。"于是张鲁让人把这些金银宝贝、仓库物资都规规矩矩贴了封条,登记造册,曹军来了照单全收。

曹操入城后看到这种情况,对张鲁很赞赏,便派人去安慰招抚他,张鲁顺势归降曹操。曹操任命张鲁为镇南将军，封他为阆中侯，食邑万户，并把张鲁接到中土，以宾客之礼相待。张鲁的五个儿子与阎圃被封为列侯。

一得

张鲁的善意，换来了曹操的敬意，也换来了丰厚的政治优待。做事留有余地，人生自有天地。留下了"余地"，也就是留下了"活路"。雕刻人像时，鼻子大眼睛小，这是留有余地；做菜时先少放一点盐，不够再添，这是留有余地；打仗包围敌人时，"围三阙一"，网开一面，这是留有余地。从某种意义上说，留有余地既是生活经验，也是人生智慧；既是技巧问题，也是原则问题。领导干部开展工作同样也需要"留有余地"的实践智慧，指标制定要留有余地，空间规划要留有余地，后备资源也要留有余地，话不能太满，利不可赚尽，势不可用尽，不搞竭泽而渔、急功近利，既要尽力而为，也要量力而行；既做显绩，也做潜绩。可以说，强调"留有余地"是思想方法、工作方法，也体现了对客观规律的深刻理解把握。欲速则不达，超越客观、脱离实际，不留余地，丧失回旋空间，也将丧失工作主动权，最终将陷入盲目和被动境地。反之，留有余地、持之以恒，累积尺寸之功、跬步之力，再长的路，走下去，定能到达。这不仅是一种"热中有冷"的大智慧，更是一种"高屋建瓴"的大担当。

恰当地表现"无能"

孩子不愿意做妈妈布置的课外作业。妈妈灵机一动,想出了一个主意。她说:"宝宝,那我来当学生、做作业,你来当老师、改作业,如何?"

孩子一听,这可多"拽"啊!于是高兴地答应了。他把妈妈做的"作业"认真地检查了一遍,一边查一边自己做,逐条列出算式,给妈妈详细讲解了一遍。

不过,他可能怎么也不明白,依他妈妈的智商和功底,何以把所有题都做错了,要孩子一道题一道题去思考、去纠正、去讲解……

这则小故事的实质,就是母亲故意在孩子面前示弱、服软,激发孩子的能动性与成就感。 无巧不成书的是,一位具有30多年从政经历的老领导最近也曾畅谈自己的心得感言:"当领导者显得事事都懂、无所不晓、无所不能时,部下就会束手束脚、拙耳笨腮、个个无能;反之,当领导者表现得无知无能、不知所措时,部下就会献智出力、各显其能……"其实,身在官场,追求的应是实际效果,而不是一味表现一己的聪明才智、在意个人的荣辱得失。 表面"示弱"不是真的"软",看似无能不是真的"笨",只是善于"留白",给别人以展示自己、出人头地的机会。所谓"只问耕耘、莫问收获,只讲尽责、莫计前程",就是这样的境界。逞一己之能,是个人英雄主义;聚团队之能,是高明领导智慧。只要效果能如人所愿,何计过程中受一些委屈;只要团队能群策群力,何惧别人说自己无能。巧妙地"示弱"、恰当地"无能",给别人舞台、让别人出彩、为别人鼓掌,后退一步,又有何妨?

坚守自己的能力圈

有个农民,农事做得很好,日子过得很舒适。乡里人都夸他机灵,说他经商,肯定能发财。农民便和他老婆合计,要去经商。老婆见劝说没有用,就让农民把家中的一头牛和一头骡子牵进城去卖,还悄悄找来三个人,对他们如此这般地嘱托了一番。

第二天,农民兴高采烈地上路了。他老婆找来帮忙的人偷偷地跟在他的身后。农民贪睡,第一个人乘农民骑在牛背上打盹之际,把骡子牵走了。没多久,农民偶一回头,发现骡子不见了,急忙寻找。这时,第二个人走过来,热情地问他找什么。随手一指,说看见有人牵着一只骡子从林子中刚走过去。农民急着去追骡子,把牛交给这位"好心人"看管。等他两手空空回来时,牛与"好心人"自然都没了踪影。农民难过极了,一边走一边哭。当他来到一个小溪边,却发现一个人哭得比他还伤心。那人告诉农民,他不小心把钱包掉进水里了,自己又不会游泳。如果农民帮他捞上来,愿意送给他15个金币作为报酬。农民一听喜出望外,心想:牛和骡子虽然丢了,但能得到15个金币,损失也能补回来。他连忙脱光衣服跳下水。当他空手从水里爬上岸时,衣服、粮食都不见了。

农民回到家,惊讶地发现牛和骡子竟然都在家中。他老婆说:"没出事时粗心大意,出现意外后手忙脚乱,造成损失后急于补救,一错再错,你这样的心理素质和行事风格,怎么能在商海打拼呢,还是老老实实地在家种田吧!"

一得

　　有句老话:滚石不生苔,转行不聚财。成功的商人精于商道,但不会轻易涉足自己不熟悉的领域。踏踏实实,做好本行,才是成功的捷径。"股神"巴菲特的成功,正是源于他能够坚守自己的能力圈。他长期持有的股票都是从小就非常熟悉的公司:可口可乐、《华盛顿邮报》、美国运通、吉列,却几乎没有一家是高科技企业。先哲苏格拉底最推崇的一句话是:"认识你自己。"对于大多数人而言,

> 重要的不是你到底知道什么，而是你是否真正明白自己到底不知道什么。当你了解的那一部分事实和道理能形成一个能力圈时，稳定的利润就在其中。条条大路通罗马，实践治理也是一样。选择了"稳中求进"的策略，或许会失去一些机会，但我们不可能同时走在两条路上，否则只会停滞不前。我们所能做的很简单，就是选择一条适合自己的路，尽量避免犯重大的错误，并且坚定地走到最后，有时只需要做很少几件正确的事情就足以确保成功了。

一万步的目标

"日行一万步，健康你一生"，相信很多人都听说过。以前，我们对每天走的步数、心率、睡眠周期等毫不在乎，这些信息似乎也不怎么重要。后来，有了手环计步器，可以精确记录人们日常活动，把琐碎的细节串成一条生活线，把单调的日常活动变成使人"上瘾"的计分板。手环嗡嗡地振动，屏幕亮了，那是在告诉我们已经达到一万步的目标。于是，越来越多的人被这种游戏化的记录方式所吸引，开始管理自己的生活。

正如彼得·德鲁克所说："只有被测量，才能被管理。"如果人们可以测量自己的进步，就会更加努力地争取更大的进步。

> **一得**
>
> 　　每天走一万步的目标很小，实现起来并不困难，因为对计步器来说，运动、生活、工作没有区分，你日常走的每一步都算数。问题在于，这种类型的计步是否能成为衡量健康的标准？每天完成一万步、二万步的运动目标，是否就意味着达到了身体平衡的目标？或许大家可能更关注"朋友圈"刷排名、占封面，有时候可能还要想尽办法凑步数。这样看来，与其说是人管理自己的生活，不如说是虚幻数字的满足感支配着我们的生活。强调目标规划的重要性，前提是目标制定的科学性、可行性。如果平时缺乏运动，骤然开始每天"暴走"，只会适得其反。目标可行，还要注意综合平衡。为了个人目标而做事，设置清晰的时间表、路线图，不断地证明挑战自己，往往会陷入自我的迷执，特别是作为一个组织的负责人，如果过于执着自己的个人目标，超越阶段、脱离实际，而置组织的战略目标不顾，最终损害的将是包括个人利益在内的整体利益。一滴水放入大海才不会干涸。小目标融入大目标，个体存在融入群体存在，才能获得永恒的存在。有时只需把脚下的路走好、眼前的事做好，对于将来无须太过担忧或牵挂。诚所谓：但知行好事，莫要问前程。冬去冰须泮，春来草自生。

割豆子的时间

初秋季节,艳阳胜似"地火"。小伙子工厂放了假,回家帮年迈的父母收割庄稼。午饭后,他顶着烈日,去到田间,看见一串串饱满的黄豆荚,心里十分高兴。无意中碰了一下,就有豆荚爆开了,豆粒只往土里掉。

他赶紧回家找镰刀。而老父亲却在一边抽着旱烟,不紧不慢地说:"你刚回家,今天先歇着吧,等明天一大早再割,不急!"小伙子可没这么淡定,他急着说:"不行,不行!我不累,豆子都熟了,再不割就迟了!"

父亲这下说得就直白了:"儿子!这不是你累不累的问题,而是现在不适合割豆子。天太热了,豆荚在太阳底下暴晒,现在很'脆',一碰豆粒就四处蹦,如果掉到地里的就不要了,会浪费很多豆子;要是再把它们都捡起来,那就要多花很多时间。还不如等到明早趁着露水下地去割,那时豆荚是潮湿的,就不会爆开了。"

果然,第二天早上,小伙子下地割豆子,豆秸、豆荚都沾着露水,湿润润、潮乎乎的,收割时没有一个豆荚爆开,颗粒无损地都运到了打谷场上。

割豆子的时间,讲究对自然天气条件的合理把握,不急于在前一天艳阳高照的午后,而是选择等到第二日露水浓重的早晨,这是人们在实践中总结出来的农学常识。其实做很多事,都要讲究一个"时机"的问题,这是人们需要用理性态度思考对待的哲学常识。现实中,我们往往更多地强调,机不可失,时不再来。因为,行动迟了、慢了一拍,可能与机遇"擦肩而过",错失有利条件、贻误事业发展。但同时,马克思主义的一个基本原理就是一分为二地看问题:有时,最快的行动方案,未必是最优的行动方案;最早的行动时间,未必是最佳的行动时间。时机不对、火候未到、心急火燎、贸然出招,很可能破坏正在积累的、可以引起质变的有利条件,把机遇"吓跑",得不偿失,甚至是竹篮打水一场空。古人讲,"时来天地皆同力"。要想做成事,不仅要有快速行动的激情和干劲,也要有慢中积淀的智慧和定力,能够透视本质、把握规律,待"时"而动、相"机"而行。如此,方能实现"努力必有回报",甚至达到"事半功倍之效"。

狗恶酒酸

韩非子,是战国时期杰出的思想家、哲学家和散文家。他极其重视国家治理的政治环境,《韩非子》一书曾讲了一个"狗恶酒酸"的寓言故事。

狗恶酒酸

宋国有个卖酒的人,分量公道,待客诚恳,酒也美,酒旗也高,但就是卖不出去,以致酒都发酸了。什么原因呢?原来是店门口养了一条凶神恶煞般的猛狗。这条狗蹲在那儿,就没人敢来买酒。韩非说,君主与有道之士间、与黎民百姓间也有这样的当道猛狗,使上下壅塞。

一得

做生意讲究和气生财,笑迎八方客,诚待四海宾。所谓人和天地阔,主雅客来勤,如此方能酒香不怕巷子深。反之,"恶狗"当道,经营环境、服务态度恶劣,生意肯定惨淡经营,草草收场。又比如,一个地方自然资源再丰富,生态环境再优美,对外承诺再漂亮,一旦有人搞店大欺客、强买强卖、出尔反尔那一套,客人恐怕也会在心中打起退堂鼓。同样,一项政策制定得再好再完善,如果碰到少数"歪嘴和尚"念歪经、打折扣,导致政策空转,落细、落小就是落不到群众的心坎上、口袋里,并且变成一种习惯、形成一种文化,或者认识到了这种危害却不能下决心整改,对政策的隐性杀伤和内在破坏也是巨大的。环境由人创造,人又在环境中生存。要想买到美酒,买家不能因惧怕"恶狗"当道而徘徊观望;要想生意兴隆,卖家不能因护"狗"心切而目光短视。当前,改革攻坚进入"深水区",唯有上下同发力、人人齐动手,瞄准工作中的痛点难点,找准

> 思想深处的堵点节点,以壮士断腕的决心对准焦距、刀刃向内,找准穴位、击中要害,才能在破除和根治"中梗阻"中不断把改革推向深入,从而让美酒飘香、人人向往。

看列宁如何与群众"说话"

十月革命后,大量农民进了莫斯科,由于他们对沙皇十分痛恨,坚决要烧掉沙皇住过的宫殿。

有人把这件事报告了列宁,列宁指示要对农民进行教育。第一次教育,农民不听;第二次还不听;第三次仍不听。最后,列宁亲自出来做思想工作。

他对农民说:你们烧房子可以,在烧之前,让我讲几句话可以吗?农民答:可以。列宁问:沙皇的房子是谁造的?农民答:是我们造的。列宁又问:我们自己造的房子,现在不让沙皇住了,让我们农民代表来住,好不好?农民答:好!列宁再问:那还要不要烧呢?

接连"三问",农民心中已有答案了。他们觉得列宁讲得有道理,于是同意不烧房子了,一场由仇恨情绪引发的破坏行动,被及时而温和地制止了。

> 一得

列宁实际上就是从群众切身相关的角度，用群众能够听懂的话语，讲群众易于接受的道理，在看似举重若轻之间，将群众的情绪导向良性的方向。如何与群众说话，绝非小事，说得好与不好，其结果可能迥异霄壤。会说话，一语让人"笑"；不会说话，出口就让人"跳"。对党员干部来讲，学会与群众说话，说群众听得进、能接受的话，应该是"看家本领"，也是"分内之责"。马克思主义经典作家讲过："理论一经掌握群众，也会变成物质力量。"但这有两个基本条件：其一，理论本身是先进、科学的；其二，理论能够为群众所理解、掌握。在第一个条件具备的前提下，就看党员干部如何用理论来武装群众、宣传群众、动员群众，从而把精神的力量变成物质的力量了。有时，严肃的政治话语，要转化成群众喜闻乐见、易于接受的乡言俗语；宏大的政治命题要切换成与群众生活相关、利益攸关的具体问题，增强"烟火气息""泥土气息""草根气息"，才能达到群众入脑入心、党群同心同向的良好效果。

好官平的不是乱，是民心

元朝成宗年间，江西赣州乡民刘六十聚众造反，元成宗派军前去平乱。主将发现情况复杂，只得观望等待。而地方官吏因为往日骚扰盘剥百姓，民愤滔天，更不敢出头调停。因此，叛军的士气日益高涨。

见此情况，时任江西省左丞的董士选主动请命，去事发地斡旋。董士选既没有要求朝廷增兵，也没有带一兵一卒，只是带了两个随身侍从和一些资料就出发了。进入赣州境内，董士选根据告发和调查掌握的情况，迅速惩办了一批涉嫌贪腐及祸害民众的官吏，有的退赃赔礼，有的交司法处理。一时间，广大民众奔走相告，大快人心。

接着董士选前往兴国县，距叛军营地不足百里处，他命令将校分兵驻扎待命，安排几个小分队深入侦察，凡是煽动叛乱起事的人，经过查实即行抓捕，并且全部就地正法；至于窝藏包庇者，若不配合举报，也予以法办。于是，当地民众争相出来自证清白。数日之内，包括刘六十在内的举事头领都被抓获，追随的民众自行散去，回家务农。

元朝是蒙古人统治的朝代，朝廷对汉人十分警惕，对群体性事件特别敏感，不管哪里发生事情，首选或唯一的选项就是诉诸武力。董士选的"另类"做法令朝中大臣无不敬佩。因为他平的不是乱，是民心。

一得

民心是最大的政治，民心也是一本大账。"武力"平乱只能治标，重振民心才是根本。地方治理中的许多问题看似表现在群众身上，但根子却出在官员身上。群众心气不顺、口出怨言、用脚投票，一定程度上是地方施政过程中的瑕疵造成的，特别是"为官乱为""为官不为""小官贪腐"等问题，好像一堵无形的墙，阻隔了干群关系，滋生了政治冷漠，蚕食了稳定根基。治民而不治吏，或者"轻治吏而重治民"，无异于舍本逐末、缘木求鱼，结果必然是南辕北辙，"按下葫芦浮起瓢"。群众当然需要教育引导，官员更需要严格管理。把"板子"主要打在官员身上，绝不是对官员的苛责，也不是对群众的"溺爱"，而是引导各级官员心存为民情怀，站在群众的立场角度决策施政，用心维护群众利益、真心解决群众诉求。欲达善治，必先善政。始终把握好顺应民意、合乎民心、凝聚民力的治理逻辑，把群众欢迎的事、急需的事、受益的事做对、做成、做好，让群众"听得进"、"信得过"、"跟着走"，再难再烦的矛盾纠纷也会顷刻间冰消雪融、"灰飞烟灭"。

别败在优势上

一天,有三个旅行者同时住进了一家旅店。早上出门的时候,一个旅行者带了一把伞,另一个拿了一根拐杖,第三个人什么也没有拿。晚上归来的路上,骤然下起大雨,三人都回到旅店后,拿伞的旅行者衣服湿透了,拿拐杖的摔伤了,第三个人却安然无恙。

原来,当大雨来时,有伞的旅行者大胆地走,却无意间被淋湿了;拄拐杖的旅行者,因为没带雨伞,便找能躲雨的地方走,所以衣服没有淋湿,但仗着有拐杖就莽撞地行走,结果跌倒好几次;空着手的旅行者,大雨来时躲着走,路不好时小心走,一直谨慎,反倒没事。

有缺陷不足并不可怕,因为它们总能提醒我们去弥补和规避,真正可怕的是局限于"传统优势"而沾沾自喜,常常会使我们与成功失之交臂。 现实中,我们很多时候不是败在明显的缺陷上,而是败在所谓的优势上。 万事皆有因,百病皆有根。 优势变成劣势,最终演化为失败的原因,究其根源无外乎两个:一个是"迷信优势",人具有一定优势之后,往往容易产生松懈情绪、麻痹思想,也就是人们常说的,善水者溺于水、善饮者醉于酒;另一个是"停于优势",想问题、做事情从个人经验出发,不顾事实,主观臆断,结果往往是事与愿违。个人错,错一点;领导错,错一片,甚至会给地方发展和人民福祉造成不可挽回的损失。领导者要防止在优势上栽跟头,不仅要提升优势层次,还要谦虚谨慎,遵循规律。作为领导者,再简单的工作也要认真对待,自觉杜绝"差不多"、努力追求"最完美",强化细节意识、精品意识,切实把严实细贯穿工作全过程。特别是抓工作不能满足于经验论水平,而要努力把零散局部的经验条理化、系统化,转换为对某类事物特殊规律的把握,自觉站在规律性的高度分析问题、解决问题。弥补缺陷才能补齐短板,用好优势才能打造长板。优势是做事、成事的先决条件,避免优势逆转为劣势、真正让优势转化为胜势,颇值每名领导者警惕和深思。

彦光易俗

隋朝初年,岐州民风淳厚质朴,刺史梁彦光以清静无为的方式治理岐州,连年考评优秀。几年后,梁彦光转任相州刺史,仍然像治理岐州那样为官施政,没想到,相州这个地方风俗杂乱,民间喜欢争斗诉讼打官司,梁彦光以道理说服教化,成效甚微,致使民风日下,被罢免了职务。

一年后,朝廷起复梁彦光为赵州刺史,梁彦光上书隋文帝,表示自己以前任职相州,因软弱无能被称"戴帽饧"(饧为一种糖,戴帽饧指戴着官帽看似威严,实际软弱无能),如今有恢复官职的机会,想再次治理相州,改变过往治理的方法,着力改变当地的风俗。隋文帝答应了他的请求。梁彦光到任后,一改过去清静无为的作风,终日走访民间,对作奸犯科的行为明察秋毫,如同神明一样。豪猾无赖之徒见劣迹败露,四处逃窜,惶惶不安,梁彦光的威望大为提高。

为了彻底改变相州的民风,梁彦光决心从抓教育着手,聘请博学大儒,在每个乡里都建立学堂,以先贤圣哲之学说及事迹教育学生,每月每季进行策试。于是,人们都渐渐地克制自励,知书达礼,相州民风日厚,长期以来恶讼之习俗从根本上得以消除。

一得

明代王阳明讲:"经一蹶者长一智,今日之失,未必不为后日之得。"从哪里跌倒,从哪里爬起,不在事上磨,不历经风雨,怎么见彩虹? 失败并不可怕也不可耻,关键要有"包羞忍耻""卷土重来"的勇气和智慧,让成长的代价不白付出。 从失败的经验教训中反思提纯、比较转换,及时调整治理策略和工作方法,努力做到超越自我、通权达变,以有口皆碑的善治成果为自己一洗"前耻"、澄清正名,梁彦光的故事今天读来仍觉"励志"。兵无常势,水无常形,问题不会简单重复,"人也不能两次踏入同一条河流",罔顾地方民情风俗的差异,照搬套用治理岐州的"药方"来根治相州的"顽疾",必然会导致"水土不服"。世上没有包治百病的灵丹妙药,也没有放之四海而皆准的真理,解决难题还是"望闻问切"、对症下药更有效,化解矛盾还是"一把钥匙开一把锁"更灵光。如果仅有良好愿望和满腔热情,缺少正确方法和实践智慧,习惯于用老办法老套路来应对解决新情况新问题,往往会陷入"吃力不讨好",越是苦干蛮干就越是南辕北辙的窘境。面对飞速发展变化的时代,无论多么宝贵的经验,对未来的实践价值都是有限的。我们需要做的就是经常反问自己:从来如此就对吗?从来如此就好吗?

韦孝宽植树

韦孝宽,南北朝时期杰出的军事家、战略家,他在西魏战胜东魏、北周攻灭北齐的战争中,立下过赫赫战功。

西魏废帝二年,韦孝宽被授官雍州刺史。上任后,韦孝宽发现,境内官道上的里程碑都是用泥土堆的土台,虽然易于辨识,但因为风吹日晒、雨水冲刷,容易损坏,需要定期维护,不但增加了国库开支,也加重了百姓负担。韦孝宽经过多次调研,发现可以用树木取代土台,作为里程标志。树木栽种下去,既不需要日常维护,还能为往来行人遮风挡雨。

想法虽好,但如何实施却是个问题。一方面,擅自更改朝廷体制是大罪;另一方面,取消土台设置,必然要取消土台维护经费,也得罪了一些既得利益者。为此,有官员私下劝说,旧制沿袭多年,何必做这种吃力不讨好的事;有官员私下讥讽,没事瞎折腾,摆明捞政绩;更有甚者还向朝廷打小报告。面对种种困难,韦孝宽毫不动摇,毅然下令:雍州境内所有官道上的土台,一律改种一棵槐树,作为官道里程标志。

朝廷闻知此事,不但没有责怪韦孝宽,反而进一步规范和推广韦孝宽的做法,令全国诸州官道每隔一里种植一树,每十里种三棵,百里则种五棵,从而一举变革了官道里程碑制度。

一得

旧制度弊端十分明显,人人都知道要改革、非改革不可。可形成改革共识容易,把改革共识转化为改革实践往往很难。难就难在一旦进入改革深水区,触及错综复杂的利益格局,畏首畏尾、止步不前者有之,坐等观望、高谈阔论者有之,墨守成规、借口惯例者有之,讥讽非议、群起围攻者有之。当此关口,能不能担得起责任、顶得住压力,有没有破釜沉舟、舍我其谁的意志和决心,敢不敢向顽癥瘤疾开刀，向障碍藩篱宣战，最能体现为官者的境界与担当。革命的首要问题，是要搞清楚，谁是我们的朋友，谁是我们的敌人。改革同样是一场革命，首先也要搞清楚，谁想改革，谁不想改革，改革为了谁。于国、于民、于全局都有利有益的改革举措，既然认准了、成熟了，就应该以刀刃向内的胆识主动改、自觉改，尽快改正改好改到位。如果什么都搞"一慢二看三通过"，等上级给了"定心丸"、发了"指示牌"再行动，必然会贻误改革良机。其实，做个有所作为的官员并不难，只要心中有责、心中有戒，秉持为民造福、对事负责的逻辑，在此基础上适时改一改自己的胸襟、气魄和胆略，一切皆有可为。

同样的本领，不同的命运

古代鲁国有一户姓施的人，他有两个儿子，大儿子好学，二儿子好战。好学的儿子用自己的学问到齐侯那里去游说，齐侯就接纳了他，让他做公子们的老师。好战的儿子到了楚国，用自己所学的东西去向楚王游说，楚王很高兴，让他做了管理军事的官吏。两个儿子得来的俸禄使一家人衣食富足，爵位使父母荣华显赫。

施家有一位邻居,姓孟,也有两个儿子,所学的内容也与施家两儿子一样,一个好学问,一个好作战。他们家庭贫困,在向施家请教方法后便也决定照着做。

孟家长子来到了秦国,用自己所学的儒学向秦王游说。秦王听了却说:"当今各国用武力相互争斗,所努力追求的事也是足食足兵而已。如果用仁义治我的国家,这不是要自取灭亡么?你用你那破理论来蒙蔽我,胆子可真不小!"随即令人用了刑才放他走。

二儿子用他所学的去向卫侯游说,宣传作战兵法。卫侯说:"我们国家十分弱小,夹在各个大国之中。面对大国我唯唯诺诺,面对小国我极力安抚,这样才求得今日的平安。如果用战争去对待各个国家,这不是飞蛾扑火吗?如果让你安然离开,你就会到别国去游说,别国采纳了你的主意,就会来攻打我,我们的祸害就来了。"于是下令砍断他的脚,把他遣送回鲁国去。

孟家很悲愤,便去责问施家。施家回应说:"齐国强盛,无人敢欺,它急需的是国内治理,是内在实力,因而仁义道德的治国之术正合齐侯口味。楚国志在拓展疆土、臣服列国、称雄天下,欲与秦一争高低,军力的扩张正是楚王梦寐以求的。但是,到一心想要以武力一统天下的秦国兜售仁义道德,让他们放下武器讲仁义,岂不是自讨苦吃,自寻没趣?同样,到苟且偷安、勉强安身的卫国推销强兵之策,把卫国推向水火,当然也得不到欢迎。你们怎么不先分析分析啊!"

> 一得

战术上的勤奋无法掩盖战略上的懒惰,带着智慧做事,才能做有智慧的事。孟氏二子不是不够勤勉努力,也不能说没有才能,最后却落得个悲催结局,原因就在于不分青红皂白盲目效仿、不加分析形势亦步亦趋。"世界上没有完全相同的两片树叶",每一次实践活动所涉的对象、因素本身就异常复杂,再加上开展的背景、境域又纷繁芜杂、变动不已,可谓"阳光下每天都有新东西"。因此,要想将事情做对、做好、做成,首先必须理解吃透当下实践的特殊性,以此作为实践智慧运用的起始环节、重中之重,花足时间、用足精力,想得更深一点、看得更透一些,这样才能辨别清楚具体实践活动在全局战略中的定位作用,随后方可确定恰当的目标、择选对应的理论、运用合适的方法,因地制宜、因事为制,对症下药、按病施方。如果在这个初始阶段疏于思考、怠于分析、荒于研判,往往会造成南辕北辙、谬以千里的严重后果,后面再怎么努力都难以弥补、于事无补。思深方益远、谋定而后动,计划好,再奔跑。一味麻木地忙碌,到头来,除了效率低下、疲惫不堪,甚至还可能有更多意想不到的灾难临头。

决策施策篇

"准备吃亏"

1945年,毛泽东同志在党的七大上作结论报告,讲到了"准备吃亏"的问题,一口气列了17条困难。

具体是:外国大骂;国内大骂;被国民党占去几大块根据地;被国民党消灭若干万军队;伪军欢迎蒋介石;爆发内战;出了斯科比,中国变成希腊;"不承认波兰",也就是共产党的地位得不到承认;跑掉、散掉若干万党员;党内出现悲观心理、疲劳情绪;天灾流行,赤地千里;经济困难;敌人兵力集中华北;国民党实行暗杀阴谋,暗杀我们的负责同志;党的领导机关发生意见分歧;国际无产阶级长期不援助我们;其他意想不到的事。

在列举这些困难的时候,毛泽东还批评道,"从前我们党内有一个'传统',就是讲不得困难,总说敌人是总崩溃,我们是伟大的胜利"。他提出,"要在最坏的可能性上建立我们的政策",尤其是党的高级负责干部,更要有"对付非常的困难,对付非常的不利情况"的精神准备。

七大召开时,我们党与红军长征胜利到达陕北时相比,已不可同日而语,领导的军队发展到91万、民兵220万,解放区人口达到9550

万,特别是延安整风后,实现了新的团结和统一,已成为一个有着空前觉悟和丰富经验的强大政党。然而,就在我们党的形势一片"光明"美好、"胜利"的桅杆似已跃出地平线的时候,毛泽东同志却迎头泼了一瓢凉水,一口气讲了"十七条困难",反复强调要"准备吃亏"。这并非无的放矢,也不是故作姿态,而是有着深刻的历史教训和现实根据。所以,越是胜算在即,越要保持头脑清醒;越是形势向好,越要强化底线思维。古人讲"善用兵者,不虑胜先虑败",说的就是这个道理。就是要通过主动的底线界定和风险把控,未雨绸缪、充分准备,稳扎稳打、步步为营,争取实现最好的结果。坚持底线思维,并不是守摊子、看地盘,而是立足底线、追求高线;不是遇到问题绕道走,而是强调工作有预案、碰到险情有准备,心中有底、遇事不慌;不是降低标准、放弃进取,而是对危机和风险因素进行管控,补好短板、稳渡险滩。作为领导干部,一定要把底线思维筑牢,把困难和挑战想得充分一些,把应对各种复杂局面、意外情况的预案做得周密一些,千方百计"托底""守底""保底",这样才能遇事不慌、临危不乱,在推动工作上少走弯路、多出成效。

把雨下在哪里

一片乌云掠过被干旱弄得疲惫不堪的土地,却视若无睹,没有降下一滴缓解干渴的雨,而是继续往前飘着,最终将大量雨水倾进大海,并对高山夸耀自己这一慷慨的义举。

高山说,你用这种慷慨究竟做了什么好事?久旱逢甘霖,才是最值得感念的事情。你要是把雨水倾泻在田野里,会从干渴中拯救一大片庄稼;而大海,它的水不用你帮忙也绰绰有余。

人们常说,滴水之恩,当涌泉相报。大海缺一场雨,仍然浩瀚宽广,但干旱的土地有了这场雨,就有可能重新焕发生机,回馈一季收获。人际交往中,在别人身处困境、急需帮助的时候,我们慷慨施以援手,在物质或精神上予以宽慰,送人以温暖、给人以希望、指人以迷津,付出不为索取,往往会收获更多,让心灵得到净化,生命得到升华。当然,帮助别人需要注意方法,照顾别人的感受,找准别人的需求,帮人帮在关键处,切忌以己度人、弄虚作假、急功近利、厚此薄彼。否则,及时雨也不过是不痛不痒的"地皮湿",成不了终身难忘的"救命水"。同样,在治理实践中,我们的工作导向也应该坚持需求导向、问题导向、效果导向,以解决实际问题为最终目标。无论调查研究,还是决策施政,都要系统谋划、精准把握。比如,有限的财力资源,是扶持落后产业还是投向民生实事,是建高楼广场还是关注背街小巷,是不惜重金打造城市豪华医院、贵族学校,还是着力改善农村基础教育、基本医疗条件……选择不同,群众的感受自然不同。要"面子"还是要"里子",算眼前账还是算长远账,锦上添花还是雪中送炭,选择什么、不选择什么,根本上,检验的是宗旨意识,考验的是执政良心,反映的是政治伦理。

手榴弹炸坦克

20世纪80年代,苏军进攻阿富汗。1980年5月12日,苏军派出配备有300多辆坦克和装甲车的机械化部队,计划彻底围剿阿富汗游击队。游击队得到情报后,决定在地势险峻的查普查勒山口伏击苏军。当天傍晚,苏军的装甲车辆进入山口。游击队马上点燃炸药,顷刻间山崩地塌,大量的巨石滚入峡谷,宛如日坠天倾。当即就有四辆苏军坦克和装甲车被压成"铁饼"。接着,匿伏在山顶的阿游击队用步枪、手榴弹、土制炸药包狠打苏军。不到一小时,苏军上百辆坦克、装甲车被毁,500多人伤亡,其中,被手榴弹杀伤者占一半以上。

打现代化战争,手榴弹还能派上用场吗?有资料表明,从2003年3月下旬伊拉克战争打响到4月中旬,不到一个月时间,伊军的手榴弹共造成美军46人伤亡,占美军伤亡人数的10%。在2005年阿富汗战场上,美国海豹突击队乘直升机打击当地敌对武装,结果遭到密林中的武装分子手榴弹的袭击,直升机严重受损,飞行一英里后坠毁,16名乘员全部丧生。

一得

越直接、越简单的方法,有时候越精准、越有效。抗战时期,日军天上有飞机、地上有坦克,近距离拼刺刀更是吹嘘不可战胜,可照样被我们的"大刀队"砍得魂飞魄散。武器装备虽然原始落后,同仇敌忾、保家卫国的战斗意志让大刀威力倍增、势不可挡。日军的战术素养堪称一流,碰上八路军、新四军机动灵活、出没无定的游击战、破袭战、地道战、地雷战、麻雀战,一样步履维艰、处处挨打。战略指导思想正确,战术方法运用得当,以弱胜强就不是神话。战争如此,对其他事物的认识何尝不是如此。对那些被实践反复检验、行之有效的科学真理、成功做法,我们更应倍加珍视,勤加运用,常用常新,千万不能敬而远之、随意抛弃。比如,抓好思想政治工作,经常性谈心谈话,大兴调查研究,开展批评与自我批评,

> 这些都是我们党的"传家宝",但现实中有的同志自我感觉良好,"用不上";有的认为是"雕虫小技","看不上";有的借口忙于事务,"顾不上";甚至有的单纯用"键对键"代替"面对面",蜻蜓点水、不痛不痒。传承不是守旧,创新不能忘本。改革创新,更需做到守护传统、发扬传统。无论时代如何变化,技术如何进步,有些最本质、最核心的东西不能丢掉,他们也许才是最务实、最管用、最有效的选择。

批阅人民来信践"初心"

据《人民日报》1985年9月9日一篇文章披露,胡耀邦同志曾这样说:"每个领导干部平均每天要看一两封有典型意义的群众来信,首长的秘书不能借口爱护首长而任意扣压。"

胡耀邦同志作为党中央的一位主要领导同志,是这样说也是身体力行这样做的。自1979年1月担任中共中央秘书长(1980年改任中共中央总书记),至1985年7月的六年多时间里,共审阅人民来信两千多件。也就是说,在忙碌的日常工作中,胡耀邦同志平均每天都要批阅一封人民来信。

这些人民来信,来自北京、天津、河北、西安、锦州等地,涉及农民要求买汽车、知识分子申请入党、内燃机研究问题、教育家的生活困境等经济社会发展、人民生产生活的各个方面……

一得

批阅人民来信，是领导工作的一个重要组成部分。从一封封来自基层，或有诉求或有建议、或有批评或有表扬、或为自己或为他人的人民来信中，倾听群众呼声、了解一线动态、把握社会脉搏，既看字面之义，又观察隐含之情；既重视解决个体群众反映的现实诉求，又积极思考引发问题的深层次原因和政策性症结，究源治本、举一反三、优化决策、创新机制，进一步扩大受惠面，这是"不出门不声张"的调查研究，是"不显山不露水"的改进工作。于斯可见，批阅人民来信，不仅仅是案头做工作、笔头写文章，真情在批阅之中，功夫在批阅之外。重视批阅人民来信，就是始终心系群众、不忘根本，民有所求，必有所应，这是一种勤勉的工作作风和亲民的深厚情怀；善于批阅人民来信，就是能够抽丝剥茧、洞察本质、抓住问题、明确责任，这是一种重要的工作方法和领导艺术！

成功的奥秘

1948年,英国牛津大学举办了一次主题为"成功奥秘"的讲座,邀请丘吉尔前来演讲。在演讲前三个月,媒体就开始了热烈的炒作,各界人士翘首以盼。讲演的那一天,会场上人头攒动。全世界各大新闻媒体都到齐了。

只见丘吉尔走上讲台,两眼注视着观众,用手势止住大家雷动的掌声,说:"我的成功秘诀有三个:第一是,决不放弃;第二是,决不、决不放弃;第三是,决不、决不、决不放弃!我的演讲结束了!"说完,他就走下了讲台。会场上沉寂了一分钟后,突然爆发出热烈的掌声。那掌声经久不息。

决不放弃,意味着坚持到底的精神;决不、决不放弃,意味着不屈不挠的斗志;决不、决不、决不放弃,意味着永不妥协的姿态。"决不放弃"哲学,蕴含了生活的真谛、成功的奥秘、人生的智慧。决不放弃,不是"不撞南墙不回头"的执拗,也不是"不分青红皂白"的固执,而是选择正确的时机、正确的方向,全力以赴、不遗余力地去做那些应该做和必须做的正确的事。成功者的可贵之处在于屡遭挫折而热情不减,可以失败却从不轻言放弃。面对前进道路上形形色色的挑战、发展进程中各种各样的困难,你越强它就越弱,你越弱它就越强。一山攀过一山高、人不离鞍步不歇,一锤接着一锤敲、一任接着一任干,不放弃,就成功了一半;决不放弃,就是全部的成功。成功与失败有时仅有一步之遥,一个人可喜的收获应该在旅途的终点,在你认为"已经支撑不住"的时候,其实并不是终点,恰恰是重新开始的起点。不给自己设置界限,不厌其烦持续挑战,目标始终如一,"决不放弃"才能化"坎坷"为"通途",从"胜利"走向"胜利"。

林肯的"接访艺术"

某次,一个秃头的来访者对着林肯无理取闹、纠缠不休,浪费了他不少时间。

在那人第二次来访时,林肯善意地打断他的话,拿出一瓶生发药水,说道:"先生!人们都说使用这种药水可以重新长出头发来。不过,它的效果到底怎么样,我也不知道。现在我把它送给你,过几个月你再来找我,希望到时你能给我一个惊喜!"

那人有一点诧异,但看林肯一片诚心,不便拂逆他的好意,不好意思地拿起药水走了。此后好长一段时间,不再来打扰林肯。

一得

　　林肯这一招"顾左右而言他"的"乾坤大挪移之法",确实有其高明之处。有时,面对情绪激动的部下或是无理纠缠的上访者,犹如暂时碰到一个"死结",三言两语说不清、千般道理听不进,讲也讲不通、解也解不开、急也急不得。这时,如果自己占据道义上的制高点,满脸严肃、一口回绝,板起面孔、生硬说教、居高临下、严厉批评,都不是"上佳之策",反而容易"火上浇油添干柴",把情绪点燃、把矛盾激化、把事情弄僵,事与愿违、适得其反。如果能怀着耐心、抱着善意,抓住与对方息息相关的一些其他的事情,在不着痕迹之间岔开话题、转移注意力、重找兴奋点,让对方看到真心、感到诚意、受到感染,使对方的喜怒与情绪跟着自己走,不知不觉之间,意也平了、气也消了,此不失为接待来访的"妙计一招"。

向上推冰的破冰船

破冰船是一种专门用于破碎冰层、开辟航道,保障舰船进出冰封港口、锚地,或引导舰船在冰区航行的勤务船。

1864年,俄国人将一艘小轮船"派洛特"号改装成了世界上第一艘破冰船。自那以后,传统的破冰船都是依靠自身的重量来压碎冰块,因此它们的头部都采用高硬度材料制成。这种设计使得船头十分笨重,转向非常不便,而且船体非常害怕侧向漂来的流水。

后来,前苏联的科学家巧用逆向思维,变向下压冰为向上推冰,即让破冰船潜入水下,依靠浮力从冰下向上破冰。新的破冰船设计得非常灵巧,不仅节约了许多原材料,而且不需要很大的动力,自身的安全性也大为提高。当遇到北极较坚厚的冰层,破冰船就像海豚一样上下起伏前进,破冰效果非常好。

逆向推冰,造就了北极航线上一大破冰神器;逆向思维,也是人生前路上一大破障利器。人的一切言行,都由思维决定。从线性的思维方向上看,顺向思维按部就班沿着逻辑推演,从正面思考分析,可在一般情形下解决常规问题；而逆向思维则突破常规，转换视角、反弹琵琶，反其道而行之，从逆向去求解，往往能在复杂情境中另辟蹊径、出奇制胜，收获意想不到的效果。就其实质来说，两者是唯物辩证法关于事物普遍联系和矛盾的对立统一在思维领域的反映。传统的顺向思维通过求异的逆向思维，能够得以更新和发展；求异的逆向思维也只有依赖于传统的顺向思维，才能充分显现出其新颖性、突破性。注意研究运用逆向思维，作为顺向思维的重要补充，并将两种思维方法有机结合起来，对于领导干部提高思维水平、丰富工作方法大有裨益。比如，在地方治理过程中，先用顺向思维顺其情势、稳定时局，然后用逆向思维消除人们的思维定势和保守倾向，开创工作新局面，接着再采用顺向思维寻求新的稳定，如此反复交替、临机权变、把握节奏，更有利于推动地区不断稳定发展。可以说，集两种思维方法之大成者，就像赫拉克利特理解的那样——"使互相排斥的东西结合在一起，不同的音调造成最美的和谐"，更能在事业发展中得心应手、游刃有余。

先发者的优势

话说当年罗斯福和杜威竞选美国总统,那个时候最高效率的竞选工具是广播电台,两人于是都买了全国的广播时段,要发表竞选演说。罗斯福在哪里买了一刻钟,杜威的竞选团队就也在哪里买一刻钟,而且时间是跟在人家后面的。你前面说啥,我就马上跟着反驳,反正你也没机会还嘴,这是多么巧妙的安排啊。但是罗斯福演讲的时候,到14分钟就结束了。剩下花钱买的1分钟时间,他选择沉默,什么声儿都不发。听众一听,哦,讲完了,就调台了。然后杜威才开始说话,面对已经跑光了的听众开讲。

这个故事告诉我们,很多人都以为,我跟着别人的步伐行动,我就能掌握更大的主动权,当然,也有很多人把这叫做后发优势。而实际情况是,谁先行动,谁才有更大的战略空间。先发者对付后来者的手段,比想象的要多得多。

一得

紧跟别人未必就能掌握先机,正如紧跟潮流未必就是时尚。 戴个单耳环、运动鞋换成高跟鞋,在原有基础上提升风格,照样变成一道靓丽的风景。 看清自己的路,才能远眺前行的路。 亦步亦趋、盲目跟风，表面上看是掌握更大的主动权，实际上是丢掉回旋的空间和余地，将主动权拱手让出。棋经上说：宁失一子，不失一先。因为先行方可以先动手抢占一个要点，而对手必应。但你的对手应或不应，取决于他对形势的分析。一旦对手对形势做出错误的判断，或者如杜威那样，不管罗斯福说什么，我都给你怼回去，好像抢得了"先手"，占得了便宜，从全局来说，迟早要补棋。所谓高手，往往放弃局部的纠缠，转到棋盘上其他地域，就是无视你的"先手"，亦如我们常说的下好先手棋，才能打好主动仗，你打你的，我打我的。当然，打好主动仗的基础在于对形势的准确判断、困难的充分估计、风险的全面评估，归根结底立足于一个"实"字。只要调研功夫扎实、民意吸收充分、对策思虑周全、制度设计科学，争取和利用好先发者优势，即使面对大风大浪，一样从容不迫。

猴子的生存之道

加利福尼亚大学的学者曾做过一个实验：把六只猴子分别关在三间空房子里，每间两只。房子里分别放置一定数量的食物，但放的位置高度不一样。

第一间房子的食物都放在地上,第二间房子的食物分成多批从易到难悬挂在不同的高度上,第三间房子的食物都悬挂在屋顶。数日后,他们发现:第一间房子的猴子一死一伤,第三间房子的两只猴子全死了,而第二间房子的两只猴子活得好好的。

原来,第一间房子里的猴子一进去就看到了地上的食物,为了抢夺近在眼前的食物大动干戈,结果一死一伤。第三间房子的猴子虽做了一些努力,但因食物太高,够不着,活活饿死了。

只有第二间房子里的两只猴子,先凭各自的本事取食,后来,随着悬挂的食物高度增加,两只猴子开始合作,一只托起另一只跳起取食。这样,每天依旧能取得足够的食物,因而得以存活。

一得

三个房间、六只猴子,因房间食物悬挂的高度不一样,最终导致完全不一样的结局。如果把食物悬挂的高低,与领导者、管理者对下属工作任务安排的难易联系起来考虑,可以延伸出这样的道理:一项工作难度过低,人人都觉得自己能够胜任、目标唾手可得,于是一哄而上、争相表现,可能导致不同个体之间的内耗与互损,即便是对同一个体而言,因目标太容易实现,也可能导致麻痹与疲沓,不知不觉之间,放松了可持续发展能力的锻造。反之,若工作难度过高,愿景虽美好,但犹如"天上月高不可攀、水中花难以触摸",很多人觉得目标太远、遥不可及,便放弃了努力,最终也有可能荒废掉了自己。只有工作安排难易适当,既有一定的可行性,也有一定的挑战性,并注意阶梯式地循序渐进、增加难度,才能让接受任务者通过持续不停的努力,不断实现一个又一个的"小目标"、体验一次又一次的"成就感"。而且,在难度提升的过程中,参与者为了克服困难,不知不觉也会增强合作意识,互相配合、一起努力,共同突破面临的难关、不断攀上新的高峰。

改革的说理艺术

公元前326年,赵肃侯去世,十五岁的赵武灵王继位。当时赵国的北面是燕国,东面是东胡,西面是林胡、楼烦、秦国、韩国,生存环境十分恶劣。为此,赵武灵王决定,顺应战争方式由"步战"向"骑战"转变推行"胡服骑射",变宽袖长衣的正规军装,为后来衣短袖窄的装备。胡服改制很彻底,不仅要使军队将士改穿,还要全国上下臣民都改穿,因为触及的层面很广,加剧了改革的困难,以赵武灵王的叔父公子成为首的群臣纷纷表示反对,认为这样违背世俗,不得人心。

为此,赵武灵王亲自前往公子成家做工作。他首先说,衣服是为了便于穿用的,礼是为了便于行事的。根据实际情况制定礼仪,这是为了利民富国。如果可以利国,方法不必一致;如果可以便于行事,礼制不必相同。接着他从赵国的周边环境谈起,指出改变服装、练习骑射,正是为了防守同燕、三胡、秦、韩相邻的边界,同时总结历史教训,回顾从前中山国仗恃齐国的强大兵力,侵犯践踏赵国土地,掳掠百姓,引水围困鄗城的耻辱。如果通过改革,有了骑射的装备,近可以使上党的地势更为有利,远可以报当年中山国侵犯之仇,一洗前耻。

公子成听后再拜叩头,表示之前没能理解赵武灵王的深意,今后将带头支持改革。赵武灵王于是赐给他胡服,开始在全国发布改穿胡服的命令。

一得

　　改革的成功,既源自改革者的勇气,也需要改革者的智慧。面对改革道路上的重重关隘和种种争论,不搞简单的强行入轨、一棍子打翻,而是抓住症结所在,找准突破方向,善于运用深刻睿智、细致缜密的说理艺术,把改革的意图、改革的设计、改革的前景向反对派讲清楚、说透彻,让他们自己进行理性分析、作出客观判断,变一切"向后看"为主动"向前看",进而凝聚各方面思想共识,努力将改革的最大"障碍"转变为坚定支持改革的最强"堡垒"。赵武灵王的做法确实不失为推进改革的一大利器。 从这个意义上来说,改革的过程其实就是打破主观偏见、突破条条框框、克服路径依赖,在解放思想中统一思想的过程。重大改革关口,争论在所难免。出现争论并不可怕,怕就怕无视时代发展趋势、现实变化需求,一味以"争论"为名,固执己见而不愿改变,拘泥教条而不会与时俱进,贻误事业发展,错失改革良机。对改革者而言,"不争论"蕴含着大境界和大智慧,它是一种务实的实践方法论,但"不争论"绝非"不发声""不表态"、没有基本的是非价值判断,该"讲清楚"的及时"讲清楚"、当面"讲清楚",正是为了从"不争论"走向"一条心"、拧成"一股绳"。

物无小,害无大

明代谢在杭编著的《小草斋集》里,曾记述了一篇揭示"害无大"道理的小故事,至今读来仍不禁令人沉思。

离福州大概四十里的地方有一座桥,名叫洪山桥。高大的桥梁,飞跨江面,蜿蜒百仞,雄丽坚固,甲于一郡。桥建造于明朝成化年间,到谢在杭生活的那个年代,已历经百余年了。虽然春汛来临时波涛汹涌,如同万马奔腾,撼动山岳,而砥柱中流,安然无恙。人们在桥上往来贸易,还在桥头

物无小，害无大

建起一个个小亭子。时间长了,过往的人都忘记这是一座桥了。万历三十六年的一天夜里,有个行人把一个小火种丢在亭子边,结果延烧到桥柱,桥梁哗然崩塌,靠近岸边的五个门墩都毁坏了。

写到这里,作者叹息道:"噫嘻,惜哉!百载之成功,毁于瞬息之间。"然而论其祸首,也不过星星之火。他由此感叹,造成巨大灾祸的,开始时不一定是很大的东西。接着,作者议论道,商朝的时候,严禁在道路弃灰,违者处以刑罚。这是怕灰尘迷了行人和马匹的眼睛,"圣人之防患深远矣"。

一得

一点星星之火,可以毁掉百年桥、万年林。正如,马蹄铁上丢失一颗钉子,或许就会输掉一场战争,进而产生一系列连锁反应,甚至导致输掉一个国家。一件表面上看来毫无关系、非常微小的事情,可能带来的后果却截然不同。古人说,小善渐而大德生,小恶滋而大孽作;勿以恶小而为之,勿以善小而不为,凡此都强调做事必须要谨小慎微,防微杜渐,防患于未然。日常工作中,我们常提及"隐患险于明火,防范胜于救灾,责任重于泰山"这三句话,凡事不从细微处预防,从最坏处打算,对存在的矛盾隐患置若罔闻、视若无睹,任由"小拖大、大拖炸",等到火烧眉毛、烟熏火燎的时候,再想方设法来补救,往往是得不偿失,付出的代价也必将十分惨痛。联系到社会治理实践,影响稳定的因素都有一个酝酿、发生、发展、衰亡的过程，只有抓早、抓小、抓苗头，将社会治理向前端、向基层延伸，在矛盾的苗头性、倾向性、趋势性阶段就地解决、及早化解，才能更有效、更彻底地解决问题。抓作风建设更是如此，所谓"千里之堤，溃于蚁穴""奢靡之始，危亡之渐"，小问题置之不管，就会酿成大危机。风气的形成、危害的产生就像"温水煮青蛙"，没有时刻警醒的忧患意识和防微杜渐的行动勇气，听之任之的放纵会让所有人在一口锅中集体消亡。净化政治生态不会一蹴而就，化风成俗也非一日之功，严肃纪律才是治本之道，防微杜渐就是最大爱护，坚持从小事严起、从日常管起，抓住苗头、找准病灶、及时处理，"当头棒喝""一掌打醒"，才能防止"癣疥之疾"变成"心腹大患"。

战略操盘手

秦国自秦襄公开始立国，兴起刚有转机，襄公却倒在了东征戎族的路上。外有强敌，内待整合，历史考题摆在了襄公的继任者秦文公面前。

考题一：战略守成还是改弦更张？秦文公即位之初，周边戎族势力强大，秦国尚不具备立足关中的实力，不得不进行战略收缩，撤出襄公征伐的岐丰之地（今陕西岐山一带），向西退回到秦人的发祥地甘肃西垂宫（今甘肃礼县一带),等待时机。暂时的后退决不是偃旗息鼓,在通盘考量的基础上,文公决定在"汧渭之会",就是现在千河和渭河的交汇地,营建秦国新的中心。"汧渭之会"水草丰茂,秦人祖先曾受封于此,为周朝养马放牧。此外,"汧渭之会"位于西垂宫和周朝旧都镐京连线的中点,可进可退,是绝佳的战略据点。这样布局既不会惊动岐丰之地的戎族,又能够把秦人势力尽可能向东推进。

考题二:一己做大还是和合共生?十数年间,文公不断整合积蓄力量,在公元前750年,再次踏入岐丰之地,取得对戎狄的重大胜利。然而,文公没有沉浸在胜利的喜悦之中,决定把战胜所得土地一分为二,岐山以西,秦自有之;岐山以东,献于周王室。早在秦襄公执政后期,周朝已经衰微,只剩下名义上的诸侯共主,文公的这一让,让出了少年秦国的大国格局,也让出了意想不到的效果。毕竟周朝式微,但正统仍在。岐山是周的发源地,有大量周朝余民。秦文公践约守诺,增加了周朝余民对秦的好感。于是,秦"收周余民有之",在岐丰之地站稳了脚跟。秦文公立足西垂开拓关中大业的战略东进,逐渐融汇形成秦人精神,开启了秦国立足关中问鼎天下的崭新历程。

一得

　　秦国起于襄公而彰于文公,作为继业守成之君,内忧外患、强敌环伺下国家何去何从,考量着领导者的智慧和胆略。战略上,由全面扩张转为全线收缩，采取罢干戈以退为进、守其志养精蓄锐、图后发以待时机之策。战术上，一方面采取"先易后难"法，先图东进固其本，而后徐图西戎雪其耻；另一方面采取"先难后易"法，先占地利、天时而后舍其"利"求人和，两种策略根据时机不同，交替循环使用，遂霸西戎开疆益国千里，终完成父辈遗愿。投诸当下，秦文公的战略操盘艺术仍不失为治政理事的有益借鉴。先易后难是一种有效的工作方法，符合事物循序渐进的发展规律。从容易的事情做起，摸清事物内在规律，实现由量到质的累积互变，在攻克难事时起到事半功倍的作用。秦文公果断"扬弃旧径"另起炉灶迂回计议，谋得"汧渭之会"作为可进可退大本营，以一时避其锋芒之"退"，换得长远的蓄势待机之"进"。而先难后易更是一种难得的大智慧、大担当、大谋略。它是见难而上，全力攻克，抓住主要问题、紧扣主要矛盾、牵住核心的牛鼻子，主要问题和主要矛盾解决了，其他问题和矛盾也会迎刃而解。想问题、办事情，既要学会先易后难，统筹兼顾，十个指头弹钢琴；更要学会先难后易，"刨树刨根"，反弹琵琶出奇招，并善用自如，使之互为表里支撑，这才是领导艺术的高境界、真本事、大智慧。

富豪的精明

一天,有位开着劳斯莱斯的富豪来到华尔街一家银行,贷款 5000 美元,借款期限是两周。银行要求他必须提供抵押物,富豪就将开来的劳斯莱斯抵押给了银行。

于是,银行工作人员小心谨慎地把这辆劳斯莱斯停到了银行的地下车库,唯恐给"抵押物"造成丝毫损伤。两周后,富豪来归还贷款,利息是 15 美元。银行职员发现富豪的账户上有数百万美元的存款,就好奇地问:"您有这么多钱,为什么还要贷款呢?"

富豪笑着对职员说:"我花费 15 美元,就可以在最安全的地方停放两周的车,在华尔街永远找不到这样的停车场。"

常规的思路,只能取得常规的效果;别样的思路,才能收获别样的效果。对官员来说,按部就班可以完成工作,但要更好地解决问题就要探索创新,善于创造性地开展工作。现实中,一些干部满足于"过去怎么办现在就怎么办",习惯于"别人怎么干自己就怎么干",没有打破常规的自觉,发展就难以跨越赶超,结果必然是永远步人后尘、亦步亦趋。有的事情能办而不敢办,是因为自己束缚了自己的手脚;有的事情想办而办不成,是因为自己禁锢了自己的思维。一名官员要想把工作干得风生水起,就必须坚决摒弃惯性思维,以全新的视角观察问题,以全新的观念分析问题,以全新的路径解决问题,守正出奇,另辟蹊径,闯出一片新的天地,真正让百姓由衷地喝彩、给上级意外的惊喜。可以说,想不想创新、善不善探索,最体现领导能力,最反映责任担当,最影响政绩口碑。

量力而行与尽力而为

有一位武术大师隐居于山林中。他的声望十分显赫,只要是得知其下落的人,无论有多远,都不辞辛苦地将自己的孩子送到他的门下,拜师学艺。因为,在大师指导下,每个弟子都有相当出色的成绩。

一天,一对夫妇去深山拜访大师。只见他正在检查弟子们挑水的多少。他们奇怪地发现,每个弟子的水桶都不是满的,而且参差不齐,有的多有的少。可大师看了还不住地点头、称赞。

他们不解地问:"大师,这是什么道理?他们的水桶都不满,你还称赞他们,这岂不是在纵容他们吗?这样如何能教育好弟子呢?"大师说:"挑水之道并不在于多,而在于挑得够用。一味贪多,结果会适得其反。"

他们更加不解。大师从弟子中拉出一个人,让他从山谷里打两满桶水。那人挑得非常吃力,没走几步,就跌倒在地,辛苦挑的水全洒了,而且膝盖还受了伤。

大师说:"你们看,水洒了,还要重新去挑;膝盖破了,走路不是更艰难。我是想告诉他们一个做人的道理:不管做任何事情都要尽力而为、量力而行。"

一得

尽力而为是进取态度,量力而行是科学精神,只有两者兼顾,做任何事才能行稳致远、不断进步。改革开放四十年的实践反复告诫我们,无论是干事创业,还是改革发展,都要把"稳中求进"作为不变的基调来遵循,既强调"主观努力",尽最大的可能谋求又好又快的发展,又尊重"客观规律",不做花花哨哨的事、急功近利的事、劳民伤财的事。现实中,一些干部不怕群众不满意,就怕领导不注意,出于自身利益的考量,唱"高调"、搞面子工程,不是为了推动发展,而是为了盲目攀比,这种不择手段催生的"成果",群众没有获得感,往往经不起时间考验,最终自己"拍屁股走人"、成果也人走政息,甚至给地方留下很多历史包袱和发展障碍。为官从政,对自己要做的事情必须心里有谱、脑里有弦,既不将不切实际的为所欲为当成是尽力而为,又不将心安理得的无所作为当成是量力而行,真正把"想做的事"和"能做的事"统一起来,少图眼前利、多谋长远计,少提空口号、多做实在事,少些小格局、多点大胸怀,这是当下领导干部难能可贵的一种清醒和自觉。

识人用人篇

SHI REN
YONG REN
PIAN

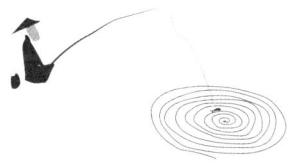

项王为何并非政治家

毛泽东在读到《史记·高祖本记》时,写过这样一句批注:"项王并非政治家。汉王则为一位高明的政治家。"

刘邦何以高明?项羽又为什么不能算作政治家?其实司马迁早在两千年前,就把答案写在了《史记·淮阴侯列传》一段精彩的对话中。萧何月下追回韩信后,刘邦听从萧何建议,设坛拜韩信为大将,并请教平定天下之策。韩信并没有直接回答,而是先用了一个生动的细节,分析最强对手项羽的为人用人。韩信说:"当年我在项羽手下效力的时候,他对待下属恭敬慈爱、关爱有加,见人生病会心疼得流泪,将自己的饮食分给他。但是等到有人立下战功应该加封进爵的时候,他把刻好的大印放在手里玩磨,直到失去了棱角,也舍不得给人,这是妇人之仁啊。"韩信又说道:"大王果真能够与他反其道而行,任用天下英勇善战的人才,他又凭什么不能被诛灭呢?用天下的城邑分封给有功之臣,又有什么人不心服口服呢?以正义之师,顺从将士东归的心愿,又有什么样的敌人不能被击溃呢?"刘邦听了特别高兴,认为得到韩信太晚了,并听从了韩信的战略谋划,几年以后,果然得到了天下。

> **一得**
>
> 善用人者能成事,能成事者善用人。古往今来,有抱负有成就的政治家都是心胸广阔、善于用才之人。对领导者而言,自己做,是匹夫之勇;大家做,才是领导能力。如果不懂用人之道,本事再大,所做的事情也是有限的,成功也只是暂时的。反之,即使自身能力有限,只要深谙用人之道,善于调动大家的积极性,让专业的人做专业的事,人尽其才、才尽其用,用当其时、各展所长,充分发挥众人的创造力,一样能够成就一番大事业。

魏文侯选相

战国时期,魏国在大国中率先崛起。这与开国国君魏文侯启用李克(一般认为李克即李悝)变法有关,与他善于识人用人有关。

某日,魏文侯想在魏成与翟璜这两位大臣中挑选一位国相,于是征求李克的意见。李克没有说具体人选,只谈了谈自己对识人的看法:平常看他亲近谁,富贵看他结交谁,显赫看他保荐谁,困顿时看他何事不为,贫穷时看他何利不取!李克说,凭这五条您就足以确定国相人选了,何必征求我的意见呢！魏文侯大喜，说先生回去吧，我知道选谁做国相了。

刚出门，李克就碰到了翟璜。李克当年正是因为得到翟璜的推荐才被重用，翟璜笑问，听说今天国君就选相一事征求您的意见，结果是谁啊？李克说，我猜测国君会选择魏成。翟璜唰地变了脸，愤愤不平地说：我哪一点比不上魏成？

李克说："我所以能知道国君一定会以魏成任国相，是因为魏成的俸禄有千钟，其中十分之九使用在外，十分之一使用在家内，因此他在东边结交了卜子夏、田子方、段干木。这三个人，国君都把他们尊为老师。而你所推荐的名将吴起、能臣西门豹、大将乐羊、太子师傅屈侯鲋和我五个人，国君都当作臣子。你识人的眼光与魏成比还是差一截啊！"翟璜惭愧不已，后退拜谢说："我翟璜是个鄙浅的人，刚才答话失礼，愿终身成为先生您的弟子！"

一得

这则历史故事可谓选人用人必读"经典篇目"，李克的"五视"观人法虽然简单却极其深刻。选贤任能要全方位、多角度、立体式的考察，注重知事识人，观其言更要察其行，重一时一事更要重一贯表现，既看飞黄腾达时的表现，也看沉沦困顿时的所为，如此方能做到识人精准、人事相宜。标准好"立"，方圆难画。面对曾经有恩于自己的翟璜，李克不因私谊废公事，坦坦荡荡，襟怀磊落，恪守了做臣子的操守,尽到了做朋友的本分。 同样,幡然醒悟的翟璜能够见贤思齐,克己复礼,也充分体现了古人修德重行的价值追求。"劝君参透短长理,自有人才涌似云。"治国理政,需要各种人才,不仅需要独当一面的将才,运筹帷幄的帅才,更需要的是能够帮助领导者提升境界和格局的导师。 从这个角度看,魏文侯卓越的领导艺术值得后世借鉴。 用好用活人才,重在"扬长"避短,不能求全责备,更不能削足适履,真正做到"智者用其谋,愚者用其力,勇者用其武,怯者用其慎",让每个人的才能都得到最大限度的发挥。

朱元璋的识人之道

古代官员任满升迁,必须经过考核,只要能获得好评,晋升通道就是一条坦途。但在明太祖朱元璋执政年间,就不是这么简单的事了。

洪武九年,山东日照知县马亮因任内三年送运贡品表现突出,考核时得到吏部重点表扬,还被作为先进模范推荐到朱元璋案头。谁知朱元璋看过后大发雷霆:此人在任内,农业、教育成绩平平,督运贡品物资反而勤快,属于典型的不务正业! 大笔一挥狠批四字"宜黜降之",直接给他贬了官!

朱元璋训道："农桑，衣食之本！现在正是大明朝休养生息之际，这个昏官抓农业无方，却想靠送贡品钻空子？直接贬了！"

比起山西平遥主簿成乐，马知县还算幸运的。成乐在考核时，同样收获好评"能恢办商税"，也就是收商税很积极。一句好评又让朱元璋很是怀疑，让人深查，果然把成主簿乱收费的肮脏事全刨出来，连同给他打好评的官员们，悉数下狱问罪！朱元璋在批语中写道："朕本来就要轻徭薄赋，这个成乐竟然还以收税来邀功？肯定不是好人！"

最初一穷二白、到处荒地白骨的明王朝，只用了二十年，粮食产量就超过元朝的两倍，民囤官仓均堆满粮食，老百姓安居乐业。一个很重要的原因，就是冷静的朱元璋，不会被"好评"遮蔽犀利的用人眼光！

有人做官是为了做事，把做官看作做事的杠杆，把岗位当成事业的平台；有人做事则是为了做官，不计成本，不顾后任。为了做事而做官和为了做官而做事看起来差不多，其实有着霄壤之别，目的手段的倒置，反映人品官品的优劣，对事业发展的影响更是大相径庭，领导干部不可不察。既要参合形名细观实绩，更要由表及里洞察官品，正如三国刘劭所说："一流之人，能识一流之善；二流之人，能识二流之美。尽有诸流，则亦能兼达众才。"

毛泽东点将：用人之"短"

毛泽东同志在用人方面屡出奇招，大获奇效。比如，让"旱鸭子"萧劲光担任海军司令，让晕飞机的"刘亚楼"担任空军司令，就是其用人艺术的光辉典范，在军事史上传为一段佳话。

1949年4月，毛泽东火线征调四野第12兵团司令萧劲光入京，准备让他筹建新中国海军。萧劲光一听，当即傻了眼，因为他带兵打仗多年，从未接触过海军，他本人连坐船都晕，怎么能去筹建海军？毛泽东看出了他的顾虑，笑着说道："我就是看中了你这只'旱鸭子'，要是你精通水性，我还不用你呢！"尽管萧劲光恳辞再三，但还是没有推脱掉。

同样的事也发生在空军司令刘亚楼身上。1949年5月的一天，四野参谋长刘亚楼接到中央军委通知，让他火速进京，讨论筹建空军事宜。刘亚楼当时也懵了，他跟空军也没怎么打过交道，甚至还有晕飞机的毛病，每次都吐得不行。但毛泽东还是坚决任命他为新中国第一任空军司令。

刘亚楼和萧劲光也真不负毛泽东所望，短短的几年就让新中国的空军和海军力量迅速发展壮大。朝鲜战争中，刘亚楼领导的空军给了美军沉重的打击，连美国空军参谋长范登堡也惊呼："中国几乎在一夜之间就变成了世界上主要空军强国之一。"而新中国海军，白手起家，从弱到强，在保卫我国海洋权益的斗争中，屡建战功。

> **一得**
>
> 用人之道,存乎玄妙;不拘一格,自成风格。用人之"长"是一门科学,用人之"短"则是一种艺术。毛泽东同志用人之"短",看似"莫名其妙",其实"大有玄妙",这正是其哲学思维、战略思维的生动折射。选用领导干部,很重要的一点,就是要透过短处看长处、洞察表象看本质,不唯履历经历、注重管理能力,不是看精不精通各项具体业务,而是看有无领导禀赋;不是看当前状态,而是看通过努力可以达到的状态。高明的领导干部绝不会是样样熟悉、大包大揽、事必躬亲的"百事通""万金油",有时,身为"外行",置身事外,才能不为细枝末节所限、不为既有经验所囿,理性客观分析、科学筹划推进,让专业的人做专业的事、让该负责任的人尽好责任,由此实现"能用众力,则无敌于天下矣;能用众智,则无畏于圣人矣"。

机断专行,立付施行

解放战争中,粟裕以高超的指挥才能,连续取得了苏中七战七捷、孟良崮战役、豫东战役、济南战役、淮海战役等经典战役的胜利。这些成绩的取得除了粟裕杰出的军事才能之外,跟毛泽东对粟裕的高度信任与大胆任用也有很大关系。

在解放战争期间,毛泽东曾五次赋予粟裕军事指挥大权。1946年,山野、华野集中行动,毛泽东电示:"在陈领导下,大政方针共同决定,战役指挥交粟负责。"孟良崮战役前夕,毛泽东电示粟裕:"当机决断,立付施行,我们不遥制。"豫东之战中,毛泽东电示:"情况紧张时独立处置,不要请示。"

济南战役前夕,毛泽东两次指示:"全军指挥,由粟裕担负。"淮海战役原定于1948年11月8日发起,但形势的发展表明,战役的发起时间宜早不宜迟。粟裕当机立断,决定把战役的发起时间由11月8日晚改为11月6日夜间。当日19—21时,就把作战部署上报中央军委和陈毅、邓小平等,同时下令部队执行。11月7日,中央军委对粟裕的"机断专行"做出肯定,毛泽东授权粟裕"机断专行,不要事事请示"。

对杰出部下充分信任、大胆授权,许以机断专行、便宜行事,凸现出军事统帅毛泽东唯才是举、不拘一格的高超领导艺术。领导者要管头管脚,但不能从头管到脚。自己做,是匹夫之勇;大家干,才是领导能力。领导能力最重要的体现是培养出更多优秀、卓越的领导者。管理学的"洛伯定理"指出:对于一个经理人来说,最要紧的不是你在场时员工的表现情况,而是你不在场时员工做了些什么。

领导人的"四重境界"

发生了什么。粟裕率领的部队长期远离中央,孤军作战,一般情况下都是面对敌人重重包围,这也造就了他敢于冒险、善捕战机,决心果断、敢打必胜的军事指挥艺术风格。因此,毛泽东1944年就曾预言:"这个从士兵成长起来的人,将来可以指挥四五十万军队。"领导者要懂得授权,更要善于授权、充分授权。充分授权首先要挑选人才,视能授权,做到人尽其才、才尽其用,充分发挥员工的独立性和自主性,对能力强的人,尽量多授权,这样才能达到人在事上练、刀在石上磨的效果。不敢授权,是对自己缺乏信心;授权不到位,是对属下缺乏信心。作为领导者,应多在事业上一起较真,多以恰当角色定位自己,让下属自动自发、满腔热情地投入工作才是领导的最高境界。

领导人的"四重境界"

有人向一位著名的企业家请教事业成功的"秘诀",企业家拿起粉笔在黑板上画了一个圈,但留了一个缺口:"你们问我事业成功的秘诀,那就是,我不会独自把事情做得非常圆满,就像画圆一样,一定要留一个缺口,这样我的部下才有机会、有动力去补全它。"

而高僧星云大师就此事发散开去,将领导人分为四等:下等领导,尽己之能;中等领导,尽人之力;上等领导,尽他之智;高等领导,尽众之有。

一得

领导是一门艺术,是凝聚人心、汇聚人力、集中智慧的艺术。俗话说,单靠自己,就算浑身是铁,也打不了几颗钉。星云大师所描述的"四种境界",显示了领导者不同层次的领导艺术,也决定了下属不同程度的潜能发挥。独木不成林,孤掌终难鸣。作为领导者,让别人成才,是优秀的人才;让别人卓越,是真正的卓越;让别人有成就感,是最大的成就感。也就是说,勇于、敢于、善于留下"缺口",承认自己的不完美,让部下用心、用智、用力去填补,看似"无能",实是"智慧"。"缺口"就是改进的空间、努力的方向,团队中人人都能有机会填补"缺口",找到自己的价值、发挥内在的潜能,何事不成、何业不兴呢?

绝学无"优"

憂,是优的本字。在管仲与齐桓公的对话中,提到了这个"优"。

管仲拜相三天,齐桓公就找管仲谈话。他告诉管仲,自己有三个毛病,就是喜欢打猎、爱喝酒、好色,并为此感到忧虑,担心能不能做好国君。而管仲回答说:"打猎虽不好,但也不是大毛病;喝酒虽不好,但也不致命;好色虽不好,但也不是最要紧的。"

齐桓公很纳闷:"这三个毛病都不是最要紧的,那什么是最要紧的呢?"管仲说:"人君唯优与不敏为不可。优则亡众,不敏不及事。"

这里的"优"是指身边的小人。也就是说,国君最大的问题就是身边养小人,被小人包围,那样就接触不到其他人了;不敏,则是不勤奋的意思,国君不勤奋也是办不成事的。

不料管仲一语成谶,齐桓公后来身边养了易牙、开方、竖貂三个小人,管仲死后,这三个人反叛,导致齐桓公被饿死,死后数日尸体才被发现。"春秋五霸"之首、一代枭雄落此下场,实在可悲,也足见小人为人之狠、为祸之酷。

> 一得

千古贤臣诸葛亮在名篇《出师表》中谆谆告诫蜀汉后主刘禅："亲贤臣，远小人，此先汉所以兴隆也；亲小人，远贤臣，此后汉所以倾颓也。"小人与小人物不同。小人之"小"，不在身体，而在心理；不在体格，而在品格。小人见不得美好、见不得崇高、见不得权力。他们常常摆出为别人着想、愿自己受屈的受害者形象，伪装贤臣、伪饰厚貌、口蜜腹剑，骗取同情、骗取信任、骗取权力，而一旦得手后，必是"拉大旗作虎皮"，公器私用、辣手整人，翻手为云、覆手为雨，搅得污泥浊水、昏天黑地，破坏力强、杀伤力大。居上者如果心不持正、行有所偏，容易着了小人的"道"，陷入小人的甜腻包围之中，听不到逆耳忠言、遇不到烦心之事，表面很舒服、很受用，长此以往，耳不聪、目不明，实际上是一个温水煮青蛙、慢慢被"猎杀"的过程。最后，栽掉的是自己、误掉的是事业。所谓清朗的政治生态，很重要的一个方面，就是小人没有市场、不被需要。上无所好，下必不行。各层各级的为官者，自当亲百姓、远小人，是以为鉴。

耐烦之人成大器

天台三杰之一、著名理学家、明代户部尚书耿定向曾经著有《耐烦说》一文，认为耐烦超过"清、慎、廉"三箴，乃为官第一要义。曾国藩对此推崇备至、以身作则，并常以耐烦来识人取人。

一日，李鸿章推荐三名人才，前来拜谒曾国藩。

曾国藩没有立即见他们，而是和李鸿章到内厅下棋，并通过窗户悄悄地观察三人。

一段时间过去后，曾国藩发现，三个人中已有两人等得不耐烦了。其中一人来回踱步、东张西望；另一个虽规规矩矩地站在院子里，却神色焦灼。

只有一人，虽然长相平平，但器宇轩昂，背负双手，仰头看天上的浮云，神情淡然。

仔细观察完后，曾国藩对如何使用这三人，已经有了主意。他对李鸿章说："你推荐的这三个人当中，只有一个人才堪大用。"

李鸿章忙问："老师是如何得知的？"

曾国藩捻着胡须，淡淡一笑说："做大事，最重要的是耐烦。这三人当中，只有一人耐得烦，必成大器。"事实证明，曾国藩的判断是非常准确的。被他看中的那个人，就是后来的淮军名将、台湾首任巡抚刘铭传。

> **一得**
>
> 能"耐"者方堪"能耐",耐烦者才算非凡。古往今来成大事者,莫不在枯燥繁琐里守规守矩、在众说纷纭中恭听倾听、在责难误解后任劳任怨、在进退维谷时坚韧坚持。倘若稍不如意就满腹牢骚、怨天尤人,必定难与人相处;一旦有事便心急如焚、鲁莽行事,终将招致事败。为官从政者要想与人好共事、最终干成事、从来不出事,就必须练好"耐烦"这门基本功、必修课。既要耐得事烦,不怕事情多、一件一件做,"耐得千事烦,收得一心清",遇到好事淡然处之不失态,遇到坏事泰然处置不沮丧;也要耐得人烦,在"七腔八调"中鉴别声音,从"七嘴八舌"中吸取营养,尤其是面对逆耳悖意之言,"斗志"不"斗气",诚恳地听、虚心地学;更要耐得心烦,涵养博大情怀、修养高尚情操,跳出一己得失、摒弃杂念妄想,不忮不求、心地澄澈,如此慧才由心生、烦即可听退。

九方皋相马

《列子》中记载,有一年,秦穆公召见年迈的伯乐问:"您的年纪大了!后辈人中有谁能够继承您寻找千里马呢?"

伯乐答道:"对于一般的良马,可以从外表上、筋骨上观察出来,而那些难得的千里马看起来与一般的好马差不多,其特征很难捉摸,若有若无。我的孩子才能不高,只能勉强看看一般的好马,无法看出千里马。不过,有一个叫九方皋的人,他的相马技术不在我之下,大王可召见他。"秦穆公便起用九方皋,派他到各地寻找千里马。

九方皋寻找了三个月后,回来禀报说:"我好不容易为大王您寻找到了一匹千里马。不过,那匹千里马眼下正在沙丘那个地方。"秦穆公问:"那是什么样的马?"九方皋回答:"那是一匹黄色的母马。"于是,秦穆公派人去沙丘取马,却是一匹黑色的公马。秦穆公听了很不高兴,立即召见伯乐并告诉他:"你推荐的人,连毛色与雌雄尚且不能辨别,又怎么能认出千里马呢?"

伯乐长叹一声说道:"没想到九方皋的相马技术竟已达到如此境界!真是超出我千万倍啊!九方皋观察到的是马的天赋和内在素质。深得它的精妙,而忘记了它的粗糙之处;明悉它的内部,而忘记了它的外表。他只看见所需要看见的,看不见他所不需要看见的;只观察他所需要观察的,而漏掉他所不需要观察的。九方皋相马的价值,远远高于千里马的价值!"

当那匹马被牵到秦穆公和伯乐面前时,大家一看,果然是名副其实、不可多得的千里马。

> **一得**
>
> 九方皋相马的高明之处在于重其精而略其粗、得其神而忘其形。其实,过分关注马的毛色和雌雄,又怎能找到千里马呢? 对领导者而言,最重要的事有两件,一是"识人",二是"断事",都必须像九方皋那样有一双"拨开云雾见明月"的慧眼。 在识人上,要不带色彩看人、不凭印象选人、不以好恶用人,始终用正确的人做正确的事;在断事上,要不为眼前所障目、不被表象所迷惑、不为风险所畏惧,努力用全局性、前瞻性的谋划取得总体性、根本性的效果。 可以说,在纷繁复杂的治理情境中,能否去粗取精、去伪存真,把感性认识上升到理性认识,抓住本质,把握规律,最能体现一个领导干部的思想水平。

西门豹辞官

《韩非子·外储说左下》中,写过一段"西门豹两度治邺"的故事。

西门豹在担任邺令时,清廉正直、治理有方,却怠慢了君主魏文侯身边左右近伺,这些人于是勾结起来恶语中伤他。一年后,西门豹到魏都大梁汇报治邺情况，魏文侯听信谗言，认为他不称职，收回官印，将其罢免。西门豹再三请求，辩称过去不知如何治理邺地，现已学会治理方法，并且立下重誓，文侯这才同意让他再去治邺。西门豹重回邺地后，竭力搜刮百姓钱财，并送去讨好君主身边的人。

又过了一年，他再去大梁汇报时，魏文侯亲自迎接了他，主动向他致礼问候。西门豹感慨道："上一年我为大王兢兢业业治理邺县，您夺走了我的官印；这一年我为大王身边的人治理邺县，您却向我致礼。我不能再治理邺县了。"遂将官印还给了文侯。魏文侯这才恍然大悟，再三挽留："我过去不了解您，现在知道真相了，希望先生不计前嫌，继续为我勉力治邺。"但西门豹还是交还了印绶，从此不再为官。

一得

自古就有谚语："相府丫鬟官七品，宫女太监贬大臣。"从古至今，领导身边人总是被"高看一眼、厚爱三分"，更有甚者被戏称为"九千五百岁""二号首长"，奥妙就在这个特殊的群体处于权力周围，"权力磁场"的"传导效应"和"溢出效应"使他们沐浴到权力中心的第一缕阳光，"散发"出领导的"光"和"热"。其中不乏一些人"上班一个样，下班变个样"，在上级跟前是人，在领导背后成鬼，欺上瞒下、弄虚作假、狐假虎威、招摇撞骗，更有甚者肆意开发权力"附加值"，巧妙嫁接私人"利益链"，在"大圈子"里作秀，在

> "小圈子"里作祟。对待身边人,领导干部不能不擦亮眼睛、提高警惕,看清其"生活圈""社交圈""朋友圈",明辨其权力观、是非观、地位观;把身边人当作苗木,切实带好管好,常"修剪",勤"打药",多"杀虫",确保他们到位不越位、定位不错位、守位不缺位,净化好周边政治生态,营造出清明从政环境。

警惕绩效考评中的"肥猫现象"

有人养了一只猫和一条狗。每当主人不在家的时候,狗铆足精神看家护院、一门心思防贼,猫却只知道睡懒觉。所以当主人回来的时候,狗已经累得不行,而且见主人归家心里也觉得踏实了,于是倒在地上睡觉。而那只睡醒了的猫,伸一下懒腰,精神足了,开始"来事"了,极尽所能地讨好主人。

如此过了一段日子,主人越来越喜欢猫,越来越厌倦狗,削减了狗的口粮,把好吃的都给了猫。狗越发的瘦,猫却越来越肥了,猫肥得捉不到老鼠,主人开始抱怨狗不帮猫捉耗子,最后把狗赶出了家门。狗走的时候一步三回头、眼泪汪汪,不知道自己到底做错了什么,为什么会被赶走。

> 一得

狗与猫的动物故事，也富有寓意，引人深思。狗的职责是看家护院，即便在主人面前没有表现出热乎劲，但家里未遭贼偷的结果，说明它是忠于职守、履职尽责的；猫的职责是捉老鼠，即便在主人面前再热乎卖乖、讨取欢心，但是"不拿耗子"，导致家里老鼠泛滥成灾，它对自己的分内之责，要么是不上心、要么是不胜任、要么是不尽力。而主人只看表面，不细察深究，罚狗赏猫、一错再错，可以预见，最终受损失的必然是他自己。管理者对待自己的下属，如果只看表象、不察真相，只看到行为、不关注结果，只凭主观好恶、不顾事业需要，这就不免使得那些勤勤恳恳、兢兢业业、踏实做事的人，受了委屈、感到憋屈，没有温暖感和成就感；而那些当面一套、背后一套，不谋事只谋人，或谋事也只为谋人，善于抓住时机"表现"自己的人，要风得风、要雨得雨，导向不正导致风气不正，对事业发展有百害而无一利。居上者，考评，要在考准履职尽责的"一本帐"；管理，重在管出干事创业的"正能量"。必当出以公道之心、练就"火眼金睛"，倡导苦练"绣功"、坚决反对"秀功"，让实干者得实惠、让投机者没市场。

小黑羊救命

农夫在家中养了三只小白羊和一只小黑羊。三只小白羊经常为自己雪白的皮毛而感到骄傲,总是对小黑羊不屑一顾。一个讽刺它说:"你看看你身上黑得像锅底一样。"另一个笑着贬损它:"我看你啊,像穷人穿了几代的旧被褥,脏死了!"就连农夫也打心眼里瞧不起小黑羊,常常给它吃最差的草料,还时不时抽打它几鞭。小黑羊过着寄人篱下的日子,经常暗自伤心落泪。

初春的一天,小白羊与小黑羊一起外出吃草,走出了很远。不料,天空突然下起了鹅毛大雪,严寒的天气中,它们只得躲在灌木丛中相互依偎取暖。不一会,灌木丛周围全都铺满了厚厚的雪,小羊们陷在里面出不来了。

农夫上山寻找,可是只见白茫茫的一片,根本看不清羊羔在哪里。就在万分着急之时,突然看见远处有一个小黑点,走近一看,那不是小黑羊吗?濒临死亡之际的四只羊羔全都得救了。农夫抱起小黑羊,感叹地说:"多亏了你呀小黑羊,不然,你们全都要冻死在雪地里了!"

俗话说,荷花出水有高低,十个指头不会一样齐。世界上没有两片完全相同的叶子,每个人都是独特的个体。正如黑格尔所言,

"存在即合理"，存在自有其价值。组织内部，各种类型的员工都会有，有的可能富于开拓性，有的属于守成型；有的适合当先锋，有的适合做参谋。既要有人仰望星空，也要有人脚踏实地；既要有人开疆拓土，又要有人看家守业，优点的延伸可能成为缺点，缺点在特定条件下也会成为优点。作为管理者，不能凭外在表象、个人感性而生好恶，分出亲疏高低，厚此薄彼。必须有一双善于发现美的眼、一颗能够包容人的心，从事业需要出发、从岗位需求出发，看到每位员工身上的闪光之点、独特之处，在重视程度上，一视同仁；在任务分工上，量体裁衣，员工有什么特长就用在什么岗位上。每个个体的才尽其用，就会形成整个组织的才俊涌流；所有个体的"专业长板"组合起来，就是整个队伍的综合实力。

霍斯劳无故受罚却成大器

霍斯劳二世童年时跟随一位大师学习，这位大师看出了他有资质与潜力，想让他成为各个科目都优秀的学生。

一天傍晚，大师无端地对他进行了严厉的惩罚。数年后，霍斯劳承袭了王位。就任后，他所做的第一批事情之一，就是派人去叫来他的童年导师,让大师解释他曾做过的不公正行为的原因。"你当年为什么无缘无故地惩罚我?"他问道。

"当我看到你的聪慧时,我立刻就意识到你将会承袭你父亲的王位,"大师回答,"所以,我决定向你展示不公平会怎样影响一个人的一生。我希望你永远不会无缘无故地惩罚其他人。"

> **一得**
>
> 古人常讲两句话,一句是"严师出高徒",另一句是"身教重于言传"。有时,领导者对部下,尤其是有悟性、有潜力、能成大器、堪当大任的部下,身教重于言教,事教重于身教。与其苦口婆心、循循善诱讲一百遍道理,谆谆告诫应该怎么做、不应该怎么做,不如舍得下狠心、用狠招,让其实打实地在苦事、难事、险事上受磨、受练,苦其心骨、磨其心志,从实际的历练中悟出做人、做事、做官的道理。而这种道理,或许是正向的引导:经历此事,感悟美好,此后我应该让别人和我一样有美好的体验、过幸福的人生;或许正是反面的警示:吃一堑、长一智,我以后绝不能这么做,让别人重蹈我的覆辙,跌下谷底才更用力攀上高峰,经历阴霾才知更应该为别人提供阳光。置之死地而后生,一样能成就不一样的人生,成为给别人引航的一盏明灯。

三只鹦鹉

一个人到宠物店去买鹦鹉,看到一只鹦鹉前面的标牌上写着:此鹦鹉会两种语言,售价二百元;另一只前则写道:此鹦鹉会四种语言,售价四百元。这两只鹦鹉都毛色鲜亮、灵活可爱。这名顾客犹豫不决,不知道买那只鹦鹉更好。

这时,他突然看到店堂的最里面还有一只鹦鹉,不仅看上去"老态龙钟"、精神不振,而且羽毛散乱、色泽暗淡,却标价八百元。顾客疑惑地问道:"这只鹦鹉标价这么高,是不是会说八门语言啊?"

店主说:"不。它只会一门语言。"顾客更好奇了,问道:"它又老又丑,又没能力,为什么值这么多的价钱呢?"

店主答道:"因为另外两只鹦鹉都会听从它的指挥,它们两个叫这只鹦鹉老板。"

一个人不懂用人之道,本事再大,所做的事情也是有限的。反之,即使自己能力有限,只要善于用人,一样能成就一番大事业。就像前两只鹦鹉,只能靠一技之长定价,而第三鹦鹉虽然技不如人,

三只鹦鹉

却具备领导特质,通过前两只鹦鹉实现了自我价值的提升。领导的价值不在于自己有多能干,而在于能集聚多少能干的人。自己做,是匹夫之勇;大家做,才是领导能力。领导能力最重要的体现是别人愿意跟你干、愿意跟你走。作为领导者,要想成就一番大业,就必须以"天下英雄尽入吾彀中"的气度聚集能人,用鼓舞人心的事业吸引人、用实现抱负的平台成就人、用你追我赶的态势激发人,努力形成群贤毕至、群星闪耀的整体效应。这既是领导干部成熟练达的主要标志,也是地方治理成败的关键因素。

岳飞相马

岳飞,南宋时期抗金名将,是我国历史上非常著名的民族英雄。岳飞治军严谨、用兵灵活,一生历经一百二十余仗,未尝一败。不仅如此,他对选马相马也有自己的独到见解。

一次战斗中,岳飞的战马阵亡。他传令军需官先挑选一百匹好马饿上三天,然后将其全部赶到校场,把那些腐烂霉变的下脚马料堆到校场坝上。一些马匹立即叫着去抢吃草料,一些马匹走到草料旁边闻一闻就走开了,虽然它们已经饿得精疲力竭,走路都不太稳了。岳飞又下令把不吃草料的那些马关到马厩里去,两天不给它们水喝。

过了两天,岳飞又令军需官把那些马匹赶到校场坝,命人从烂泥潭水里取来二十桶浑水一溜排开。渴极了的马匹迫不及待地都涌向水桶,把头伸进去大喝起来,只有两匹马钻到桶边伸鼻子闻了闻,便失望地走开,仰起脖子嘶鸣起来,还一前一后在校场坝上跑了起来。岳飞说道:"好!就是这两匹了。"并命人用上好的黄豆鲜草、清洁泉水喂养三天。一试之后,果然是两匹难得的宝马。众人对此大惑不解。

岳飞解释说,一般的马匹,饿了就吃,渴了就喝。当人一骑到它背上,就踊跃飞奔,才跑完百余里路就再没有力气了。这种马吃得少却容易满足,喜好逞能却容易竭尽体力,只能算是驽钝的马。而最好的战马,宁可饿死,不是精良的饲料就不吃,而且一天要吃好几斗;宁可渴死,不是清洁的水就不喝,而且一天要喝一百多斤。一旦奔驰,开始并不快捷,要跑上上百里之后才越跑越快,一天跑三四百里就像没事一样。这是因为它有很强的耐力而不会轻易得到满足,有充裕的气力而用不着逞威风。这才是能达到远大目的的宝马!

路遥知马力,日久见人心。马儿饥不择食,未必就能吃得了苦;马儿喜欢逞能,未必就能负重致远。"试玉要烧三日满,辨材须待七年期",是骡子是马,只有让时间去评判,实践去检验。管理者识人用人也应有三重境界。第一重境界"源于事",不仅用眼用耳,更要用心用脑,去伪存真,察其本质,不被表象所惑,不因主观而断,防止将人才错判为庸才,"劣马"误当作"良驹"。第二重境界"识于人",既要辨其才,更要看其德,真正把那些"受大而不苟取""力裕而不求逞",体质优、善长跑、有后劲的"千里马"选出来、用起来。第三重境界"归于势",关注职业生涯和发展趋势。因人而异、因事而异,实行差异化、个性化激励,优秀干部给机会脱颖而出,年轻干部给平台经受磨炼,所有干部给希望心有所属,最大限度为人才营造脱颖而出的环境、搭建施展才华的舞台。

给黑格尔的评语

1793年,23岁的黑格尔从图宾根神学院毕业了。和以往的毕业季一样,学院在毕业文凭上写下了评语。

给黑格尔的评语是这样写的:"健康状况不佳,中等身材,不善辞令,沉默寡言,天赋高,判断力健全,记忆力强,文字通顺,作风正派,有时不太用功,神学有成绩,虽然尝试讲道不无热情,但看来不是一名优秀的传教士。

语言知识丰富,哲学上十分努力。"全文只有89个字,其中还有36字写的是不足之处,占了2/5。

然而,评语的简短并没有影响到对黑格尔的总体评价。短短几十字,使黑格尔形象鲜明地站在了世人面前,大家既看到了一位年轻布道者的明显缺陷,也看到了一位未来哲学家的潜能所在。

一得

　　两百多年前的这份评语,言简意赅、表述脱俗,只寥寥数笔,便惟妙惟肖勾画出青年传教士讷于布道、深谙思辨的形象轮廓;只浅浅几句,就入木三分镌刻了一代哲学家个性鲜明、棱角分明的性格特征。审视时下一些考察材料,或千篇一律、千人一面,或内容失真、空洞无物,或落于俗套、语言乏味,感觉总少放了"盐"、多添了"水",好似"食之无味,弃之可惜"的鸡肋,与黑格尔的毕业评语对比,相形见绌、逊色不少。考察干部、鉴别人才,撰写评语、铨叙优劣,是组工干部的看家本领。考准考实能力水平、写实画活人性品行,基础在于分类别、分领域、分权重,探索解决同一标准考核不同地方班子、不同层级干部的问题,将市、县、镇区分开来,党委、政府班子区分开来,正职、副职、中层、基层区分开来,突出考察干部关键时刻的表现、利益面前的取舍、担当时候的态度,注重从小事上看德、从难事上看能、从大事上看绩、从份外事上看勤,注重

> 甄别事业心强的干部和投机钻营的干部、忠诚度高的干部和阳奉阴违的干部、敢担当的干部和溜肩耍滑的干部,用具体事例验证支撑抽象的、概念化的定性评价,力戒"一刀切""一锅煮",力求放大镜头感、充盈鲜活度、增强穿透力,把像画得立体具象,如此才能真正提升干部考察的生命力、彰显识人辨人的专业化、实现组织工作的高质量。

免费搬家

大英图书馆老馆年久失修,新馆建成后,急需把老馆的书搬过去。按预算全部搬完需要花350万英镑的费用,可是图书馆没有这么多的钱。眼看雨季就要到了,不马上搬家的话,损失更大。正当馆长一筹莫展的时候,一个馆员找到馆长,说他有一个解决方案,而且可以大幅压缩预算。结果真不出所料,按照新方案,50万英磅都没有用完,很快就把图书馆给搬了。

原来,图书馆在报纸上刊登了一条惊人消息:"从即日起,大英图书馆将免费无限量让市民借阅图书,条件是从老馆借出,还到新馆去。"

一得

荀子说:"假舆马者,非利足也,而致千里;假舟楫者,非能水也,而绝江河,君子生非异也,善假于物也。"好风凭借力,方能上青云。因为善假于物,巧借外力,复杂棘手的难题瞬间迎刃而解,让"不可能"变成了"不可思议"。否则,纵使一世英雄、浑身是铁,又能打得下几根"钉"?力拔山兮的项羽为何败给"市井混混"刘邦,鞠躬尽瘁的诸葛亮为何"长使英雄泪满襟",原因就在于此。事物的发展变化讲内因和外因的辩证统一。做好一个单位、一个团队管理工作,亦是如此。领导干部自身底子好、本领强、过得硬固然重要,但是否懂得聚群力、借众智、明大势也很关键。聚群力,就是善于重构组织内部流程,明确正确做事的步骤,保持内部高效有序运转,形成聚合之力达成组织目标;借众智,就是了解下属的优点和缺点,充分授权下属,全力用其所长,鼓励先行先试,建立激发团队潜力的机制;明大势,就是善于审时度势,明晰战略目标和事业方向,清晰勾画发展蓝图和职业趋势,培养下属的认同感、责任感和归属感。事实上,面对时代的"千变万化",如果领导干部都能做到勤修内功、善借外力,对大局了然于胸、对大势洞幽烛微、对大事铁画银钩,何愁改革发展不能破浪前行!

玉铭买官

学者陈登原在其所著《国史旧闻》卷59讲中,记录了一件清代商人买官卖官的小故事。

光绪年间,有个叫玉铭的木材商人,隶属内务府管辖,胸无点墨,但凭借跑关系走后门承包皇家工程,不断中饱私囊,进而坐拥巨资。人心不足蛇吞象,贪心之人不知足。玉铭钱多了又想做官,于是花钱捐了个道员的衔,在吏部候用,同时托李莲英的关系,出资30万两银子助修颐和园。慈禧太后闻后大喜,立即告诉光绪,给玉铭补个四川盐茶道道员的肥缺。

光绪看了玉铭的履历,就召他觐见,问道:"你过去在何处当差?"玉铭回答:"奴才一直在广顺。"光绪没有听说过这个地名,一时不明白,就又问他。玉铭说:"皇上不知道广顺吗?广顺是西城第一大木材厂啊,奴才平素在那里管事。"光绪冷笑道:"这么说,你就是木材厂的掌柜了。生意不错,怎么要弃商从官?"玉铭回答:"据说四川盐茶道的收益要比木材厂好数倍呢!"光绪此时已是火冒三丈,但还是强忍未发,接着问:"你会说国语吗?"(清朝统治者以满语为国语)玉铭回答不会,但能识汉字。光绪把纸笔扔到地上,令一太监领他出去,在乾清宫的台阶上书写自己的简历。憋了很长时间,才交上卷来,上面仅有"奴才玉铭,某旗人"几个字。字大如茶盅,还缺笔少划,歪歪扭扭,几乎认不出来。光绪大怒,再也忍受不了,立刻把他轰了出去。

像这样一个只知发财的文盲商人,慈禧怎会看不出来?但还是安排他担任掌管盐茶专营的道员,原因不言而喻,只是此人捐出的巨资起作用罢了。对一心想住园子的慈禧而言,谁捐钱修园子谁就是忠心,谁就可以做官。

> **一得**
>
> 为政之要,莫先于用人。用人腐败直接酿成吏治腐败,进而引发各类腐败。官帽一旦成了商品,明码标价、肆意买卖,啃食的是民众信任,损害的是官员形象,透支的是政府信用,挥霍的是政权基础,无论买官者还是卖官者,称之为"国贼禄蠹",绝不冤枉。中国封建吏治的顽疾,就在于用人权的私化和异化。相对于封建王朝,今天的吏治扶正祛邪、激浊扬清,已发生了革命性的变化,但社会运转的基本盘仍有着强大的惯性,用人权仍然是一把"双刃剑",用好了能推动发展、造福一方;用错了依然会祸害百姓、侵蚀民心。选人者心怀不轨、心术不正,讲潜规则不讲显规则,讲"会来事"不讲真干事,讲关系不讲公道,讲"和气"不讲正气,选出庸劣之徒、奸诈之辈,必定会流毒深远、为害甚烈,终将为千夫所指、万民所弃。选人者"极心无二虑,尽公不顾私",出以公心、秉持公正,克服私心杂念、排除干扰阻力,把公道正派当成最鲜明的价值底色,不以私情废公事,不拿原则做交易,公道对待干部、公平评价干部、公正使

> 用干部,大道谋事、正路做事,以事为先、以事选人、人随事转,自然当得起重托、对得起事业、经得起检验,仰不愧天、俯不愧地、外不愧人、内不愧心,不矜威重,不"秀"自高。

汉宣帝的"久任"之道

汉宣帝刘询是历史上著名的贤君,在位期间,政治清明、社会和谐、经济繁荣、四夷宾服,史称"孝宣之治"。刘询对吏治亦有独到见解,注重抓好地方官员队伍建设,大力推行官吏"久任"制。早在即位不久的元康元年,汉宣帝就亲自主持实施了一次大规模人事调整,择选朝中通达政事的博士、士大夫外派担任郡国守相。在这次人事调整中,谏大夫萧望之就被派往平原郡担任太守。

同许多京官一样,萧望之本不愿离京,在赴任后不久便上书皇帝,说:"陛下您担忧地方治理,派了京官以补郡吏,这份心情做臣下的完全理解。但我认为朝廷内臣是本,地方外官是末,只要朝廷恪守治道,外郡哪怕乱些,也没什么关系。现在,我这样的京官也算来到地方任过职了,经历过了就让我们早点迁回吧。"

对此,汉宣帝迅速给予严肃回应:"以太守为代表的地方官,才是民生之本、吏治之根。如果地方官员经常迁动、飘忽不定,部下和百姓知其在任不久,就会对其政策失去信心甚至阳奉阴违;只有知道官员任职时间长久,才不敢虚与应付!"同时,汉宣帝又数策并举、多管齐下,对考核优异、吏民称颂的地方官员,以增进秩俸、玺书勉励、赐予赏金及至封侯授爵等进行褒奖,很快稳定了基层官员队伍。

一得

基层地方与国计民生息息相关,于长治久安举足轻重,需要一大批人才智者尽其谋,勇者竭其力,仁者播其惠,信者效其忠,悉心治理、安邦保民。针对基层一线人心不稳、人浮于事的苗头情形,汉宣帝对优秀的地方官不是简单予以提拔,而是通过增进品秩等多种方式进行奖励,事半功倍、给人启示。当今时代,人性需求日益差别化、个性化、多样化,尤为需要多重分类的鼓励激励方式,在职务激励上更加强化用人导向、在经济激励上更加突出待遇保障、在荣誉激励上更加激发内在动力、在情感激励上更加增进人文关怀,对优秀人才给机会脱颖而出、年轻干部给平台多岗磨练、所有员工给希望心有所属;对主要领导侧重强化事业引领、分管领导侧重强化工作加压、中层干部侧重强化政治进步、一般干部侧重强化物质奖励;对"狮子型"干部多放手，对"老黄牛型"干部多关心，对"鸵鸟型"干部多鞭策，对"孔雀型"干部多提醒，通过奖励激励机制的不断创新，充分激发基层干部的积极性，鼓励优秀人才扎根基层、成就一方。

许武盗名

中国历来重视人的品德。从周朝开始，执政者就已将政权合法性建立在了"以德配天"上，强调"皇天无亲，唯德是辅"。此后历朝历代都很注重对德的识别考核，如《六韬》提出的"八征"法，《吕氏春秋》的"八观""六验"，诸葛亮《心书》的识人七法，刘劭《人物志》的"八观""五视""七谬"等。然而识德考德之法虽多，但操作起来则相对主观，于是更多时候只能根据"时评"来看品德。当名声成为炙手可热的追逐品，饰伪求名、作秀成名，甚至弄虚作假、沽名钓誉种种行径往往也就粉墨登场了。《后汉书·循吏列传》中就记载过一个许武盗名、玩弄舆论、欺骗天下的故事。

东汉光武年间，会稽阳羡有个叫许武的人，被太守第五伦举荐为孝廉。当时，许武还有两个弟弟许晏、许普刚刚成年，尚无名声未被举荐，许武也想让他们出名做官，便处心积虑开始分家。他将财产分为三份，自己拿田地肥美住宅宽敞奴婢能干的那一份,两个弟弟只能得到又差又少的两部分。分家后,一夜之间,对许武的各种指责怒骂纷至沓来,对许晏、许普谦让悌长好评如潮,两个弟弟因此收获美名一并得到推举。弟弟们当官后,许武又会集宗族亲戚哭诉:"先前,两个弟弟已经成人,却还没得到富贵俸禄,因此我才多取财产,为的就是让弟弟们获得好名声被举孝廉啊!如今目的已经实现了,我要将财产全部让还给两个弟弟。"于是郡内舆论对许武又是一片称赞,许武获得了更高的名声,此后官运亨通,一直做到长乐少府,位列九卿。

一得

品德看不见、摸不着,既要看大是大非,也不能不察小事小节,甚至要纵观一生才能盖棺定论,因此识德考德绝非易事。"举秀才、不知书;察孝廉、父别居;寒素清白浊如泥,高第良将怯如鸡。"这首东汉桓灵之际流传的民谣,就生动反映了当时察举制考德不准的问题。实行科举制后,更是回避了考德难题。故而白居易有感"周公恐惧流言日,王莽谦恭未篡时。向使当初身便死,一生真伪复谁知?"今天,在"德才兼备、以德为先"的用人原则下,对干部德的考核便须由"虚功"转为"实做",推动干部考德规范化、常态化,防止"带病提拔""带病上岗"。既要科学设置考核内容,突出政治品质和道德品行,重点考核理想信念、政治纪律、职业操守、个人品德,从正反两方面列举干部"德"的具体表现,化虚为实,层层细化,让德的考核更具针对性和可操作性,又要坚持日常"述德"与专项"评德"相结合、谈话与实地走访相结合、查阅材料与部门联审相结合,采取个人陈述承诺、正向反向测评、个别访谈、实绩分析、调阅档案资料、联席会议审核等方式,全方位扫描、多维度印证,综合评判干部德的表现。最终,将考核结果体现到选拔任用、培养教育、管理监督的全过程和各方面,用好考德结果,实现任人唯贤。

五品升四官历经"九道转迁"

晚清风雨飘摇、大厦将倾,有识之士都已洞察到封建官制的弊病。戊戌变法中,康有为就向光绪建议,在所有必须变革的制度和法律中,首先应当变革官制。

百日维新,昙花一现。康有为流亡海外,继续研究官制改革,潜心写出《康南海官制议》一书,详细剖析了清代官场论资排辈的积弊之深。比如从五品员外郎到四品卿,中间竟要经过"九道转迁":先升郎中,再到御史,三升巡城掌印御史,四升给事,五升掌印给都事,六升鸿胪寺少卿,七升光禄寺少卿,八升通政史司参议,九升内阁侍读学士。

有感于此,康有为对朋友喟叹:即使是二十岁就从政,经过这么多次的迁转迂回,也得要七老八十、垂暮老矣才能承担国家大事,无怪乎大清的官员宁愿多磕头、少说话、不干事,看摊子、守位子,慢慢迁转混日子。

一得

如何看待官员的年资,这既是一个"老话题",也是一个"新课题",更是从古至今吏治工作绕不开的"必答题"。早在北魏天监年间,崔亮推行"停年格",第一次将论资排辈明确为制度安排,此后历代官制便多有此类做法,如唐代"循资格"、宋代"磨勘法"等,代代相袭,日渐固化为难以打破的"惯例"。客观地讲,干部的成长需要经过一定年限、岗位、实践的历练,任职资历和工作经验的积累程度、解决问题的老道程度、综合素质的成熟程度,有一定正向关系,论资排辈也有其道理所在。但在实践之中若是陷入"绝对"、走向"极端",重资历变成唯资历、重"台阶"变成死抠"台阶",更多地从资历照顾"谁该用",而不是从事业考虑"该用谁",必然使很多年少有为、年富力强的优秀人才,产生"冯唐易老、李广难封"之慨叹,必然导致不求有功、但求无过的庸政懒政现象,与选贤任能的用人初衷、德才兼备的择人标准南辕北辙、背道而驰。有鉴于此,古往今来,有识之士无不对此痛心疾首。历史是最好的"教科书",选人用人,同样要以史为鉴、吸取前车之鉴。选错干部是一种失误,会给事业带来损失；不敢打消思想顾虑、不能打破隐性台阶，错过了"黄金时期"，埋没了优秀人才，也是一种失误，同样会贻误事业发展。千秋伟业靠人创。当此之际，更当不拘一格用人才，让各级各类优秀干部出得来、用得上，在创新创造的高峰期打头阵、唱主角、挑大梁，推动形成"人才辈出、万马奔腾"的喜人局面。

黠猱媚虎

明人冯梦龙以创作通俗文学而闻名，他留给后人的不仅有"三言"，还有不少用浅显的文言文写成的名篇佳作，《古今谭概》就是流传于世的一部重要作品。它收集了历朝历代上千则故事传说，不少故事风趣中蕴含智慧、幽默中不乏哲理，其中有一则黠猱媚虎的故事，就颇有深意。

在兽类中有一种叫做猱猴的动物，体型不大，善于爬树，爪子十分尖利。有一天，森林之王老虎感到头皮发痒，猱猴就主动请缨帮它挠痒。从早到晚，猱猴不辞劳苦一直挠个不停，甚至给老虎脑袋上挠出了一个窟窿。此时，老虎感觉正被挠得非常舒服、十分享用，丝毫没有发觉脑袋破了。只见猱猴慢慢地取出老虎的脑浆来吃，还取出一部分献给老虎说："我偶然得到些美食,不敢私自享用,首先献给您。"老虎满意地说:"猱猴,你是真的忠心啊!为了我竟忘了自己的口腹之欲。"

时间一长,老虎的脑袋渐渐被掏空了,疼痛开始发作,它这才发觉是猱猴捣的鬼。当它急切地寻找猱猴踪迹时,发现猱猴早已跑到高高的树枝上去了,老虎气得蹦跳大叫却毫无办法,很快就死了。

一得

"忠言逆耳,甘词易入。"阿谀奉承者,总是拣人喜欢的事去做、专门挑人爱听的话去说,让人心情舒坦、通体舒泰,深陷其中而浑然不觉。相比物质贿赂,这种让人飘飘然、昏昏然的精神鸦片,更隐蔽更腐蚀也更有毒,正如俗话所说:"阿谀没有牙齿,却能把最硬的骨头啃掉。"其实早在两千多年前,先贤就发出了诫训,孔子曰"巧言令色,鲜矣仁",荀子直言"谄谀我者,吾贼也"。对领导者而言,溜须拍马、口吐莲花之徒,既谈不上真诚,更称不上忠诚,有的只是掩藏在谄媚之下的利益索求,只想以廉价的吹捧、夸张的赞扬、投其所好的言语按摩、卑躬屈膝的精神贿赂求取回报而已,说到底,下饵是为垂钓、张网是为捕获、拍马是为骑马,对此不可不察。为官者既要勇于对自己"一日三省",保持清醒、正视不足,襟怀大度、开门纳谏;更要敢于对佞人"拍案而起",如鲁迅先生所说"无论是谁,先奉还他无端送给我的'尊敬'",如此,"黠猱"之徒便没有立足之地,巧佞之辈就少了存在市场,讲真话、建诤语、进箴言才能靡然向风、蔚然成风!

赵括的"四风"问题

秦赵长平之战,是战国的一个分水岭。长平之战,产生了一个著名的成语:纸上谈兵。而赵括,也成为赵国大败的罪魁祸首,乃至其家人以赵姓为耻,改而姓马。

长平大战前,赵军主将廉颇坚守不出,秦国使出离间计,说秦国惧怕赵括出任大将军,并不害怕廉颇。赵王信以为真,便决定撤下廉颇。赵括的母亲上书赵王,直陈赵括不能担任大将军的原因。赵母说,以前夫君赵奢做大将军的时候,对待下属士兵关爱有加,和士兵们同吃同住;获得封赏,都分给了部下。接受出征命令之后,就不再过问家事。而赵括自从当上将军,就盛气凌人,摆起官架子,等着将士们拜见,下属官兵不敢仰视。大王赏赐的钱财,赵括都归为己有,还天天留意有没有合适的房产田产,能买的就都买下来。

尽管赵母极力劝阻,可赵王心意已决。而赵括自认为从小熟读兵书,很能打仗,到长平后完全改变了廉颇的作战方案,死搬兵书条文,结果四十多万赵军尽数被歼,他自己也中箭身亡。赵国从此一蹶不振,秦国扫平东出一统天下的最大障碍。

《孙子兵法》开宗明义,首言"兵者,国之大事,死生之地,存亡之道,不可不察"。赵王把举国安危托付给只会夸夸其谈而毫无实战经验的赵括,视国家存亡如同儿戏,轻率之极,可悲可叹,引人深思。对领导者来说,选人用人特别是关键岗位的人选,一定要慎之又慎、反复比选、多方印证,"知其长"也要"知其短","听其言"也要"观其行"。赵母的一番话,看似家丑外扬,实则用心良苦。仔细分析发现,赵括不仅存在形式主义的"纸上谈兵",还存在高高在上的"官僚主义",以及追求物质至上的"享乐主义"和"奢靡之风",可以说不具备为将的基本素质。其实,像赵括、马谡这类纸上谈兵之人,善加引导培养,或许可以成为一个称职的参谋。关键在于领导者能否知人善任,全面辩证、客观准确地判断识别。如果非要让"秀才"班门弄斧、关公面前耍大刀,不仅是对个人的极端不负责,更是对事业的极端不负责。当然,好干部也不是与生俱来的,谁的人生没有"第一次",一次次实践中反复打磨才能日益成熟。

纸上谈兵也并非就是空谈误国,通过沙盘推演对各种可能情况作出应对方案,可以有效弥补实战经验不足,关键是"想到"和"做到"之间还有个"如何做"的问题。面对瞬息万变的战场态势,指挥员的决心意志、临机决断,不仅来源于单纯的经验积累,更多体现为一种视域融合、智慧重构的主动行为,一种内生成长、外力助长的良性互动。这恰恰又是拘泥教条的"赵括"们所欠缺的,只不过赵括的"第一次"也是"最后一次",这种"试错"成本太高了!

纳尔逊秘诀

19世纪初,发生在西班牙的特拉法尔加海战是帆船海战史上以少胜多的一场精彩的歼灭战,也是19世纪规模最大的一次海战。由于英军指挥、战术及训练皆胜一筹,法兰西联合舰队遭遇致命性打击,21艘兵舰被俘。此役之后,拿破仑征服英国的美梦被完全击碎,英国确立了海上霸主地位。

英军致胜的奥秘在于主帅纳尔逊出众的胆识和高深的指挥艺术。在纳尔逊时代,海军作战的常规是:双方舰队保持一段距离,互相对轰,直到一方败走。纳尔逊却敢于突破旧式的战斗序列理论,运用灵活机动的战术,一马当先带队冲进敌方船队,近距离对战。在这种亡命的冒险精神之下,对方即使猜测到他的战术,也无法将他打败。而且,为确保作战效果,纳尔逊在作战方式上给予了部下极大的自主权,一旦开始混战,所有的单个指挥官必须自行决断,充分发挥主观能动性。纳尔逊说:"舰长们可以使自己的兵舰与敌军兵舰并排紧贴,这么做没什么错!"

与之形成鲜明对比的是,几英里外的法兰西舰队,它们还处于严格的权威统率之下,拿破仑严禁海军统帅在任何阶段透露其舰长们打败英国人的大战略将会是什么样的。纳尔逊因为这场海战成为民族英雄,不幸的是他本人在战斗中牺牲。当得知纳尔逊的死讯,拿破仑立即下令在每艘法国的兵舰上,都要挂上纳尔逊的画像。

一得

过去常说,授人以鱼不如授人以渔。现在看来,管理不仅要强调教会员工做事情的思路和方法,即用正确的方式做事,还要更加注重授人以"遇"、授人以"誉",给予团队员工成长、学习、发展的机遇,让下属创造价值、成就人生。特拉法尔加战役中纳尔逊取胜的关键就在于:不是让官兵机械地执行命令,而是调动他们的自发性、主动性、创造性,给他们充分赋能,他的这一战术也被手下的舰长们称为"纳尔逊秘诀"。赋能的根本目的是挖掘人的潜能,让员工从胜任岗位到创造岗位,甚至重新定义岗位,找到个体存在的价值意义。高明的管理者，会跳出过去唯学历、唯资历、凭印象和忠诚度等传统考核维度的制约，将员工从垂直组织的桎梏中解放出来，打开员工上升通道，赋予他们责任和挑战，让大家并列直视同一个方向，在享有充分信任自由的环境中，各展所长、各显神通，朝着共同目标前进，这也就是所谓的"我给你舞台，你负责精彩"。

眼见未必为实

《吕氏春秋》里讲过这样一段故事：孔子周游列国，曾因战事爆发，困于陈、蔡之地，连着七日每餐以野菜果腹。

某日，颜回好不容易要到了一些白米烧饭。

饭快要煮熟时，孔子看到颜回掀起锅盖，抓些白饭往口里塞，当时假装没看见，也未当场责问。

饭煮好后，颜回请孔子吃饭，孔子若有所思地说："我刚才梦到了先人，食物要先献给尊长然后才能进食，你就把刚煮的还没人吃过的干净米饭，先拿来祭祀祖先吧！"

颜回顿时慌乱起来说："不行的，这锅饭我已先吃一口了，不可以再祭祖先了。"

孔子问:"为什么?"

颜回涨红了脸:"刚才煮饭时,没注意掉了些染灰在锅里,染灰的白饭丢了太可惜,只得抓起来先吃了,我不是故意要这样做的。"

孔子听后恍然大悟,对自己误解颜回很是抱愧,他深有感触地对学生们说:"我平时对颜回最欣赏、最信任,但因为所见所想误导,仍然还会怀疑他。人可信的是眼睛,而眼睛也有不可靠的时候;可依靠的是心,但心也有不足靠的时候。大家要记着这件事,了解一个人真是不容易啊!"

一得

常言道,"耳听为虚,眼见为实""百闻不如一见",但眼见的现象未必一定就是真相,主观的臆断往往并非正确判断。依据以往的人生经验、一己的主观意识,以"直视"的第一印象或眼前所谓的事实,轻易给人下评语、贴标签,盲目作结论、定乾坤,很有可能就在先入为主、似是而非间"差之毫厘,谬以千里",因看错了人而在无形中伤害了人。即便如孔子之圣,面对颜回之贤,尚有走眼失误,更何况他人!然而圣人之所以为圣人,并不在于完美无缺不会犯错,而在于能够当下就用智慧、迅速了解真相、及时消除误会,在发现自己思想过错后,主动当众承认错误,躬身反省教训原因。后人学习先贤,一方面,要汲取夫子总结的教训,在识人察人时避免只见树木、不见森林,割断历史、以偏概全,注重从多方面、多层次、多渠道进行考察了解,在经历由点到面、由浅入深、由现象到本质、由感性到理性的辩证认识过程之后,再审慎地作出科学评价;另一方面,如果发现别人身上有不足之处,要出以良心、运用智慧,在合适的时间、合适的地点、以合适的方式巧妙提醒、帮助改正,而不是冷眼旁观、无动于衷,甚至耿耿于怀、怀恨在心。而对于经过时间事件验证,确系自己失误错误,更应当勇于担当、敢于承认,及时补救、查漏补缺,如此才算是正人之行、君子之道。

赵匡胤的选帅用将之道

宋太祖赵匡胤考虑征定南唐的主将人选时,曹彬和潘美是他拟用的两个主要对象。赵匡胤提出要吸取大将王全斌平蜀时杀人太多的教训,赵普于是推荐曹彬为主将。他们一致认为,比起英勇善战的潘美等人,曹彬更具有大将之风,适合统帅平定江南的军队。

战事进行到最后,眼看南唐都城金陵唾手可得,潘美等宋将不由自主地摩拳擦掌,准备大战一场。曹彬却命令宋军暂缓攻打,希望南唐后主李煜主动归降，这样就可以兵不血刃。而且在节骨眼儿上，曹彬忽然自称"病"得不能处理军务了。诸将都赶来问候，曹彬语重心长地对他们说："我的病其实是心病，如果你们希望我病好的话，就诚恳起誓，破城之日，不妄杀一人。"诸将面面相觑，但既然主将提出要求，他们也不能不应允。第二天，曹彬的"病"就好了很多。再过一天，他就率军攻占了金陵城。

这次出征江南，宋军始终纪律严明，无人敢轻举妄动。征定江南是大功，但曹彬回到都城，给宋太祖上的报告里只谦逊地说自己是"奉敕江南干事回"，意思是说，自己不过是奉命到江南处理完一件公差罢了。

一得

为将有五德，仁心不可少。曹彬被后人誉为"宋良将第一"，与他仁爱宽厚密不可分。曹彬的仁厚、公正、不滥杀无辜，以及善于从大局细处观察处理问题，能尽量避免战争对南方经济社会发展造成的破坏，也有利于稳定刚收服地区的人心，相比于只知攻城掠地、贪图军功的潘美，自然更胜一筹。实践中，"因事择人"还是"因人择事"是个老问题。"因人择事"更能满足用人灵活性的需求，也更符合人的发展需要，尤其是能更好地实现工作效能的最大化，但实际效果未必尽如人意，有时用非其人、事与愿违。用什么人、用在什么岗位，一定要从岗位职责需求出发，把最合适的人选放到最合适的岗位，多考虑"该用谁"而不是"谁该用"，更不能把岗位简单作为奖励干部的手段。当然,一个团结协作的团队,绝不是个体能力的简单相加,而是整体效应发挥得好。以曹彬的宽厚稳重,配合潘美的明锐善战,让他们经历经验相补、性格气质相容,放大班子结构优化的"乘数效应",征伐江南的战事自然进展顺利,而且杀人伤人很少。从这个角度看,根据岗位选择最合适的干部,才是真正为实现组织目标提供干部支撑,对干部也才是真正用当其位、用其所长。

任贤勿疑

狄仁杰与娄师德同为武则天时期的名臣,两人同朝为官,因为性格方面的差异,狄仁杰经常轻视、排挤娄师德,而娄师德却没有表示出丝毫怨恨、愤怒。

一次,武则天问狄仁杰:"身为宰相,娄师德知人善任吗?"狄仁杰摇头说:"我与他同朝为官多年,没听说过他知人善任。"

武则天话题一转,问道:"我重用你,你知道原因吗?"狄仁杰回答不知。过了一会,武则天对他说:"我曾经不了解你,你受重用,其实是娄师德的功劳。"于是令侍从拿来文件箱,取出十几篇娄师德推荐狄仁杰的奏折给狄仁杰看。狄仁杰读后,羞愧难当,武则天也没有指责他。

此后,狄仁杰逢人便说:"娄公盛德,我诋毁他看不起他,却不知竟被他包容了这么久,跟娄公相比,我真是比不上啊!"

　　小事靠智,大事靠德。职场竞争无可厚非,除却才、智、能等表象因素外,最终靠的是以德取胜。以德报怨、公而无私,摒弃零和思维,不计个人得失,克服"小我"狭隘之心,以坚毅负重维护大局团结,正是娄师德的大智慧大胸襟所在。个人处世如此,领导工作亦然。《尚书》有云:"任贤勿贰,去邪勿疑,疑谋勿成,百志惟熙。"意思是说,任用贤才勿存疑心,去除奸佞不要犹豫不决。心中怀有疑虑,有好的谋略也不会成功。能否在人事纷扰中保持敏锐的判断力和鉴别力,同样考验领导者的智慧和定力。高明的领导者,既要有看得过、识得破、容得下的坦荡襟怀,更要有点到为止、不露锋芒、情理兼达的悉心教化,找到"弥合分歧"和"各扬所长"二者间的平衡点,让冲突双方心境相通、心心相印,从而将"内耗之争"转化为"协作之力",画出和衷共济、和合相融的最大同心圆。

"人的无为"得靠"制度有为"

在军事史上,晚清的湘军可以称作是一个奇迹。湘军只是地方招募的临时性武装,并非国家的正规军,然而曾国藩却在很短时间内,将一群散兵游勇打造成那个时代最具凝聚力和战斗力的部队。

曾国藩在编练湘军之初,并没有探究"湘军怎样才能打",而是先分析了"绿营为何不能打"。经过一番分析,他得出一个结论:绿营采用的"世兵制"存在巨大的制度缺陷,这样的兵制导致兵不识兵,将不识将,将不识兵,兵不识将,一旦作战"近营则避匿不出,临阵则狂奔不止","胜则相忌,败不相救"。

所以,曾国藩在湘军采取了全新的募兵制,待遇给得很高,不愁招不到兵。同时规定,在作战过程中,任何一级军官一旦战死,那么他管制的军队就地解散。比如,营官战死,那么整个营就地解散,一个不留;以此类推,哨长、什长都是如此。这样一来,所有人都会齐心协力冲锋在前、保住长官。

保卫长官本是一种道德要求,但湘军通过制度使其成为自发行为,无形中使得团队一心、战力激增,成为曾国藩笔下所写的:"呼吸相顾,痛痒相关,赴火同行,蹈汤同行。胜则举杯酒以让功,败则出死力以相救。"

> 一得

众所周知,管理的最高境界是"无为而治",但"有无相生""无为有处有还无"。管理学的"无为"并不是说完全无所作为,而是指着眼团队要求、基于人性需求,通过"制度有为"从而实现"人的无为"。就像100多年前,曾国藩在湘军建立起了一整套制度体系,从此不用亲自挥刀断后,大家也会个个奋勇向前。100多年后,奉"艰苦奋斗"为企业文化的华为,从招聘、待遇、晋升到淘汰,全套制度设计都是围绕"奋斗"主题展开,也正是有赖于"高效率、高压力、高工资"的制度支撑,才得以推动十几万员工不断努力奋斗,创造出一个又一个辉煌奇迹。所以,对管理者而言,最关键的莫过于认同并把握人性基本需求,从引进退出、培养管理、考核奖惩等多个维度,系统制定有效制度、科学建立运行机制,把下属的自利行为引导到对集体有利的轨道上来,把组织建设成为奋斗者实干家的创业平台,让能干事、会干事、干成事者得褒奖、有实惠、受重用,让不想为、不会为、不敢为者有所警醒、感到紧迫、受到鞭策,进而推动优者上、庸者下、劣者汰,以"制度有为"保证事业有为。

分工过度造成"惰化效应"

法国工程师林格曼曾经做过一个"拉绳试验"。

他把被试验者分为1人组、2人组、3人组和8人组,要求各个组用尽全力去拉。而林格曼则用灵敏度很高的测力器,分别测量每个组当中,每人所使出的拉力。

试验得出的结论是:2人组的拉力是单独拉绳时2个人拉力总和的95%;3人组的拉力是单独拉绳时3人拉力总和的49%。

还有一个"拔河现象",也与这个结果惊人地相似:3个人拔河的力量只相当于1个人拔河力量的2.5倍;而8个人一起拔河时,每个人使出的力量,还不到1人单个力量的4倍。

一得

"拉绳试验""拔河现象",揭示的都是同一个问题:分工过度、责任多摊,造成参与个体的积极主动性下降,执行上"应付"、行动上"搭车",再说得重一点,就是在岗不在状态、出勤不出全力。这种分工过度,又有横向、纵向上两种情况。从横向上来讲,一项工作,同时参与的人多了,看似队伍庞大、声势浩大,其实相对来说,

分工过度造成"惰化效应"

每个人肩上的责任就轻了,即便做成之后成就感也"稀释"了;从纵向上来说,一项工作往下分工,经历的层级多了,最终接手"干活"的人,因为距离最初"派活"的人太遥远,即便是十万火急的事,他既无法直接感受到那份沉甸甸的压力,干成之后,也无法直接体会那份沉甸甸的喜悦,往往也不会用尽全力。所以,分工应当合理、授权应当有度。对每一项工作、每一个项目、每一件事情,更多地要讲究"专业化"、注意"扁平化",不在于参与者之众、不在于层级制之多,而是要挑选"精锐之师"、设定"合理层级",让每个人的责任感最大化、动力感最大化、成就感最大化。

奥格尔维定律

美国广告业的创始人奥格尔维在一次召集董事开会时,事先在每人的桌上放了一个娃娃玩具。

他对董事们说:"请打开看看!"当董事们打开玩具娃娃时,惊奇地发现里面还有一个小一号的玩具娃娃;打开它,里面还有一个更小的……

最后一个娃娃上放着奥格尔维写的纸条:"如果你永远都只起用比你

水平低的人,我们的公司将成为侏儒公司;相反,如果你录用的人比你的水平还高,我们的公司将成为巨人公司。"

一得

　　这就是学理上的"奥格尔维定律",也是中国人熟悉的"套娃游戏"。作为一个领导者,如果"武大郎开店",一心要做那个"最大的套娃",只用比自己水平低、能力差的人,表面上看,整个团队之内"无出我右",显得自己高明、强大,实际上却是目光短浅、缺乏自信、不够智慧,最终那就真会变成"侏儒公司""低能团队"。反之,如果从事业考虑、有长远眼光、具宽广胸襟,甘愿做那个"最小的套娃",勇于起用各种各样的能人、强人、高人,整个团队中一个强比一个、一个高过一个,最终就会形成"巨无霸"的威猛力、释放"小宇宙"的爆发力,形成既出人才、又出成果的生动局面。是所谓:让别人变得卓越,是更高层次的卓越;让别人成为人才,是更加优秀的人才;让别人有成就感,是更大的成就感!

野羊没留住

牧羊人把羊群赶到牧场去放牧,看见有几只野羊混在羊群里。他很高兴,日落前就将所有的羊都赶进羊圈。

第二天狂风暴雨,不能到牧场去放牧,只能在羊圈里喂养。他将家羊和野羊分隔开来,丢给家羊少许草料,仅让它们不被饿死,而为了把野羊留下,给了它们大量新鲜草料。

雨停后,牧羊人把所有的羊都赶向牧场,到了山下,那些野羊全都逃走了。牧羊人指责它们忘恩负义,得到了特殊关照,却仍要出逃。

野羊回过头来说:"正因如此,我们更要小心应对了。因为你特殊照顾我们这些新来的,却冷淡你一直在饲养的。可以想象,以后若再有新的野羊过来,我们肯定也不受待见了。"

引才不易,留才更难。经过40年改革开放的洗礼,"人才是第一资源""择天下英才而用之"的理念早已深入人心、成为共识。时下,新一轮的"抢人大战"如火如荼、愈发激烈。各地不惜重金、狠下血本,"八仙过海、各显神通",一系列"含金量"高、吸引力强的人才优惠政策竞相出台，如提供落户、住房、就业、就医、创业、经费、薪酬、职务等种种待遇，可以说没有最优待、只有更优待，求贤若渴之势，令人印象深刻。但诚如《墨子·亲士》所言，"江河之水，非一源之水；千镒之裘，非一狐之白"，建设规模宏大、结构合理、素质优良的高质量人才队伍，既要靠优惠政策引进紧缺急需人才，也少不得关心重视培育本土人才。如果一味渴望远方才俊、一心指望"外来和尚"，引进外来人才轰轰烈烈、培育本土人才冷冷清清，甚至"喜新厌旧"、厚此薄彼，难免导致一边引进人才、一边流失人才，"今天招进的女婿"也很有可能成为"明天出走的儿子"。可持续的人才队伍建设，一定不是固步自封，"闭门只练自家拳"；更不是妄自菲薄，"招来女婿气走儿"，而应该是招得来"女婿"、留得住"儿子"，"输血"与"造血"并重，"女婿"与"儿子"同心，巧用"鲇鱼效应"、激活创新动力，让外来人才和本土人才合起一股劲、拧成一股绳，形成百花齐放、你追我赶的竞争态势，人尽其才、才尽其用，共同为地方经济社会发展贡献力量。

"被落第"的张居正

明朝嘉靖十六年,湖北武昌正举行一场乡试。其中年龄最小的考生,是远近闻名的十三岁神童张居正。

张居正的答卷也确实相当漂亮,然而当值考官准备将他录取时,却被主持考试的湖广巡抚顾璘阻止了。原来顾璘发现张居正在考试前作过一首《题竹》,其中写道:"绿遍潇湘外,疏林玉露寒。凤毛从劲节,直上尽头竿。"他把自己比为凤毛麟角,要就此直上青云。这一方面展现了一种自信与抱负,另一方面也透露着那么一点自负和高傲。

顾璘把朝廷派来监督招生工作的赵御史请来,对他说:"张居正不是一般的人才,将来一定会对国家做出重大贡献。但是十三岁就让他中举,这么早入了官场,将来最多成为王维一样的人,这对国家和他自己都是一种损失。不如趁他现在年龄小,给他一个挫折,让他多经历一些。"这事遭到了副主考官、湖广按察佥事陈束的坚决反对,但赵御史经过一番深思熟虑,最终还是接受顾璘的意见,给张居正亮起了红灯。

乡试结果公布,呼声最高的"江陵才子"落榜,一时成为轰动坊间的新闻。这对于早就习惯了顺风顺水、到处都是鲜花掌声的张居正来说,打击可想而知。

顾璘也没瞒着此事,他找到张居正说:"是我坚持不录取你。"虽然没有更多的解释,但年少的张居正读懂了一切。顾璘没有看走眼,从此张居正转身投向了更为扎实的学习与历练。三年后,十六岁的张居正再次参加乡试,并考中举人。

恰巧这年顾璘在安陆督工,张居正前来拜见,顾璘很高兴,对他说:"古人都说大器晚成,这是作为中材的说法罢了,当然你不是一个中材。我希望你有大的抱负,不要做少年成名的秀才。"说完,解下了自己的犀牛皮腰带送给他,说:"你将来是要系玉带的,我的这一条配不上你,只能暂时委屈你了。"

日后的张居正,刚毅坚韧、锐意改革,主持了轰轰烈烈的"万历新政",成为天下颂扬的千古名相。张居正从未记恨顾璘,一辈子都感激他当年给自己"下绊子"、使自己落榜,对其良苦用心始终念念不忘、铭记在心。

一得

古今中外,年少成名者多,历久弥坚者少。曾国藩对此就感慨道:"少年经不得顺境。"一时的一帆风顺,代表不了一世的一马平川。人在少年缺了几度挫折的洗礼、少了几分苦难的打磨,一直浸泡在褒奖的蜜水中,对创业艰苦、发展艰辛、成功艰难就会缺少一份清醒的认识,心灵也会变得敏感脆弱,稍有否定打击都会造成重创,日后爬得越高,只会摔得越重,有人因此信心崩塌、一蹶不振,也有人因而愤世嫉俗、玩世不恭,更有人甚至心生嫉恨、滋生事端。他们不是没有才华,而恰恰是陷于才华;不是智商不够,而往往是逆商不够。所以,顾璘从国家长久发展计、为人才长远发展想,认定迟早要摔、不如早摔,及时给了年少气盛的张居正一个挫折,这才成就了一代名臣能吏。发展前路荆棘密布,踏平坎坷方成大道。一遇挫折自己先想不开、放不下、受不了、扛不住的"温室"精英、"大棚"干部,注定带领不了群众渡难关、涉险滩、攻堡垒。领导干部真心爱才就当理性育才,既要热心给予前途光明的"阳光"教育,又要狠心设置道路曲折的"挫折"教育,苦其心志、劳其筋骨,未得正果、先尝苦果,在蹲苗历练中加速年轻干部能力提升、心智成熟。桃李春风一杯酒,不如江湖夜雨十年灯,相信那些不曾打败年轻人的挫折,终会让他们更加强大。

"延安作风"打败"西安作风"

1947年3月,国民党胡宗南部占领延安。8月的一天,蒋介石以"胜利者"姿态乘坐专机抵达延安,视察了杨家岭、枣园、王家坪等地。他看得很仔细,提出许多令人意想不到的细节问题,让随从常常回答不上来。

在抗大旧址,他看见共产党的"黄埔军校"不过是一排简陋的窑洞教室,几乎没有像样的教具。黑板都是用木炭灰涂黑的,礼堂是露天的,标准配备是每人发个小凳子,朱德总司令和各级军官都在这里听课学习。蒋介石用手在黑板上轻轻一抹,手指就留下一个黑印。他又取过小凳亲自尝试坐了一下,小凳子太矮,已经60岁的他很不习惯,险些坐在地上。军事训练场地只有一些自制的木马、竹天梯等教具,越野障碍则是一座陡峭的崖壁。蒋介石终于忍不住问了众人一句:若论设备,我黄埔军校和中央军校不知道比这强多少倍,可是会打仗的人反倒越来越少,你们说说这是怎么回事?众人都低下了头,嗫嚅无语。

到了枣园,蒋介石走进毛泽东住过的窑洞。窑洞地面是泥土夯实的,与当地农民的窑洞没有两样。门窗是没有油漆过的陈旧木头做的,窑洞内墙面剥落,简陋的床也是榆木钉起来的。窑洞外院子里还有一架纺线的纺车。胡宗南一旁解说:"由于我大军围困,延安物资匮乏,据说这是毛泽东亲自纺纱用的!"蒋介石听了,嘴里轻轻地惊叹了一声,内心似乎明白了些什么。当晚,蒋介石回到了胡宗南专门为他精心准备的宾馆下榻,一夜无眠。

一得

　　板凳虽然矮小,比不上舒适的沙发,但它始终和老百姓坐在一起;窑洞虽然简陋,却冬暖夏凉,比宽敞气派的公馆更接地气。艰难困苦,玉汝于成。延安十三年,我们党由弱到强、从小到大,与不断锻造并保持过硬作风密不可分。只要主义真、信仰真、和群众的感情真,小地方一样可以干出一番大事业,山沟沟里也能放射出耀眼光芒、汇聚起磅礴力量。大多数人因为看见而相信,只有少数人因为相信而看见。大革命失败后,中央领导要毛泽东去上海机关,毛泽东说:"我不去住高楼大厦,我要上山跟绿林交朋友。"坚定的信念、优良的作风,这不正是中国共产党人走向成功、赢得胜利的"精神密码"吗?现在,衡量一名干部是否合格,很重要的也是看这两条,一方面坚定不移,另一方面身体力行。风险关口敢闯、利弊抉择善断、争论面前向前、疑难困惑会解,上下目标一致,排除一切干扰,勠力同心应对,距离成功也就会越来越近。

警惕"犯颜直谏"也是"以直邀宠"

唐太宗李世民与魏徵的君臣关系乃千古佳话,魏徵犯颜直谏历来为后世言官所欣赏推崇,被引为偶像。

《唐鉴》中记录过这样一件事:太宗曾指着殿下一棵树赞叹不已,殿中监(官员名)宇文士及随声附和,也连连称赞是"好树"。太宗对他说,魏徵曾劝我远离佞人,我不知道佞人是谁,心中怀疑是你,现在看来果然不错。投机不成的宇文士及吓得连连叩头谢罪。

但野史对此事却另有续载。据说,旁边有近侍直言:"自从皇上您重用魏徵以来,只要是附和您的都被批为是佞人、小人,为人所不齿。久而久之,大臣们摸透了您的心理,无论大事、小事,都与您唱反调,甚至还敢骂您,表面上看是忠心耿耿,实际上是以直邀宠、卖直取名。比如今天您赞赏一棵树,宇文士及随口附和一两句,就被认定为是佞人,往后谁还敢说您的好?"

一得

一般而言,下属对领导者提出的观点与看法,有三种态度:赞成附和、表示反对、不置可否。古讲话,"信言不美,美言不信"。按常理来看,好话中听不中用、丑话难听实有用。但正所谓"水无常形、事无定式"。很多事情的处理方法,可能本无绝对的好坏之分,唯看实际效果如何。下属对领导提出的好观点、好思路、好办法,表示一下敬佩之情与赞美之意,也是一种"正能量";即便是提反对意见,何妨丑话好说、含蓄委婉,这样可能更容易听得进、能接受。而如果领导者主观上警省自己拒听谄言媚语、远离佞人小人,一概把提反对意见者视为忠心、把赞成溢美之言看成是投机,实际上走向了另一个极端,不自觉地显露了另外一种"偏好",也就有了"软肋"。久而久之,一些别有用心之人也就找到了投其所好之道,可能就会为反对而反对、以反对示忠心。如此一来,可能也会影响决策的效率、工作的氛围、团队的合力。结果,事与愿违,背离初衷。

苏东坡细节识人

苏轼为人旷达,却擅长识人。他常常在待人接物中,通过细节识人辨友,且大多无误。

一次,苏轼与朋友谢景温出游。两人且说且笑,一路相谈甚欢。就在这时,一个黑影突然从树上跌落下来,两人定睛一看,才发现黑影是只受伤的小百灵鸟。苏轼凑过去,发现小鸟的腿上有伤,可能就是因为这伤才使它从树上坠落下来。苏轼刚想将鸟捧起来,谢景温却大步走了上来,抬腿就踩了小鸟一脚,说:"兄长何必为了一只惊吓我们的鸟耗费心思,我们继续向前走吧!"苏轼面色凝重,一言不发,继续和谢景温向前走。一路上,谢景温高谈阔论,指点江山,好不潇洒,而苏轼只是偶尔回应两声,全然没了兴趣。

郊游回来,苏轼便与谢景温断交了。有朋友问苏轼为何如此,苏轼语出惊人:"轻贱生命的人,不可为友。"朋友不相信,以为苏轼另有隐情,苏轼却摇着头预言说:"如果此人得势,一定不会把别人的生命放在眼里,很有可能做出损人利己、祸国殃民的事情来。"多年后,谢景温成为一代权臣,杀戮无数,苏轼也险遭毒手,时人皆叹苏轼果能辩友识人。

一得

画虎画皮难画骨、知人知面不知心。芸芸众生困于学识、限于经历、囿于眼界,往往一时读不懂、看不明、猜不透多面、复杂、易变的人性。但练就一双"慧眼"的大家,却能透过细节明察秋毫、入木三分、了然于胸,这是一种真本领、大智慧、高境界,正如班固在《白虎通·情性》中所言:"智者,知也。独见前闻,不惑于事,见微知著者也。"一滴清水能反映太阳的光辉,一片枯叶能显现清秋的肃杀。当一个人的品性养成习惯,就会通过言行举止中的细节不经意间流露出来,泄露内心深处的秘密、展露内在深藏的世界,举手投足、只言片语投射出为人处世准则、作风的好坏与否,甚至人格、人品的高低优劣。心怀叵测之人,总是眼神阴暗、举止猥琐;内心坦荡的人,必定神色镇定、泰然磊落。对为官从政者而言,细微之处更能照见干部的精气神。领导者察人识人,既要在民主推荐、测评环节上"远观",更要在平时日常考察中"近看",通过言语表达来了解思想境界、通过行为举止来判断志向抱负、通过名声信誉来考察品德修养,解读细节密码、于细微处识人,"一叶落而知天下秋""窥一斑而知全豹",以小见大、见微知著,先确认过眼神,再选准对的人!

拿破仑救小男孩

一天,拿破仑正与几名手下在一片树林里狩猎。远方忽然传来一阵阵惶急的呼救声:"救人,救人,有人掉进水里啦!"拿破仑一行于是向发出喊声的地方急驰而去。

马到湖边。拿破仑见一个少年正在不宽的湖面上挣扎,岸上有几名年轻人惊慌失措地大声呼喊。

拿破仑高声发问:"他会游泳吗?"岸上有个少年回答:"他只能比划几下,现在已经不行了。"此时已有侍卫下马,准备脱衣下水救人。

拿破仑却喝止:"先别动!"说完,马上从一名侍卫手里拿过步枪,大声冲落水少年喊话:"你若不自己爬过来,我就把你打死在水中。"话音刚落,他平端枪身,朝那人身边连开两枪。落水人刚听到拿破仑的命令,又听到两声枪响,身边溅起两朵水花。他浑身一激凌,急出一身汗,忙"扑通扑通"朝拿破仑这边胡乱地划水。一会儿,这少年便游上了岸。

当他转过身子,发现持枪站在几个士兵中间的竟是皇帝,吓得魂飞魄散,忙连连拜谢:"陛下,我不小心跌进湖里,幸亏您救了我,只是我不懂,我快要淹死了,您还要枪毙我?"拿破仑哈哈大笑:"不逼你一下,你能游到岸边吗?那时你才会淹死呢!"

回城之后,又有侍卫向拿破仑请教为何不让人下水救起少年。拿破仑不紧不慢地说:"少年正处于人生成长阶段,一个不同的解决措施很可能会

拿破仑救小男孩

让他形成对待困难、处理问题的不同方式,甚至产生依赖心理。人生之路总不会都是一帆风顺的,今后一旦遇到难处,他就会产生惧怕、依赖和逃避的心理。现在他靠自己游上岸,就能相信自己的潜能,树立战胜困难的信心。"

大家恍然大悟,纷纷钦佩拿破仑的卓识远见。

狩猎期间的一个小小插曲,淋漓展现了拿破仑超群绝伦的过人胆识、出神入化的用兵艺术。命令援军隔岸观火、作壁上观,威逼溺者"中流击水"、"背水一战",看似草菅人命实则深谙人性,看似惊心动魄实则胜券在握,可以说是对兵法精髓"陷之死地而后生,置之亡地而后存"的生动诠释、最好注解。破釜沉舟、釜底抽薪,对于为官从政的领导干部,同样具有很强的现实借鉴意义。在日常管理中,单纯使用正向激励、一味创造有利条件,下属就不清楚自己的能力上限在哪里、跳起来能摘到多高的桃子,纵有再强的内在势能也难以及时转化成干事的动能。与其如此,领导者不妨既给胡萝卜,又竖起大棒,大胆运用逆向思维、底线思维,"敢给、早给、多给"下属挑一些"急难险重"的任务担子,明确标准要求、设定最后期限、倒逼序时进度、严格奖惩问责,反而能够激发最大潜能,收获意想不到的成效。相信经受极限历练的人一定能在"长风破浪"中"直挂云帆"勇往直前,一定会在"山重水复"后"柳暗花明"豁然开朗。

善于"使过"

有个渔人有着一流的捕鱼技术,被人们尊称为"渔王"。然而,"渔王"年老的时候非常苦恼,因为他三个儿子的渔技都很平庸。

他经常向别人诉说心中的无奈:"从儿子们懂事起,我就悉心传授捕鱼技术,告诉他们怎样织网最容易捕捉到鱼、怎样划船最不会惊动鱼、怎样下网最容易请鱼入瓮。等到他们长大了,我又教之怎样识潮汐、辨鱼汛。所有长年累月、浪里求生,辛辛苦苦总结出来的经验,我都毫无保留地传授给了他们,可他们捕鱼的技术竟然赶不上那些普通的渔民!"

一位路人听了他的诉说后,问道:"你一直手把手地教他们吗?""是的,为了让他们得到一流的捕鱼技术,我教得很仔细很耐心。""他们一直跟随着你吗?""是的,为了让他们少走弯路,我一直让他们跟着我学。"路人听了以后,一语指出根源:"你只传授给了他们技术,却没让他们自己去实践、去经历、去感悟、去反思——其实,没有教训与没有经验一样,都不能真正使人进步!"

"渔王"主观上为了让儿子们少走弯路,所以只传授成功的"经验",不告知失败的"教训",结果,事与愿违,培养出的不是人才,只是庸才。看了这个故事,让人不禁想起了《后汉书》当中的一句话:"夫使功者,不如使过。"唐朝太子李贤在这句话下面作注:"若秦穆赦孟明,而用之霸西戎。"孟明是春秋时期秦国将领,吃了败仗自上囚车请求处罚。秦穆公以为,经历大风浪才能成长,让他吸取教训再战。孟明痛改轻敌毛病,强化针对性训练,最终在关键性战役中获胜,秦国扩地千里,成为西戎霸主。所谓"失败乃成功之母"。有时,经受挫折,可能比取得成功更能让人长记性、长才干,触底反弹、再攀高峰。一次或几次挫折,绝不等于满盘皆输。"教训"是大熔炉,可以使人百炼成钢;"教训"又是大课堂,能够培养人"智识"与"豁达"的品质。对领导干部而言,要善于"使过"。一方面,在发展实践中要坚持全面眼光和辩证态度,创新也好、改革也罢,都是在挫折甚至试错中成就的,要树立重振旗鼓、顽强拼搏、继续奋斗的信心和勇气,厉兵秣马、继续前行。另一方面,在用人过程中要鼓励大胆探索、允许失误,没有经历过失败的人,一路顺风顺水,往往盲目乐观,而恰恰是那些犯过错误、有过失败的人,更有可能牢记深刻的教训、有意识地运用付出过学费的经验。试想,有了这样的历练与态度,成功还会远吗?

巴顿选人

美国四星上将巴顿在提拔人才之前,通常会把候选人都集中到一起,然后把一个需要解决的问题拿到他们面前。

一次,巴顿将军说:"伙计们,今天我想在仓库后面挖一条战壕,八英尺长、三英尺宽、六英寸深。"说完,他就走开了。其实这只是装装样子,在那帮候选人旁边,有一个带着窗户的仓库,巴顿就待在里面悄悄观察外面的人。

这些人领到工具以后议论纷纷,他们奇怪为什么要挖这样一条战壕。

"六英寸深,连个人都藏不住!"有人大声嚷嚷。

"这样的战壕不行,待在里面一定很热。""不,晚上很冷。"也有人这样争论。

"这种事情怎么能叫军官来干?"还有人提出质疑,大家纷纷附和赞同。

最后,有个人对大家喊道:"让我们把战壕尽快按要求挖好,再赶快离开这个鬼地方吧,将军想用它干什么都和我们没关系。"

这个人后来被巴顿提拔了。

> 一得

"三分战略,七分执行。"将军下令挖战壕,考的不是军官工事熟练程度,而是执行任务态度;要的不是说长道短的评论家,而是心无旁骛的实干家。只动嘴皮不动脚步、只愿发号施令、不肯身体力行,出工不出力、挂帅不出征,甚至找借口磨洋工撂挑子,无论身处什么行业、从事哪种职业,注定都无法突破事业边界、迈上更高人生境界。因为领导力本质上就是一种执行力,领导者归根结底就是推动组织意图、上级决策不折不扣加以落实的执行者。为官从政的领导干部,顾名思义就是领、导、干、部,率"领"引"导"实"干"在前,"部"署安排调度在后,自己身体力行、雷厉风行,带领下属积极跟进、合力推进,整个团队干练有为、有所作为,这才堪称执行有力、领导有方。

处事共事 篇

CHU SHI
GONG SHI
PIAN

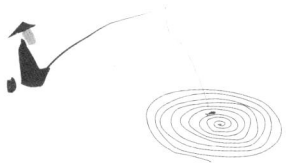

暗处的真情

复旦大学著名教授章培恒曾师从我国古代文学专家蒋天枢先生。

一天,章培恒去拜访自己的老师蒋天枢。蒋天枢年事已高且双目失明,躺在病床上,章培恒来看望他,他也没招呼自己的学生就座。于是,已是沪上学术泰斗的章培恒就一直站着陪蒋天枢聊天。

聊了两个小时后,蒋夫人回来了,见章培恒站着和蒋天枢聊天,就说:"天枢啊,你怎么让培恒就这样一直站着和你说话?也不招呼人家坐下。"这时蒋天枢才明白过来,惊讶地说:"什么?培恒,这么长时间你竟然是一直站着的?"章培恒告别后,蒋天枢的心里久久不能平静……

章培恒一直站着陪老师,固然有老师没有请他就坐的因素,但最根本的原因还是他对老师发自内心的感恩和尊重,也正是这份无需表达的"本心"深深感动了蒋天枢之心。 天地之道,道是规律;人间之道,道是真情。 官场首先是"人场",没有真心必会失去人心。作为领导者,如果只知一味支配人,而不能以真情感动人,总是摆出一副领导的架子,居高临下、颐指气使、以势压人,一旦离职后,不只是"人走茶凉",甚至会"满街骂娘"。 为官者不可不察。

阳光下的利润

一次,一位讲究策略的企业家在一个很重要的公共场合,竟然毫无保留地把自己企业往年的盈利情况一五一十地告诉了同行。对此,大家议论纷纷。

有好意者劝之:"如果你盈利太多,别人就会以为你是在牟取暴利。如果你盈利太少,他们又会对你的能力产生怀疑。你这么做,就是搬起石头砸自己的脚。"

而企业家却坚持这么做。他的信念是:"在商就不可能不言利。在大家都耻于言利的时候,我将盈利情况公之于众,既表明了我对自己的信心,又可以增加大家对我的信任。这种信任就是我获取的又一种珍贵的利润,而且这种利润又可以衍生出来一大笔无法估价的巨额利润,这是我用磊磊落落的坦诚和宽宽广广的胸襟换来的,是阳光下的利润。"果然,没过多久,这位企业家的公司业绩便扶摇直上,而且基业长青。

一得

阳光下的利润源于阳光心态,阳光心态又源于对自己的信心和对别人的信任。 事无不可对人言,成大器者当大气。 拥有阳光心态、敢于开诚布公，就是一种大气、一种格局、一种情怀。有此，经商可以获得"大利润"，从政可以树立"好官声"，这一点尤为重要。领导干部有阳光心态，部下才有安全感，做事才能消除顾虑，集中精力谋事业，心无旁骛拼命干。反之，如果领导者对自己没信心，故弄玄虚、故作高深，对部下不信任，疑心重、交心少，以"神秘"显"权威"，把"控制"当"管理"，那部下要么敬而远之、退避三舍，要么投机钻营、谄媚讨好，要么战战兢兢、束手束脚。天长日久，干事的活力、拼搏的动力、团队的合力，日渐耗散，有可能形成"其才也不举、其业也不兴"的不良局面。

勇者仁心

刘伯承元帅是享誉中外的军事家，人称当代"孙武""军神"。他打仗不拘常法，善于出奇制胜，创造了不少经典战例。特别值得一提的是，在严酷的战争环境里，他爱兵如子，体恤基层，始终怀有一颗博大宽容、慈爱仁厚之心，在军中享有崇高威望。1958年刘帅受到错误批判，当他拖着病体，在医护人员搀扶下出现在检讨大会上时，全场1000多位将军齐刷刷起立，向老帅行军礼,观者无不动容。

刘帅不仅有包天胆略,又心细如丝。淮海战役刚结束,刘帅命令发给部队女同志一件军大衣。有同志提意见,问"女同志算几级干部?"刘帅解释说,女同志有"三条心",一条心放在父母身上,一条心放在丈夫身上,一条心放在孩子身上。在外她们要把人做好,要争当模范、当先进,但背后会躲在厕所里一个人哭。对她们,就是要多照顾。一席话让大家心悦诚服。

刘帅指挥打仗严谨周密,总是把各种可能的因素充分考虑到,力求以最小的牺牲换取最大的胜利。渡江战役前,他连先头部队需带绳子这样的"小事"都考虑到了。正因如此,刘帅指挥战役的胜率、投入产出比和部队战斗力发挥程度都很高。解放战争期间,他指挥第二野战军长期出外线作战,在极其困难的条件下,歼敌总计 230 万,剿匪 114 万,自身仅伤亡 21 万。

戎马一生的刘帅,解放以后却不愿看战争影片。

一得

> 无情未必真豪杰,怜子如何不丈夫。刘帅朴素感人的话语,闪耀着人性光辉、铁骨柔情。"慈不掌兵"是用兵哲学,"慈严相济"则是治军之道。带兵打仗和为官从政,理有相通,情有交融,一颗"仁"心必不可少。元帅之"仁",体现在深刻研究战争、充分准备战争、全力避免战争,尽量做到少牺牲、不牺牲、不做无谓的牺牲。为官之"仁",体现在情为民系、权为民用、利为民谋,与群众一块

真诚无瑕疵

过、一块苦、一块干。"仁"是道德境界，也是行为准则。为官从政者一言一行要追求仁、践行仁、合乎仁，做人要仁厚，主政施仁政，处众贵仁和，居家谨仁孝，对人讲仁恕。实践中，领导干部身先士卒、率先垂范是仁，勇于担当、知难而进是仁，宽宏大度、上下同心也是仁。同时，"仁"又有高下、大小、真假之分，领导干部不可不察，身先士卒切忌言行莽撞，勇于任事切忌专权揽事，刚毅果敢切忌刚愎自用，宽容大度切忌纵容过度，教人以道切忌教人以"盗"，授人以渔切忌授人以"欲"，努力以"仁"性的力量实现人性的升华。

真诚无瑕疵

东晋初期，官场中逐渐流行一个不成文的规定，就是无论谁履新，都要请一次客，表示对同僚支持的感谢之情。

有一个叫羊曼的人，出任丹阳郡尹。他请客的那天，酒席非常丰盛，来得早的人可以吃到美味佳肴，但有的菜肴吃没了，羊曼也不再补充，来得晚的人就只能吃残汤剩饭。而且，宴席上最好的位置，也是谁来得早谁坐，不分高低贵贱。

不久,有一个叫羊固的人,官拜临海太守,也请了一次客。但与羊曼相反的是,请客当日,他按照官位高低、年龄长幼给大家留好位置,而且整个一天都是丰盛的美味佳肴,即使来得再晚也不至于吃到残羹冷炙,可以说是想得周到、办得漂亮。

按照常理讲,羊固谁也不怠慢,谁也不冷落,应该得到大家的赞扬。可是,《晋书》在叙述这件事后,评价说:"论者以固之丰腆,不如曼之真率也。"意思是说:当时的人们议论,羊固的宴席虽然丰盛,但为人不如羊曼诚恳。

在羊曼与羊固请客这件事情上,羊固虽然把事情做得滴水不漏,表面看是和气周到,实质是精明世故,而羊曼不分高低贵贱,可能会有人心生不满,但却流露出真性情。人本是人,不必刻意去做人;世本是世,无须精心去处世。领导者在为人处事上,因时而发、不伪不装、自然天成是至高境界,以真面目示人,可以活得真实;以真性情交人,可以活得坦诚;以真感情对人,可以活得干净。

李广不是难封，而是逞勇

李广是武帝时期除了卫青、霍去病之外最知名的汉朝将军。可耐人寻味的是，这样一位既有才能，又有胆识，还与匈奴拼杀四十年的名将，历经文帝、景帝、武帝三朝，却一直未能封侯。于是，"冯唐易老，李广难封"也就成为后人感叹生不逢时的名句。

"李广难封"固然有汉武帝重用外戚的因素，但"李广无功"则是更为重要的原因。李广一生与匈奴大小交战七十余次，不能说没有建功封侯的机会，为什么能力如此突出的名将就是没能重创匈奴、建立奇功呢？李广管理军队非常放任，带兵不组织、不整理队形，晚上也不巡查警示，唯一做的事就是让侦察兵走得远一些，察看敌情，特别是打仗不讲究排兵布阵，战场上只表现出个人的勇猛，而不是作为主帅的谋略。司马光在《资治通鉴》中评论说："治众而不用法，无不凶也。李广之将，使人人自便，以广之材如此焉，可也，然不可以为法"。

司马光的这段评论里隐含了一层意思，就是李广个人本领高强，有明显的个人英雄主义作风，但行军打仗靠的是整支队伍的协调，而不是个人武艺的高低。

> **一得**

从个人能力来讲,李广是位能征善战的将军,但从领导能力来看,李广并不算是一个合格的领导者。独木难成林,单丝难成线。如果不懂团队之妙、用人之道,本事再大、机会再多,所做的事情也是有限的。李广如此,比他武艺更强的项羽同样只能乌江自刎,比他智谋更高的诸葛亮最终也是把自己活活累死。反之,即使自己的能力有限,只要深谙团队的力量,善于集聚大家的积极性和创造性,一样能成就一番大事业。比如,马云铸就出一支充满激情的团队,才能打造出今日的阿里巴巴帝国,正如他所说"企业成在经营、败在管理"。个人能力与领导能力既不是对等的,也不是对立的,而是辩证统一的关系。正确处理个人能力与领导能力之间的关系,使两者和谐统一,才能保证团队具有强大的竞争力。对领导者而言,自己做事是匹夫之勇,是作为领导者的大忌;大家做事才是领导能力,是最后获胜的关键因素。

无声的宽容

在管理中,对下属的错误应当及时纠正,否则就是对部下不负责任,但有时给予认同和鼓励也会收到意想不到的效果。

有一位艺术大师,在后台化妆好了正准备上场,一名弟子悄悄走过来提醒他说:"师傅,您的鞋带松了!"大师一愣,对弟子一笑说:"谢谢你!"然后蹲下身子系好鞋带。可是等到这名弟子走后,他又蹲下来将鞋带解松。

有一位到后台采访的记者看到这一切,不解地问:"大师,您为什么又要将鞋带解松呢?"大师回答说:"因为我饰演的是一位劳累的旅者,长途跋涉让他的鞋带松开,可以通过这个细节表现他的劳累憔悴。"

记者听了大师的话,不禁深深被他细腻的表演艺术所折服,但记者还是有些想不通,纳闷地问:"那您为什么不直接告诉这名弟子呢?"

大师认真地答道:"他对我的提醒是充满坦率和真诚的,我一定要保护他这种热情,及时地给予鼓励。至于为什么要将鞋带解开,将来会有很多教他表演的机会,可以下一次再说啊!"

一得

人的态度不同于本能,不是天生的,是在与工作环境的磨合中养成的,而积极的态度更多是在被需要、被认同的过程中实现的。 这位表演大师没有因为弟子看不懂自己的用心而责怪他,反而对他"细心的错误"予以鼓励,可谓别具苦心。某种意义上,领导者最大的失误是只盯着下属的错误,因为比犯错更可怕是没人敢于尝试,这造成的损失会比错误本身更大。把属下管住是有本事,而管好是大学问。作为领导者,要学会保护下属的积极性,即使他的努力有时是无效乃至无知的,也应寻机婉转地晓之以真相。秉宽容之心、携善意而行,这是一个优秀领导者的美德。

浇瓜之惠

战国时,梁国大夫宋就担任边境县令,这个县和楚国相邻。两国边境的屯兵都种了不少瓜。梁国士兵比较勤劳,常常灌溉瓜田,瓜长得又大又好、鲜美可口,而楚国士兵却很少浇灌瓜田,瓜也就长得矮小、酸涩异常。

一日,楚国的县令巡察边境,见到这种截然不同的景象,便怒责楚国士兵没有把瓜种好。楚国士兵心里既羞愧,又妒嫉,于是经常半夜里偷偷摸入梁境,破坏梁国的瓜田。

梁国士兵稍一观察,便弄清了真相,连忙向宋就报告,打算也到楚国瓜田去报复。宋就叹道:"怎么可以这样呢？这只能加深双方的怨隙。人家为恶,我们也为恶,心胸为什么如此狭隘？你们如听从我的劝说,那就每天半夜派人去替楚国瓜田浇灌,不要让楚人知道。他们的瓜长好了,自然不会来破坏我们的瓜了。"

之后,宋就每晚都派人偷偷地越过边境,为楚兵浇灌瓜园。楚国士兵发现瓜一天比一天长得好,感到很困惑。半夜暗伏瓜田观察,才发现是梁国人干的,不由得既惭愧又感激,当即禀报了县令。

楚王得知此事前因后果后,深受感动,认为梁王讲信义,便派使者带着大量的金银珠宝送给梁王,请求与梁王结交。楚梁两国的邦交,就是从宋就妥善处理边境瓜田事件开始的。

一得

宋就出人意料地"浇灌对方的瓜田",浇下宽容、长出理解,浇下善良、长出邦谊,可谓"种瓜得瓜,种豆得豆"。其实,人与人的相处更是这样。在利益被侵犯时,"以牙还牙"只会激化矛盾,"以德报怨"往往会缓解矛盾,在特定条件下甚至能使坏事变成好事。古语讲"转败而为功,因祸而得福",说的就是这个意思。现实中,一些领导班子常常发生不团结、不和谐、搞内耗的情况,缺的就是宋就这种"以德报怨"的气度和智慧。自己在理,忍一忍,无需盛气凌人;对方有错,让一让,不必咄咄逼人,结果会和气增多、机会变

> 多、快乐更多。作为领导者,应多在事业上一起较真、少在细节上相互较劲,多以恰当角色定位自己、少以灰色心理揣摩别人。闹不团结,不仅闹矛盾的双方很累,而且班子成员也累,上级组织知道了也累,下属开展工作也累,人人都会跟着累。

听话听下音

自嘲不会说的人比比皆是,但很少有人会把自己跟不会听对号入座,其实听比说更重要。

美国著名脱口秀主持人林克莱特,有一次在录制节目时,随机采访了现场的一名男孩:"你长大以后想干什么工作?"男孩认真地回答说:"我最大的梦想是要当飞机驾驶员!"

林克莱特接着问:"如果有一天,你的飞机飞到太平洋上空时,所有的引擎都熄火了,你会怎么办?"男孩想了想,说:"我会先通知坐在飞机上的所有乘客都系好安全带,然后我挂上我的降落伞跳出去。"现场观众听后,笑得东倒西歪,嘈杂声淹没了男孩的声音,男孩不由得眼泪夺眶而出。

这引起了林克莱特的注意,他继续问男孩:"你为什么要这么做?"男孩坚定地说:"我要去拿燃料,我还要回来!"现场的笑声戛然而止,观众都陷入了沉默之中。

把话说好固然是一门艺术,而把话听懂更是一门学问。如果听话听一半,便把自己的意思投射到别人身上,难免会像现场观众一样,用自己的思维代替别人的想法,用自己的眼光误解别人的心声。人们最怕也最无奈的往往是被人误解,而常常又会在不觉间误解别人,要避免误解,就必须从善于倾听别人的心声开始。对于领导者而言同样如此,倾听部下意见、实现有效沟通是领导工作的命脉和基石。现实中,"没有任何借口"似乎已成为一些领导者的行为准则,时常下属还没讲完事情的缘由,就按自己的经验作出想当然的结论,下属的任何解释和说明都近乎多余,甚至是狡辩。说话是表达自我的途径,倾听是接受对方的过程。作为领导者,不能习惯性地以自己的权威去打断下属的话语,多一分了解就少一分误解,多一分耐心就多一分机会,或许你会发现事情与你想象的截然不同。

谨防情绪传染中的"踢猫效应"

一位业务经理因为工作上的失误,在公司挨了老板一顿教训,晚上心情很不爽地回到家。他闷了一肚子的气,看到家里乱糟糟并未整理,就把正在看电视的妻子劈头盖脸大骂了一通。妻子由于无辜受了骂,吵了几句就关掉电视转身回到房间,这时恰巧发现成绩下滑了的儿子在打游戏,立即操起鸡毛掸子,狠狠地揍了儿子一顿。

孩子玩得正起劲,却被暴打一顿,窝了一肚子火,等到父母离开,一脚踹向身边打滚的花猫。只听得一声惨叫,小猫被踢肿了腿,夹着尾巴飞快地溜出了门,跑到了街上,这时正好驶来一辆卡车,司机忙着避让小猫,却没看到追来的小孩,不小心就把孩子撞伤了。

此后,经理夫妇不得不丢掉了工作,整天在医院陪护孩子;老板花了更多的时间和精力,物色人选来代班;而货车司机则倒霉地赔了一大笔医药费。

这是心理学上著名的"踢猫效应",也称为"费斯汀格法则",描绘的是一种坏情绪在社会关系链中不断传染所导致的恶性循环。

这根链条中的每一个人，都是坏情绪的受害者，同时也是负能量的传递者，看似并不重要的个人情绪，却在层层传递中衍生出工作效率降低、团队关系恶化甚至人身安全隐患等诸多问题。"踢猫效应"可谓伤人又伤己。领导干部接触面广、关注度高、影响力大，个人的情绪很容易通过言行传递到基层干部群众和各项业务链条中去，带来一系列连锁反应，更要谨防"踢猫效应"。实践中，高明的领导者都是懂得人低为王、善于控制情绪的人性大师，对人有同理心、能换位思考，在交流中多用真情感染人，少用官话责问人；多从正面激励人，少从反面刺激人；多在事前引导人，少在事后怪罪人。当下级对工作不上心时，不搞强迫命令而是耐心开导；当工作上不去时，不是指责埋怨而是多加帮助；当工作有过失时，不是当众训斥而是主动揽责，让下属由衷感到领导者可亲可信可敬，将一般的组织服从变为发自内心的爱戴追随。

气味相投

有一年轻人是养蜂人家的第三代传人，他接手养蜂时，家中已有上百箱蜜蜂。一天，他听说将野蜂与家蜂混养能增加蜂蜜产量，于是就到大山

气味相投

里捕来大量野生蜜蜂,试图与家蜂混合养殖。

本希望野蜂与家蜂同舟共济,可它们相处得并不和谐。自从野蜂进来以后,家蜂与野蜂就形成两军对垒,互相残杀,战事不断。结果,蜜蜂整体损兵折将,死伤大半。

年轻人急得手足无措,于是就向养了一辈子蜜蜂的爷爷请教。爷爷找来一个茶杯,舀上一小勺蜂蜜,倒进点白酒,再加水调匀。然后,爷爷喝了一口,含在嘴里,对着饲养家蜂的箱子喷出。接着又喝了一口,喷到存放野蜂的箱子里。事成之后,爷爷说:"行了,把它们放一起吧。"

年轻人依言再将野蜂放到蜂箱里,却惊喜地发现,野蜂同家蜂化敌为友,相安无事地一起生活了。原来,野蜂和家蜂具有不同气味,放在一起就会如临大敌、互相排斥,酒水可以让他们变成相同的气味,和谐相处。

一得

弥合分歧的最好办法是帮助双方找到共同的契合点。家蜂与野蜂因气味有异而争斗残杀,养蜂人用酒水使它们气味相投,进而化干戈为玉帛。其实,管理工作也是如此。每个人的性格、经历、专长等都各不相同,团队协作难免会有碰撞、有分歧。作为领导者,要化解部下的纷争,重要的不是看他们之间的分歧是什么,而是要看他们之间的共同点是什么。所谓风雨同舟者,必是志同道合者,共同的目标,能让部下精诚合作;共同的责任,能让部下患难与共;共同

> 的体验,能让部下心境相通;共同的爱好,能让部下彼此亲近。高明的领导者,一般不会直接介入部下的分歧,而是担任调停者的角色,努力为双方寻找共同感,让部下自己解决冲突。

"两坛美酒"的深厚情谊

唐贞观时期,薛仁贵得志之前,全部靠王茂生夫妇接济。后来,薛仁贵被封为"平辽王",一时间门庭若市,前来送礼祝贺的文武大臣络绎不绝,可都被薛仁贵婉言谢绝了。

他唯一收下的是普通老百姓、昔日旧交王茂生送来的"两坛美酒"。可是,负责启封的执事官打开酒坛,却吓得面如土色,因为坛中装的不是美酒,而是满满的清水!

然而薛仁贵却是毫不介意。他不但没有生气,反而当众饮下三大碗王茂生送来的清水,并且向众僚属解释:我过去落难之时,全靠王兄弟夫妇相助,可以说没有他们的帮助就没有我今天的荣华富贵。如今我美酒不沾、厚礼不收,却偏偏要收下王兄弟送来的清水,因为我知道王兄弟贫寒,也更知道他的为人,送清水也是一番美意,绝非弄虚作假、故意欺骗。

> **一得**
>
> 领导干部的"社交圈",一直是一个自身谨慎、社会关注、纪律监督的范畴。一方面,人都是"社会人",有与人交流、交往的内在需要,渴望有几个知己良朋,可以深度交心、互促共进;另一方面,领导干部又是"公门中的人",掌握着一定的人脉、资源、权力,很有可能被一些没有真心、存有机心的人给"投资"了,被所谓的"友情"给绑架了。于此,"君子之交淡如水"的境界就显得尤为珍贵。君子之间的友情,在常人看来,就像清水一样的淡,可是,喝的人却知道它是清泉,历久弥香,愈发甘甜。无论是落魄还是发迹、失势还是得势,始终不倨不恭、不温不火、不远不近、无欲无求,看似不在其实一直都在,看似很淡其实深藏关怀的朋友,实实是温暖一生、弥足珍贵的财富。

说话的艺术

春秋战国,百家争鸣,孟子以雄辩著称。为了推行自己的仁政思想,他周游列国,与诸子辩论,游说诸侯。围绕要不要实行仁政,《孟子·梁惠王下》篇曾记载了一段孟子与齐宣王的对话,极为精彩。

孟子对齐宣王说:"您的一个臣子到楚国去,把妻子儿女托付给朋友照顾。等他回来的时候,却发现他的妻子儿女在挨饿受冻。对这样的朋友,应该怎么办呢?"

齐宣王立即说:"和他绝交。"

孟子紧跟着又问:"如果掌管司法的官员不能管理好他的下级,应该怎么办呢?"

齐宣王态度坚决地说:"把他撤职。"

孟子接着追问:"现在,假如有一位君王不能够治理好自己的国家,那又应该怎么办呢?"

这下,齐宣王无言以对,只能顾左右而言其他了。

一得

　　能说会道、巧舌如簧是一回事,一语中的、令人诚服又是一回事。 孟子由小及大、由远及近,层层设问、步步紧逼,三句话就使"王顾左右而言他",何等尖锐,何其睿智,雄辩之才,令人叹服。白天走干讲,晚上读写想。 能不能讲、会不会讲,往往体现出一个领导干部的水平。 现实中,有些干部"不会说话",说不上去,也说不下去,更说不进去,存在"失语""无语"状态。 讲话就是讲理,表达需要技巧。 领导干部既要做好政策的执行者,更要做好政策的

"翻译者"。讲话分场合、看对象、有分寸,有时候需要开门见山、单刀直入,有时候需要迂回曲折、旁敲侧击,有时候则需要借力打力、由人及己。会说话的领导,往往善用正反对比,活用比喻类比,巧用典故例子,用通俗易懂、深入浅出的道理,一点一点启发下属,以情动人、以利导人、以理服人,不仅提升工作执行力,也提升自身亲和力和影响力。

财主吟诗

从前有个财主,终日无所事事,就爱坐在家门口,看到有人走过就吟首打油诗吹嘘吹嘘,以显示自己有"学问"。

一天,他看见有个樵夫挑着担柴从门口路过,便叫他放下担子,听自己吟诗。

他指着柴担吟道:山上长树不长柴,砍下树来变成柴。变成柴来多麻烦,不如当初就长柴。

樵夫正累得喘不过气来,听到财主作的这首歪诗,顿时火冒三丈,他灵机一动也和了一首诗:地里长米不长饭,米到锅里煮成饭。老爷煮饭多麻烦,不如吃米不吃饭。财主顿时脸涨得通红,无言以对。

> **一得**
>
> 对任何事物而言，过程都是结果的铺垫，结果都是过程的凝结。正如恩格斯所说，"世界不是一成不变的事物的集合体，而是过程的集合体"。现实中，像这位财主一样只看"柴"不看"树"的干部并不少见，我们也常会听到一些干部讲，"我不管过程，我只需要结果！""不要跟我解释原因，解释就是掩饰！"可再好的思路、再高的标准，都不可能一蹴而就、朝夕可成，必须在实践中一步一步去实现，这是工作的"过程哲学"。如果凡事都简单粗暴只定指标、不问进程，只求结果、不重效果，往往是"欲速不达""好心办坏事"，终究难遂人愿，甚至招人抱怨。高明的领导者不仅是事后的裁判员，更擅为事前的领航员、事中的调度员。坚持过程与结果统筹兼顾，理应是每一名领导者最基本的管理逻辑。

相处礼数"上、中、下"

一位善名远扬的巡抚大人去一名刹拜见禅师。禅师坐在禅床上抱歉地说："贫僧现在年老体衰，接见客人连禅床也没力气下了。"巡抚大人忙双手抱拳拜见,对禅师礼敬有加。

两天后,又有一位将军传话要来寺院。禅师便准备下床去接待将军。侍奉在左右的小和尚十分不解:"前天巡抚大人来,师父不下禅床,今天只是来一个将军,师父为何反倒要下床迎接呢?"

禅师笑道:"上等人来访,大家相识相知,无需计较礼数;中等人来访,大家只是熟悉,就得注意礼数了;而下等人来访,大家不知心甚至不知面,就得出门迎接了。"

说得直白一些,对于修为上等之人,因为大家自尊自信,只需真诚相待即可,无需刻意计较礼数;中等人多少还有点儿在意,对他只要礼数周到,给足面子就行了;而下等人计较最多,对礼数比较讲究,最注重虚文缛节,少一样都会让他见怪的。

待人接物、与人相处,是一门学问。职场中的人际关系,亦是如此。不同的人,地位不一样、修为不一样、胸襟不一样,其心理也不一样,与之相处的方式也应有别。但有一个道理是相通的:"居人之上,当视别人为人;居人之下,当视自己为人。"对上司,理应尊重,但亦要不卑不亢、存乎本心,如果刻意奉迎,失去"分寸"、过犹不及,反而显得"做作"与"虚伪"。对同僚,大家本处平等之位,同在一个班子、围坐一张桌子,理应客气相待、有礼有节,互相给"面子"、共同有"面子"。对下属,因其职级低于自己,反而更要注意友善亲和,不能流露出高人一等的优越感、颐指气使的霸道相,也许有时一个关怀的眼神、一个谦和的微笑、一次平等的交流,都能激发下属不一样的工作动力。

圣质如初

公元280年,晋武帝司马炎派大军平定东吴,三家归晋,国家统一。胜利的喜悦并没有冲散司马炎心头的阴云,他最大的心病还是帝位继承人的问题。太子司马衷生来痴呆,说话办事常常令人啼笑皆非。对此,司马炎心知肚明,也非常纠结。虽然,大臣们总是拐弯抹角地劝谏,可儿子毕竟是自己的亲,谁喜欢别人说自己的儿子蠢呢?

一次,晋武帝对身边的两位重臣和峤和荀勖说:"听说,太子最近好像有些长进了,你们去东宫看看。"两人回来后,武帝问他们怎么样,荀勖向来善于揣摩人主的旨意并喜欢逢迎邀宠,便称赞说:"太子德更进茂,明识弘断,和以前确实大不一样。"和峤为人方正,淡淡地回答"圣质如初",意思是说太子的资质还同以前一样。武帝听后已知其意,什么也没说。

司马衷,也就是史上著名的痴呆皇帝晋惠帝即位后,西晋朝局很快陷入混乱,皇后干政,外戚专政,导致了长达16年的"八王之乱",司马衷被各方势力挟持、囚禁,形同傀儡,最后被人毒死。西晋也迅速走向衰败,立朝仅36年就灭亡了。

和峤的话真实不好听,因为揭示了现实的残酷,击碎了司马炎心里残存的一丝幻想,遗憾的是晋武帝并没有更加清醒、更加理智、更加客观地作出判断,而是硬要把一个不成器的儿子扶上帝位。装聋作哑的晋武帝在关键问题上留下了"致命败笔",也为儿子的悲剧命运埋下了"最大伏笔"。老子说,信言不美,美言不信。天下父母谁不望子成龙、望女成凤?人人都愿说好话,谁不希望被点赞。民间历来就有"三句好话能当钱"的说法,反正说好话不需要什么成本。然而,对于拥有一定权力的领导干部来说,各种诱惑、算计冲着你,各种讨好、捧杀对着你,在一片赞扬、四面称颂声中就要时时警醒、小心谨慎。物质贿赂只涉及一事一物,而"精神贿赂"犹如糖衣炮弹,让人在飘飘然中迷失自己,造成决策失误、用人失察、行为失范,甚至断送事业、贻害百姓。高明的领导者,善于走群众路线,乐于走"皮匠"路线,往往把基层群众的批评话、不满话、牢骚话当成贴心话、帮助话、智慧话,平等对话,推心置腹,从善如流,闻过则改,让从政之路行稳致远。

快乐回报

提起咖啡文化，人们自然会想到星巴克。与大多数企业不同，这家全球最大的咖啡品牌连锁店，从来不强调投资回报，却只追求快乐回报。他们的逻辑是：只有顾客开心了，才会成为回头客；只有员工开心了，才能让顾客成为回头客。当二者全都开心了，公司也就成长了，持股者也会高兴了。

星巴克的领导层将自己视为普通员工，并不认为自己与众不同，应该享受特殊的权利。公司的管理人员就是去国外的星巴克分店巡视的时候，也会与店员一起上班，做咖啡，清洗杯碗，打扫店铺甚至洗手间，完全没有架子。

星巴克意识到员工在品牌传播中的重要性，将本来用于广告的支出用于员工的福利和培训。1991年，星巴克成为第一家为员工（包括临时工）提供股东期权的上市公司。通过实施一系列"员工关系"计划，员工的流动率大幅下降。

针对不同国家间的民族文化差异，比如日本、韩国文化讲求等级，为避免上下级间直呼其名造成的尴尬，星巴克就用给每个员工起一个英文名字的方式来解决。星巴克通过调查发现，父母的身体健康是中国员工最为关心的事情。于是，星巴克在2017年6月宣布，为所有符合条件的全职中国员工，全资提供父母重大疾病保险。

一得

举事以为人者,众助之;举事以自为者,众去之。星巴克以员工为核心的平等快乐团队文化,让员工将一般的组织服从变为发自内心的由衷追随。这也正是其业务得以不断做大、遍布全球的成功秘诀。商界政界,人性相通。成功的企业和优秀的组织都始终把关注人、调动人、激励人放在第一位。领导工作就是做人的工作,最讲工作方法和工作艺术,而工作水平的高低,则体现为能否让员工快乐工作、自觉工作,获得尊重、得到认可。对于员工来说,找到值得付出一生的事业、追随一生的组织,不仅关系到个人的发展和前途,更关系到自己一生的道德和修养。优秀的领导者,往往自带一种独特的魅力与气质。一方面,他们会用积极、乐观、进取的情绪感染人、引导人,在下属需要的时候及时施以援手,让下属看到希望、充满信心、勇往直前;另一方面,他们懂得分享,懂得授权,公平公正,体贴入微,让员工来了不想走、走了还念着。因为威信高、受爱戴,平时就有凝聚力、急时就有号召力、难时就有战斗力,只要一声令下,即使再苦再难,部下也会心甘情愿跟着干。

眼中有"人",事业有成

1943年秋天,美军第三集团军总司令乔治·巴顿在视察前线时,发现少数士兵脚部长了冻疮,个别人甚至脚部肌肉坏死。一问才知道,这是士兵们待在既冷又湿的战壕里过久,引发了一种"战壕脚病",而他下属的军官们却并没有引起注意、及时采取措施。

回到指挥部以后,巴顿立刻召开会议,命令负责部队后勤供给的威尔上校自第二天起,每天要为每名士兵准备一双保暖的干爽厚袜子,连同食物一起发到士兵们手中。而以往,袜子都是每月发一次、每次发两双,现在每天都要发一双,威尔觉得此举有些冒昧。在场的将官们也觉得巴顿小题大做,一位将领略显不满地说:"作为一位将军,您应该把精力更多地放到运筹帷幄、排兵列阵这样的大事上,而不是纠结于发袜子这些鸡毛蒜皮的小事情。"

巴顿听完后并没有生气,而是高声地说:"士兵们要一直使用他们的双脚,直到消灭所有的敌人,这是克敌制胜的基本身体条件。而潮湿的袜子会导致冻疮,行军就会有障碍,最后我们就只能束手就擒!"威尔听后,只得去执行,军队的战斗力由此得以保存,巴顿部队在二战中被视为行动最快的部队。

一得

　　巴顿将军以"袜子治脚病"的小事情赢得了人心、稳定了军心、增强了信心。小善举成就大事业，看似偶然，实是必然。战略成就大事，细节决定成败。成就事业，要有高瞻远瞩的战略眼光，也要有小处着眼的人文关怀。人心齐，泰山移；人心散，事业败。人心如何才能"齐"，这就要以心换心、把人当人。人文关怀，情感待人，部下才有更多的归属感，才能把"公家"当成"自家"，把"公事"当成"家事"，竭尽全力、无所保留。很大程度上，带着感情工作，执行力最强、爆发力最大。如果领导干部高高在上、事不关己、眼中无"人"，将部下只是当作随意摆布的"棋子"、执行命令的"工具"，全无体恤与关怀，长此以往，必是离心离德、事业无成。居上者，当把一个个部下视为有血有肉、有情有感，需要问饥问饱、问暖问寒的人，从细微处关心身边同志，从细碎小事、繁杂琐事、现实难事着手，帮助他们解决工作生活中的实际困难和诉求，这是一种品格、一种境界，也是一种领导艺术。

小鼓点,大智慧

小鼓点,大智慧

有一个小男生非常喜欢敲鼓,可以一整天不知疲倦地敲个不停。无论身旁的人怎么劝说,他都不会停下来。很多人想方设法想让这个奇怪的小男生安静下来。有人告诉他,如果他继续这样不停地敲下去,他的耳膜会被震破;还有人告诉他,敲鼓是一件十分神圣的事情,只有在一些特殊的场合才可以;还有人给他送来玩具飞机、旱冰鞋,这些都是他小时候喜欢的玩具。很遗憾,这些方法都没有奏效。

最后,一位智者递给了小男生一把锤子和凿子,然后说道:"我想看看鼓里有什么东西。"小男生颇有些疑惑地接过锤子和凿子,在智者的指导下,"砰"的一声,鼓破开了,小男生显得有些吃惊,豁然念叨:"难怪,原来应该使用锤子。"小男生看着破开的鼓,嘟着小嘴说道:"我还以为这里面有什么好玩的东西呢。"然后将鼓扔在一旁跑开了。

水低成海、人低为王。居高临下、空洞说教,即使道理全对,未必使人心悦诚服;俯下身来、视人为人,换个角度解决问题,或许有意想不到的收获。智者之智,就智在以别人为核心,顺应而不是代替别人的想法。老子说,圣人无常心,以百姓心为心。治理实践中,民心就是最大的政治。领导干部以心印心,一切从群众利益、群众需求出发,群众自然心领神会。否则,工作再辛苦再卖力,群众也不领情不买账,常常是"端起碗来吃肉,放下筷子骂娘"。民生连着民心,民心凝聚民力。为民务实的领导干部,应坚持民生优先、民意为重、民心至上,既补上历史"欠账",更不欠发展"新账",同时算好民心"大账",让群众有"面子"有"里子",富"口袋"富"脑袋",又"叫座"又"叫好",从而赢得衷心拥护,形成强大的凝聚力和向心力。

戚戚之心

刘备建立蜀汉政权后,经常举行宴会。一次宴会上,刘备忽然发现诸葛亮面带愁容,便关心询问:"孔子说,君子坦荡荡,小人长戚戚。照理说君子不该忧愁的,可丞相为何如此闷闷不乐呢?"

诸葛亮站起来答道:"蜀国建立不久,制度法律还不健全,国家尚不富裕,百姓尚不富足,我们还有很多事要做。如果陛下沉湎享乐,蜀国谈何发展,如何富强?我觉得在这方面,戚戚之心应该人人都有。"刘备顿悟,当即撤掉宴席。

时隔十多年,后主刘禅也同诸葛亮谈起了戚戚之心。选曹郎陈祗收受贿赂,诸葛亮准备严查,而刘禅比较欣赏陈祗的才学,有心袒护。刘禅说:"君子坦荡荡,小人长戚戚。我的理解是,君子应该胸怀宽广能忍耐,只有小人才会抓住别人错误不放。相父您是一国之相,何必与一个小小选曹郎计较呢!"

诸葛亮正色道:"宽宏大度要看情况讲原则,有些错误,可以宽容。但违反法制的事,无论大小都不能原谅。如果听之任之、帮他开脱,久之,将无法约束,蜀国也必将重蹈汉亡的覆辙。在这方面,我以为,要常怀戚戚之心、斤斤计较。"刘禅马上对陈祗进行了严肃处理。

三顾频烦天下计,两朝开济老臣心。 丞相的"戚戚之心"饱含深沉的"忧国之思"。 车走直、马走斜,必依规矩;绿灯行、红灯止,才成方圆。 不讲规矩,全然乱套。 滥用一次权力,就丢掉一分人心;破坏一次规矩,就降低一分威信。 失信于天下,失望于民心,期望富国强民、固国安民谈何容易? 国家治理如此,领导工作亦然。 衡量一个干部担当与否的重要标准,就看他能否在原则问题上不退缩、大是大非前不糊涂。 原则是做人做官的底线、不可逾越的"红线"。 如果在原则问题上"打太极""搞变通",碍于情面,姑息迁就,在庸俗化的人情关系中被"宽宏大量",在"小圈子""小兄弟"中搞"网开一面","酒杯一端,政策放宽;筷子一提,可以可以",那就不只是发生个别的错误,而会引发一系列的连锁反应。坚持原则说说容易做到难,一时坚持易,一贯坚守难。领导干部坚持原则,要不怕得罪人,但更应千方百计团结人。一个优秀的领导干部,既敢于坚持原则,又善于坚持原则;既敢于得罪人,又善于引导人、教育人、感化人,从而最大限度地凝聚改革发展正能量。

判若两人

历史上得志便猖狂、翻脸不认账的小人物不少,但也不乏洗心革面、痛改前非的大人物,比如"前谀后诤"的裴矩、"前贪后廉"的郭秀。

裴矩前半辈子在隋朝当官,以阿谀奉承、溜须拍马而著称。可归顺唐朝后却一反常态,来了个180度的大转变,成了敢于直言相谏的诤臣。有时甚至敢于当面与唐太宗争论,忠直不亚于魏徵,深得太宗赞赏。

郭秀是康熙年间的吴江县令,清官汤斌任江苏巡抚时,听说郭秀搜刮民财,便当面责问他。郭秀答道,过去上司向我要钱,我没有办法,只好向老百姓索取,今后如果大人能够做到一清如水,我哪里还敢贪赃枉法?汤斌说,那就试试吧!郭秀回到县衙后,叫衙役们打来清水,把县大堂冲洗得一干二净,表示从此洗心革面、痛改前非。汤斌大喜,极力褒奖举荐郭秀。康熙二十六年,郭秀入朝升任御史。当时,太师明珠和大学士余国柱权倾朝野,两人结党营私,卖官受贿,朝中无人敢言。只有郭秀不畏强权,上书参劾,明珠和余国柱均被革职查办。从此,郭秀名震天下,人称"铁面御史"。

一得

  盘圆水圆,盂方水方。你是什么样的人,往往与你所处的"容器"密切相关。孟母三迁,择邻而处,也是这个道理。蓬生麻中,不扶而直;白沙在涅,与之俱黑。一个正派勤廉的领导麾下,自然会聚集起一批正直上进的部属;一个花天酒地的贪官周围,也很容易会形成一个溜须拍马以及贪污腐败分子的小圈子。唐太宗说:"君,源也。臣,流也。浊其源而求其流之清,不可得矣。"领导干部以身作则,以上率下,这里面既有一个政治导向问题,也有一个政治生态问题。生态学上判断生态系统是否健康有序,主要有两个标准:一是"最大的自我实现",二是"最普遍的互利共生"。从这个意义上说,政治生态的净化不是重构,而是回归,它让每名官员找到自己的位置、实现自己的价值,从而不断增强队伍整体战斗力。

沈德潜：才情诗人的悲情结局

沈德潜，乾隆元年荐举博学鸿词科，乾隆四年中进士，曾任内阁学士兼礼部侍郎，是清朝有名的诗人，才名享誉当时、传之后世。

沈因才华横溢、文采斐然，深得乾隆皇帝恩宠，乾隆每有诗作必请其修改，自是让诗文增色不少。但他爱慕虚荣、不够内敛，常跟别人炫耀当今天子哪首诗是他加工润色的、哪首诗是他"捉刀"代笔的，甚至把代乾隆写的诗收入了自己的诗集。

后来有人告发此事，乾隆闻知勃然大怒。其时，沈已去世几年，但乾隆并未善罢甘休，亲笔降旨追夺其官衔，还把他从坟里挖出来鞭尸。可谓可怜可悲之至，足以让世人警醒。

沈德潜一世才名，死后却未得安宁，结局悲惨，固然乾隆狠戾刻薄、不够宽容、当遭诟病。但沈本身摆不正位置、记不清角色，争光抢彩、虚荣好炫，亦是致命之因。对现今的文秘人员，尤是一剂"清凉散"与"醒脑丸"。人们常说，秘书是"关起门来当领导"，但关起门来当领导，并非就真是领导。一则，往往是领导自己已经分析了角度、提供了思路、说出了想法,由秘书在文字上进行加工润色,形成文稿,严格说来,其"版权"不在秘书,还在领导。二则,即便完全是秘书自己原创的公务文稿,领导审阅认可之后悉数采用,这本身也是其工作职责所在,机关单位里,有人抓业务、有人写文稿,有人出思路、有人抓落实,都是整体工作的一部分,都是在领导谋篇布局之下具体做事,千万不能心生错觉、忘乎所以,自认为领导的思想、思路皆出于己。任何时候,有知识而不显摆、有才华而不张扬、有才情而不任性,高处做事、低处处世,该内敛时则内敛、该出手时就出手,方为明智之举。

陪你做一只"蘑菇"

有一个人患了精神疾病,以为自己是一只"蘑菇"。在医院里,他每天不吃也不喝,撑着一把伞蹲在房间里,也拒绝与任何人交流,真的像一只森林里的蘑菇。心理医生见状,想了个办法,他也撑了一把伞,默默地蹲坐在病人的身边。病人很奇怪地问:"你是谁啊?"医生回答:"我也是一只蘑菇呀,跟你一样的!"

过了一会儿,医生站起身来,在房间里来回踱步,病人就问他"你不是蘑菇么,怎么可以走来走去?"医生回答说:"蘑菇当然也可以散散步啦!"病人觉得有道理,就也学他的样子,站起来走走。不久,医生开始吃一个香喷喷的汉堡包,病人又问:"咦,你不是蘑菇么,怎么可以吃东西?"医生理直气壮地回答:"蘑菇当然也能吃东西呀!"病人觉得对,于是便开始学着医生吃东西。几个星期以后,精神病人恢复了正常生活……

一得

这个故事中的医生,面对病人把自己当成"蘑菇",他不是急忙否定:"你不是蘑菇!"也不是一味纠正:"你是人!"而是先顺着病人的思维,把自己也"降"成蘑菇,与病人一起蹲坐,赢得他的接纳,然后带着他在房间里踱步,再引导他吃东西,最终,让他恢复成正常人的状态。这对于领导者做部下的思想工作,是有启发意义的。当部下陷下纠结、情绪不顺时,善于解开其思想疙瘩,让其想通悟透,是一项基本功,也是一种领导艺术。很多时候,面对部下的思想疙瘩,"疏"胜于"堵","理解"胜于"指责"。深怀同理之心,能够换位思考,对部下的想法表示足够理解,然后再慢慢加以引导,水到渠成地纠正其不合理的地方,委婉含蓄地指出其不妥之处,让其思考更理性、考虑更周全、处理更得体,这才是睿智高明、富有情怀的领导者!

《正气歌》背后的感人友情

张千载,号一鹗,与文天祥系同乡,两人感情甚厚,从小老师视两人为"双璧"。可惜,张千载的运气不是很好,当文天祥高中状元、飞黄腾达甚至官至宰相之时,他还只是一个小举人,郁郁不得志。文天祥知道他的才学底蕴,想举荐他出来做官。但张千载心气很高,始终未去见文天祥,一直在桑梓,耕读持家,安贫乐道。

1278年,文天祥统率宋军抗击蒙元失败后被俘,一路北上被押送到大都(今北京)。张千载听说后,立即变卖家产、筹措银两。待文天祥一行路经他的家乡时,就跑去上下打点,请求跟随文天祥一齐奔赴大都,以便照料他的起居。元军统帅也很敬重文天祥的为人,就应允了。一路上,张千载每天服侍文天祥,给他喂饭,帮他洗漱,像一个忠诚的奴仆。而谁又曾想到,这两人,本是昔日同窗、不分伯仲的文友。

到了大都后,文天祥被关押起来,张千载就在附近找了个屋子住下,每天前去送饭,文天祥在狱中写的一些诗文,他也偷偷带了出来,其中就包括那首后世广为流传的《正气歌》。张千载倾家荡产,不避寒暑,尽心尽力服侍了文天祥三年之久,直到文英勇就义之日。此时已身无余财的张千载,想尽一切办法,将文之遗体运了出来,而且想方设法找到了在元营中自杀殉夫的文夫人欧阳氏遗体,将夫妻二人的骨灰带回老家。后人敬佩张千载之为人,把这种朋友之间的情义称为"生死交情,千载一鹗"。

> 一得

　　张千载在历史上是一个名不见经传的"小人物",他不是披红挂花、跨马游街的天子门生,不是文能安邦、武可定国的朝廷重臣。而就是这样一个种田栽桑的"草根之人",却用自己的真情演绎了小人物的生命亮度、纯真友情的深沉厚度。"拼尽全力为友情"的张千载自是令人敬佩,"留取丹心照汗青"的文天祥更是彪炳史册。 一则,只有文天祥那样高标傲世、举世无双的伟岸大丈夫,才会吸引张千载这样不图名、不为势、不求利的清奇之人,与之相交,倾尽一生,为其付出。 反之,酒肉朋友,以利相交,利尽则散;以势相交,势去则倾;以权相交,权失则弃。 二则,文天祥在与人交往上也是有"慧眼"的,他愿与之相交、付了真心的人,必是自己认定值得付出信任的人,而后来张千载的举动,果不负文之所望。 患难之交命相依,风吹浪打不分离。 谁可患难与共、谁会不离不弃,与其求人不如求己,积攒人脉不如集聚人气,当自己因内在的学识、才华、人品而提升"魅力指数"时,自能吸引到君子之交。 因为,同声相应、同气相求、同道为朋!

到底谁"可恶"

老张:"新搬来的邻居太过分了,昨天晚上三更半夜几次跑来猛按我家的门铃,烦死了。"

老陈:"的确过分!你有没有马上报警?"

老张:"没有。我哪有空理他们,我正在陶醉地吹我的小喇叭呢。"

一得

这个故事很短,但其中寓含的道理同样可令为官从政者反思。很多人在不同的时候,是不是或多或少犯过"老张"那样的错误?就是"严以责人,宽以待己"。或者说,"只许州官放火,不许百姓点灯"。当别人对自己产生不满情绪时,当共事或合作的双方出现矛盾时,当与管理服务对象产生争执时,潜意识里归咎于对方"为什么会那样",却没有反思自己"做得怎么样"。似乎归咎于人,便可心安理得,甚至可以站在"道德制高点"上指责一番,却没有勇敢地拿起"手术刀"来自我解剖。说不定自己才是"始作俑者",而别人只是条件反射的"回应者"或是以牙还牙的"回去者",一切只是源于自己的行为而产生的"蝴蝶效应"。如果援用到职场关系或官民关系中,就是要力戒"自我本位主义",千万不能做"手电筒"。当纪律执行不严、团结出现问题、决策难以推行、工作进展不快时,不能一味地"批评",更多地先要"自我批评",善于换位思考、勇于自我反思、敢于刀刃向内,找自己的错、革自己的命。服"软"未必真"软",但真诚可以服"人",这样往往更容易冰释前嫌、消除隔阂,缔造和衷共济、团结共事的环境。

离你最近的人,决定你的成败

春秋时期,晋国内乱,公子重耳远避他乡,漂泊在外十九年。回国登上君位后,励精图治,终成春秋五霸中第二位霸主。晋文公的成功,除了他谦虚好学、宅心仁厚加之流亡的历练外,也同他身边那些得力助手密不可分。

赵衰、狐偃、贾佗、先轸、魏犨,被司马迁称作"五贤士",是重耳流亡团队中的骨干成员。他们一不怕苦,二不怕死,全心全意地跟随重耳,休戚与共经始大业。或是出谋划策,或是激励劝谏,帮助重耳跨越阻碍,摆脱困境。

重耳逃亡途中,一次饿得实在不行,只得向农夫乞讨,农夫递上一块泥巴。重耳一气之下就要挥鞭打人。狐偃赶忙拦住说，这是上天所赐啊。接过泥巴放到车上，叩首拜谢而去。到了齐国，齐桓公为重耳娶妻姜氏，重耳乐不思蜀，不想走了。狐偃等人劝他不听，就同姜氏合计，把重耳灌醉后带上路。回国后，狐偃等人在辅佐重耳肃清内乱、发兵勤王、决战城濮等重任中屡立大功，为晋国入主中原做出了卓越贡献。

一得

你是谁并不重要，重要的是谁在你身边。与智慧的长者同行，你肯定会少走许多弯路；和勤奋的朋友同行，你至少不会太懒惰。正因有了好友祖逖的鞭策激励，刘琨才能发愤图强，留下"闻鸡起舞"的千古佳话。对于领导者而言，自身厉害与否同样也不重要，重要的是你的手下是否个个厉害。曹操、刘备、孙权"三足鼎立"，斗智斗勇，与他们背后优秀的人才团队密不可分。老话说，兵熊熊一个，将熊熊一窝。反过来说，一个团队凝聚力、战斗力强，领导者也肯定绝非等闲之辈。领导者的过人之处不在于功夫多了得，长相多英俊，学问多高深，气度非凡、知人善任、人情练达，本身就是最大的厉害。曹操虽然自叹相貌丑陋，却是当之无愧的大英雄；吕布纵使仪表堂堂，号称三国第一猛将，终究不过一介武夫。"志合者，不以山海为远"。彼此理解、相互支持、互称同志，是因为有着共同的人生信仰和价值追求。作为领导者，唯有时刻提醒自己不忘组织初心，牢记职责使命，并以相同价值观为基础打造一支忠诚担当的事业团队，方能经受各种考验，始终百折不挠，直至取得最后的成功。

李嘉诚的领带

一天，李嘉诚外出谈业务，在公司门口，一位员工拦住了他："先生您身上这身黑色的西装，不应该配红色的领带，这样看起来不是很协调，而且，还可能影响到您谈业务的效果。"李嘉诚思考片晌，朝员工投去赞许的目光："你说得没错，感谢你的提醒！"说完，李嘉诚转身回到办公室，换了一条领带。

等到员工离开，李嘉诚从手包里拿出原来的那条红领带，重新换上。这个举动被一旁的保安看在眼里。保安走上前来问李嘉诚："老板，您怎么又换上红领带了呢？"李嘉诚笑着说："今天和我见面的是一位老朋友，每次与他相见时，我都会系一条红领带，而他每次都会夸赞我系红领带显得更精神。也就是说，他喜欢的是红色的领带。""那你为什么不直接告诉刚才那位员工呢？"保安又问。"虽然他不知道我那位生意伙伴的喜好，但他能细心地发现我身上领带与服装搭配不协调,并热心地提醒我,所以我必须用我的行动来保护他的热情。"

一得

纵横商界半个多世纪的李嘉诚先生之所以被人称为"李超人",源自于他在生意场上超越常人的先知先觉,总能快人一步发现商机。或许,懂得尊重所有人,善于倾听别人的建议,注意照顾每个人的感受,才是他真正的"超人"之处。有人这样阐述管理的本质,"你不干让别人干,你就是领导;让十个人干,你是小领导;让一万人干,你是大领导;让一百万人干,你就是领袖;能调动山川大地、飞禽走兽跟着干,您就是佛祖"。李嘉诚曾表示不希望别人称呼他为老板,他更愿意以"领袖"要求自己。因为老板的权力来自地位,而领袖的力量源自人格的魅力和号召力。成功的领导者往往都是人性大师,会发自内心地尊重人、理解人。干部的获得感,更多是在被需要、被认同的过程中实现的,这也是激励的更高境界。职场首先是"人场",逆于人情必会失去人心。高明的领导者往往会把上下级关系发展为可控的合作关系,小合作时,懂得放下自己、彼此尊重;大合作时,懂得放下利益、彼此平衡。正如,李嘉诚很喜欢的一幅对子所写:"发上等愿,结中等缘,享下等福;择高处立,寻平处住,向宽处行。"

狂狷多"失意"

鲁迅的祖父周介孚,33岁被钦点为翰林院庶吉士。按清朝的惯例,三年后结束学业,成绩优秀者授翰林院编修或检讨,居京留任。但他却被外放到偏僻贫穷的江西金溪县当了知县,干了三年,最终被弹劾罢官。

据说,导致周被免职的主要原因是性格问题。其个性直率,有时说话不分场合、口无遮拦,甚至近乎迂执乖戾、不谙事理、不通人情。

他看不起那些非科甲出身的上司,平时言语上多有冲撞。某日,周去晋谒知府,不知为何,话不投机,知府大人觉得很没面子,便抬出"大帽子"来压他说:"这是皇上家的事。"周竟然脱口就怼了过去:"皇上是什么东西?"诸如这类忤逆上司的张狂之举,还不止一次。

周晚年给儿孙们写了一本《恒训》,在此书当中评价自己:"予性介,运复蹇……"

周很有才气与抱负,但一生并不得志,这让人想起了历史上的另一位士人——北宋黄庭坚的七叔祖黄注,其遭遇与周颇有相似之处。黄庭坚曾专门写过一首诗,其中有一句"周鼎不酬康瓠价",言下之意是慨叹"好东西不值钱",有才华的人不得志。宦海有沉浮、升迁有快慢。但毋庸置疑的是,失意者并非皆是怀才不遇,有些人的"失意",系由为人处事的"失礼""失仪"而致,正所谓:性格决定命运。尊重别人,是为人的基本修养;礼敬上司,是职场的基本规范。"法理型权威",不容藐视,不能肆意挑战上司的尊严。常发脾气,可能就丢了运气;总逞个性,往往就悖了人性,轻则官场失意,重则丢了性命。比如三国时的祢衡、杨修等人,皆因恃才放旷、出言不逊,引来杀身之祸。为官之人,不可不鉴。南怀瑾老先生讲:"上等人,有本事没有脾气;中等人,有本事也有脾气;末等人,没有本事而脾气却大。"也就是说,像周、黄这样的人,还属"中等人",不算"最值钱"的,真正值"大价钱"的,是那些"有本事没脾气"的。事因难能,方显可贵;境界难修,更须努力!

首辅的拆迁之道

明朝内阁首辅申时行退休之后,回到苏州养老。当他扩建自家宅院时,邻居王某家的房子,恰好影响到申府的扩建布局。申时行与邻居商量,出高价请他搬家,但王某是个卖梳子的商人,怕搬家影响自己的生意,死活不答应。管家着急了,要带着几个家丁搞"野蛮拆迁",被申时行及时拦阻了,他摸摸胡须,笑道:"你们别急,老夫自有办法!"

次日,申时行就派人去王某店里买了很多梳子,免费送给亲戚朋友,并夸这个人做的梳子天下一流,既舒筋活血,又绿色环保,最后还让亲戚朋友们也帮着宣传宣传。在首辅名人效应的带动下,没几天时间,全城的人都知道了王某卖的梳子好用,每天来买梳子的人挤破了门槛。

王某乐得合不拢嘴,生意这么好,自然要扩大店面,于是,赶紧去城中心找了个更大的房子。至于原来的房子,自然是心甘情愿地卖给了申时行。

一得

天地之道,道是规律;人间之道,道是人情。凭借内阁首辅的权势"余威",强行逼迫邻居搬迁容易做到,但这既非"正道"也不"人道"。申时行不以势压人,而是巧妙避开了双方争执焦点,创造并找到双方利益契合点,和和气气地获得了两边都满意的完美结果。内阁首辅的处事之道确实与众不同,对人情世故的火候把握更是胜人一筹。矛盾的背后是利益,合作双赢首先是利益双赢。即使是作为强势的一方,如果不关注合作者的意愿和利益,也很难达到理想的目标和效果,有的时候主观"利他"正是为能够实现客观"利己"。治理实践中,对于群众"用信访提意见""用脚投票"的诉求表达方式,

> 是防堵阻挠，还是换位思考，是"扬汤止沸"，还是"釜底抽薪"，这里也有个"道"与"术"、"利他"与"利己"的问题。不怕群众不讲理，最怕干部不会讲理。群众总体上是通情达理的，关键是干部要懂得群众的心理，善于以心换心讲情理、实事求是讲法理、对症下药讲道理，从而心甘情愿、自觉自愿地搬，这才是解决问题的根本之道。

南风效应

南风与北风定下赌约，看谁的力量更强大。他们商定，谁能先把行人的衣服脱下来，谁就"赢了"。北风冷冽地吹、用尽全力地吹、张牙舞爪地吹，而行人因感觉越来越冷，反而把衣服越裹越紧。

南风出马了，它不急不徐，慢慢地吹、柔和地吹，越吹越暖、温度渐升，行人纷纷脱掉大衣。结果是，南风胜利了。这就是"南风效应"。

> **一得**

　　这也是一个知晓度很高的"老"故事。老调重弹，别有新解，对领导艺术、工作方法同样富有启发意义。北风用的是"强制推进力"，说到底是自视有劲的"蛮力"，压得越紧、防范越严、反弹越大；而南风用的是"柔和浸润力"，说到底是洞察人性的"巧力"，温和之间，力道尽现，难以抗拒。有道是，真正的宣传，让人感觉不到在宣传、以为是自我认知；高明的说教，让人不以为是说教，觉得理应如此；骨子里的"强势"，不是嗓门大、调子高，脸上板着、嘴上吼着，金刚"常怒目"、猛拍"惊堂木"，而是在不显山、不露水之间，满足人的自我需要、启发人的自主意识，看似谈笑盈盈、无风无浪，其实不着痕迹地把理念灌输了、问题解决了、工作推进了、目的达到了。这就是"制度思想化""柔性领导力"：刚性化要求柔性化落实，外在强制规定转化为内在自觉行动，其效果自然是"四两拨千斤"！

朕就是这样汉子

历史上,对雍正帝的评价多是刻薄寡恩,冷酷无情。事实并非如此,从留下的诸多雍正朱批中不难看出,他是个极富性情的人。

一次,雍正在批阅湖南巡抚王国栋的奏折时,不小心将红色朱砂滴落在奏折上,怕臣子误认是为血,专门写下备注:此朕几案上所污,恐汝恐惧,特谕。意思是不用害怕,这是我无意滴上的墨点。

雍正帝批阅奏折一直很认真,有时还很精明幽默。有官员在狱中给雍正写悔过书,希望得到赦免,内有"辜负天恩,羞惧交并"两句话,雍正在一旁批注:知道你害怕得要死,不过羞愧与否倒不一定。

对待认真工作的属下,该鼓励还要鼓励。一年南方粮食不足,雍正考虑调运山东小米、河南小麦,河南巡抚田文镜说南方不吃小米,有大臣说吃习惯就好了,结果小麦全部卖完,而小米无人问津。事情过后,雍正狠狠赞赏了一番田文镜,在奏折中写道"朕就是这样汉子,这样秉性,这样皇帝,尔等大臣若不负朕,朕再不负尔等也,勉之!"

当然,批评人也不留情面,哪怕是身边人。贵州布政使葛森,是雍正做皇子时的藩邸旧臣,算是雍正的心腹。他在任时有事没事就给雍正上奏折,受到雍正责难:路途这样远,如果没有什么要紧事,就不要徒劳往返了,认为这不过是"倚仗小才技,弄聪明,非长策也"。这里,雍正强调的是,臣工不应把心思放在给皇帝打小报告、耍小聪明上,重要的是不欺不瞒,实心办事。

一得

　　雍正当朝13年,留下千万字的朱批,字里行间流露出一代帝王励精图治的真性情、真面目。红花戴得上、板子打得下,没有矫揉做作、故作深沉,而是推心置腹,一针见血,有时还不乏"可爱"俏皮之处,让手下的官员脸红心跳坐不住。可以说,正是由于雍正大刀阔斧刷新吏治,才有后来乾隆朝的鼎盛辉煌。人生天地间,贵在讲究"真"和"情"。领导干部因其职业属性,行事处世必须谨言慎行,这本无可厚非。但因此在讲话、行文中满口官腔、套话连篇、避实就虚、故弄玄虚,让人云里雾里、晕头转向,下级摸不着头脑,群众嫌弃反感,必将极大地影响个人形象和政府公信力。作为公众人物,领导干部首先是一个个有"血"有"肉"、有"情"有"义"、有"爱"有"恨"的人。面对长期存在的作风积习、群众反映强烈的现实问题,领导者富于个性而不遮掩、不雕琢、不忌讳流露真性情,有什么话,就说什么话,话该怎么说,就怎么说,真实自然,简练朴素,直指人心,这其实也是一种境界。

吃掉希拉里的鞋子

2003年6月,总统克林顿的夫人希拉里出版了自传《鲜活的历史》一书,各方对此褒贬不一,有人叫好不迭,也有人不屑一顾。美国有线新闻网脱口秀的著名主持人卡尔森就下断言:我敢打赌,她不可能卖得好!如果销售量超过一百万本,我就把她的鞋子吃下去。

出人意料的是,这本自传上市没过几个星期就突破了一百万本,以至于出版商不得不迅速加印。这下大家就等着看主持人吃鞋子了,谁让他把话说得那么绝对呢。

果然,这位主持人吃到了希拉里亲自送来的鞋子。不过,这只鞋子的材料与众不同,这是一只鞋子形状的蛋糕。主持人边吃边说:这鞋子吃起来味道不错,因为里面加了一种特殊的调料——宽容。

面对别人的讥讽,得理的希拉里并没有给他以猛烈的还击或等着看他出洋相,反而以幽默宽容、留以余地的方式巧妙地化解了这场矛盾。

老话说:凡事留一线,日后好相见。蛋糕鞋子因蕴含宽容而更加可口美味,希拉里因给人留有余地才更让人敬佩。余地,看似一

吃掉希拉里的鞋子

格小小的空间，但反映到为人处事上，却是一种更为高远的境界。给得罪自己的人留点余地，是种智慧；给不如自己的人留点余地，是种修养；给同自己竞争的人留点余地，是种格局。高明的领导者往往深谙人性，懂得留有余地，当下级对工作不上心时，不是搞强迫命令而是耐心开导，给人一点自我上紧的余地；当工作上不去时，不是指责埋怨而是多加帮助，给人一点自我提升的余地；当工作有过失时，不是当众训斥而是主动揽责，给人一点自我改进的余地。凡事多留一点余地，下级更能感受到一份可亲可信可敬，上下级之间也更容易建立起一种信任互助的同志关系。

"同好"害了翁同龢

两代帝师翁同龢毕生清俭、两袖清风，暮年罢官后甚至要靠高足老友救济。然而，就是这样一位清流领袖，也曾因为个人爱好而落入奸商精心谋划的圈套，被皇帝指着鼻子大骂老糊涂。

话说光绪年间，慈禧太后执意要修建颐和园，准备在那里颐养天年。翁同龢时任户部尚书，掌管着国库银两划拨，承建颐和园的奸商李光昭为顺利从户部支取大笔拨款，便打起歪主意想尽办法接近翁同龢。他先是派人用重金贿赂翁同龢,被翁同龢大骂而出后,又另辟蹊径打探其癖好。获悉翁同龢深爱书法,便装作自己也是书法爱好者,将翁氏父子的书法编集成册,恭送给翁同龢过目。翁同龢见到集子后大为高兴,经过一番谈论,不由地引李光昭为同好相知。从此之后,李光昭慢慢取得翁同龢充分信任,当他提出需要采购南洋木材的款项时,翁同龢未加思索便答应下来。后来李光昭谎报木价、中饱私囊的事情被揭露,此事也成为翁同龢毕生的遗恨和屈辱。

> **一得**
>
> 　　这也是一个因"小爱好"而犯"大糊涂"的真实故事。人生在世,各有所好,实乃常情,没有爱好的人终究很少。而没有爱好也不见得就是好事,张岱就说过"人无癖不可与交,以其无深情也"。一些健康的高雅爱好,对于陶冶情操、砥砺品行、养性益智大有裨益,如竹林七贤各有所好、和而不同,至今仍被传为美谈。可以说,对于一般人而言,爱好选择适当、喜之有度,就于人有益。但是对于掌握公权的公门中人而言,兴趣爱好就不再是一己私事那么简单,即便是高雅健康的爱好,都能被别有用心者视作攀附公权的敲门砖、被包藏祸心者当成拉扯下水的突破口,正如那句众所周知的"名言":"不怕领导讲原则,就怕领导没爱好。"故而朱元璋屡屡告诫大

> 臣"谨嗜好，不为物诱则如明镜止水，可以鉴照万物。一为物诱则如镜受垢，水之有滓，昏翳泊浊，岂能照物？"为官之人一朝从政，就不能混同于普通人，对待志趣既要"爱"之有益、"爱"之有度，与权力绝缘、和公务脱钩；更要"好"而不露、"好"之有方，不轻易"示爱"、给"坐怀"机会，罩住"软肋""命门"、不给自己挖"坑"，这既是谦虚谨慎的低姿态，更是为官保身的大智慧。

不计"小怨"成"大事"

曾国藩刚到翰林院做事时，上司赵楫的父亲进京，下帖子请同僚赴宴。曾国藩因未去捧场，因此得罪了赵楫。不过，紧接着他连升几次，官级高过了赵楫。但是好景不长，后来曾国藩遭到弹劾、连降数级，再次落到赵楫手下当差。

当时曾国藩皮癣发作，严重到不能长坐，便去向赵楫请假，想在家静养几天。赵楫好不容易等到机会"修理"曾国藩，他板起脸来，没好气地斥责："你才被降职，就要请假，是和本官较劲吗？这个假，我不同意！"曾国藩没有办法，只得带病工作。

平日里，只要找着机会，赵楫就要斥责他一番，还到处散布他的坏话，处处压制他,连同事们都看不过去。曾国藩却像没事一样,只管全心全意地做好手上的工作。后来,曾国藩创下了九年内连升十级的官场奇迹,终成一代名臣,而他始终没有乘机报复赵楫。

一得

对于职场中的小是小非、小怨小恨,过于计较就容易"钻牛角尖",越思越意难平,越想越气不愤。或许,本来别人也未存多深的恶意,本身也不是多大的事情,可是越思越想,越容易陷入纠结与痛苦的"魔咒"。最好的办法就是不纠缠、不计较,一笑置之,云淡风轻。往小处说,这是做人的"修养";往大处说,这是为官的"格局"。佛家有一个说法:"无论你遇见谁,他都是你生命中该出现的人。绝非偶然,他一定会教会你一些什么……"只要放远眼光、放开心胸、放宽视野,把生命中出现的每个人都当作来"渡"自己的"佛",无论是正向的,还是反向的;把经历的每一件事都当作让自己成长的机会,无论是经验方面的,还是教训方面的。不纠缠、不计较,就不会树立太多的对立面,就能够节省大量的时间,就会有更多的精力做自己想做的事。一心一意专注于有意义的事,聚精会神朝着自己的目标努力,全世界都会给你让路。假以时日,必能在某个方面有所成就!

今天你微笑了吗？

1930年是美国经济萧条最厉害的一年，全美倒闭了80％的酒店。希尔顿酒店集团旗下的酒店也一家接着一家亏损，一度欠债50万美元。

对此，天生乐观的老板康拉德·希尔顿并不泄气，他召集每一家酒店的员工，进行打气鼓劲："目前正值借钱过日子的时期，但我充满信心，一旦美国经济恐慌时期过去，我们很快就能再创辉煌。因此，在这里我恳请各位注意，万万不可把心里的愁云摆在脸上。"

在那幸存的20％酒店中，只有希尔顿酒店的员工始终展示着美好的微笑。结果，经济萧条刚过，希尔顿酒店就率先进入新的繁荣时期，跨入了黄金时代。

此时，希尔顿又走到了每一家酒店聚集全体员工开会："现在我们已新添了最上等的设备，你们觉得还需要装配一些什么最上等的东西来使顾客更满意呢？"员工们说出各种答案以后，希尔顿笑着摇头说："请你们想一想，如果缺少人的美好微笑，就好比花园里失去了春天的太阳和春风。假若我是顾客，我宁愿走进只有残旧地毯，却处处见到微笑的酒店，而不愿去只有一流设备却见不到微笑的地方。"

从此，希尔顿每日上班对员工说的第一句话就是"今天你微笑了吗？"微笑经营理念便成了希尔顿酒店文化的精髓，每一个希尔顿人都在用微笑传递着这一理念，用微笑走向世界。

数年后,已经成为世界"旅馆帝王"、拥有数十亿美元资产的希尔顿,依然坚持坐着飞机,在他的"希尔顿帝国"里一处一处地巡视,偶有所感立即记录下来,著书立说。他写的《宾至如归》一书,多年来被员工奉为"圣经",而书中的核心理念就是:"一流设施,一流微笑。"

曼狄诺甚至为此总结出"微笑定律",即微笑等同于黄金。

一得

  微笑表达的是友善,意味着脸上的哨兵已经撤岗、心理的武装已经解除;微笑传递的是快乐,笑由喜悦来、相从心头生,一笑解百忧、生命又逢春。可以说,微笑是世界上最美的行为语言,虽然无声却最能打动人;微笑是人际关系中最佳的"润滑剂",无须解释就能拉近距离。对领导者而言,微笑还暗示着认同、肯定、赞许、理解、宽容、关爱。和蔼的微笑让部下产生"重要感",消除陌生感;紧缩的皱眉,则让下属产生自卑感,加剧紧张感。领导者是冷若冰霜还是面带微笑,结果大不一样,直接影响着团队的精神氛围、人际关系和工作效率。现实中,也有人认为只有严肃才有威信,甚至惧怕才能服从,所以从不轻易给笑脸,以防"蹬鼻子上脸"。其实,出于惧怕才服从而不是发自内心去遵从,不仅不会给领导者增添威信,反而会让人心生疏远、产生距离、损害形象。高明的领导者往往是在该严肃的场合严肃、可以宽松的地方宽松,该严厉的时候严厉、需要微笑之处微笑，如此刚柔并济更能增添人格魅力。学会微笑，既是省力的，又是不易的。说它省力，是因为微笑只需用到13块面部肌肉，而皱眉蹙额则要动用47块面部肌肉；说它不易，是因为微笑发自爱心真情，对部属有真情、对群众有真爱，这需要深厚的情怀、极高的修养和长期的坚持。

搞好团结和善于共事

从前，有两个饥饿的人得到一根鱼竿和一篓鲜活硕大的鱼。其中，一个人要了一篓鱼，另一个人要了一根鱼竿。得到鱼的人原地烧火煮起了鱼，连鱼带汤吃光后，不久，便饿死在空空的鱼篓旁。另一个人则提着鱼竿继续忍饥挨饿，一步步艰难地向海边走去，可当他已经看到大海时，浑身的最后一点力气也使完了，只能眼巴巴地带着无尽的遗憾撒手人间。

又有两个饥饿的人，他们同样得到了一根鱼竿和一篓鱼。只是他们并没有各奔东西，而是商定共同去找寻大海，他俩每次只煮一条鱼，经过遥远的跋涉，终于坚持到了海边。从此，两人捕鱼为生，几年后，他们盖起了房子，有了各自的家庭、子女，有了自己建造的渔船，过上了幸福安康的生活。

> 一得

　　维吾尔族有句谚语说得好，"事成于和睦，力生于团结"。只有团结起来，依靠"众人拾柴"的热情干劲，凝聚"三个臭皮匠"的经验智慧，才能同心协力去克服一切困难。革命战争年代，"朱毛"的名字紧紧连在一起，刘邓搭档13年，留下"刘邓间难以放进一个顿号"的佳话。反观国民党，蒋介石总是大喊"精诚团结"，可国民党内却派系林立，勾心斗角，时常发生"友军有难，不动如山"的状况。懂团结是真聪明，会团结是真本领。团结协作可以说既是个人、也是组织成功之道。团结协作，惟在真诚，因为团结往往意味着奉献、牺牲，如果不能放下私利、顾全大局，搞拉帮结派的小团结和表面一团和气、实际相互较劲设防的伪团结，那无论嘴上喊得多么响亮，行动上都不可能做到真团结、团结如一人。领导干部讲团结的关键在于凝聚共识，求大同而存小异，遇到矛盾应多下"活血化瘀"的苦功，多做寻找"最大公约数"的努力，让五指并拢，握紧成拳，犹如古人所说：万人操弓，共射一招，招无不中。

处世当如沈驎士

南北朝时,有个文人名叫沈驎士,谦谦君子,文质彬彬,平素待人宽厚。某次,在大街上与邻居面对面相逢,他很有礼貌地打了招呼。邻居仔细朝他上下打量了一番,然后一口认定沈驎士脚上穿的那双鞋正是他前几天丢失的那双鞋。沈驎士微笑着说:"你说这双鞋是你的吗?那就拿去吧!"他随即把自己脚上那双鞋脱给了邻居,自己赤着脚走路回家。

没过几天,邻居自己在家中找到了丢失的那双鞋,才发现错怪了沈驎士,于是便尴尬地将那双鞋送还给了沈驎士。沈驎士说:"原来这不是你的鞋啊?那就是我自己的了。"然后笑着接受了,重新穿在自己脚上,只羞得那位邻居恨不能找个地缝钻进去。

人上一百,五颜六色;人上一千,样样都全。 要求人人都是谦谦君子,温良恭俭让,不现实也不实事求是。 人与人所处位置不同、看问题角度不同、成长经历不同,朝夕相处间难免磕磕绊绊、产生意见分歧,更少不了误会和摩擦。 怎么办? 不妨多学学故事中的沈驎士,做到"大肚能容,容天下难容之事"。 心地仁爱、品质淳厚的人，是能够自我安慰的人。宽以待人，远离烦恼，快乐亦在其中。如果一天到晚纠结于鸡毛蒜皮，小算盘打得噼里啪啦响，算不清长远账，过不了名利关，费心费神不说，有时甚至会使小误解复杂升级成大问题。对领导干部来说，心胸宽广既是一条重要的做人原则，也是"官德"修养的基本要求。有道是，"将军肩上能跑马，宰相肚里能撑船"。特别是在处理上下级之间关系时，尤其需要有容人容事的胸怀雅量，鼓励大家有话当面说，有理当面论，不藏着掖着。当然，心胸宽广也讲究一个方式方法，在对待处理不同想法甚至错误想法时，拍桌子，瞪眼睛，当面"顶牛"较真，争论得面红耳赤，非要分出个高低，效果未必就好。都说"会做婆婆耳朵聋"，有时候，学学沈骥士，多一份肚量涵养，让人家自己悟透了，也尴尬透了，不失为一种高明之举，人家反而更加敬重你。

柔弱胜刚强

在10世纪的欧洲，康拉特三世与巴伐利亚公爵是仇敌。一次战争中，康拉特把巴伐利亚公爵包围在城里多时，决定一举消灭敌人。

欧洲骑士的传统是不伤害女人。康拉特对城里面喊话：城里面的女人,我允许你们撤出城外! 女人们在城门墙头上问:我们能带一些需要的东西一起走吗? 康拉特想想,人都放了,还差点东西么? 女人是柔弱的,能带多少东西呢? 就同意了。

不久城门打开了,女人们纷纷走出来,惊人的一幕是:他们怀里抱着孩童,背着男人,后面用工具拖着父亲甚至走不动路的母亲,柔弱的女人们在这一刻展现了她们力量的极限。这些负重虽然远远超出了她们体能的极限,却是她们对家人的爱的极度迸发!

强势的、杀人不眨眼的、战功累累的康拉特三世,这个从来不惧怕任何困难的斗士,看到这个场面,竟然也被感动得落泪了。最后的结局可想而知!

一得

柔弱的心灵击败刚强的意志,人性的光辉战胜血性的屠戮。 柔弱的力量,无坚不摧,深沉伟大。 看起来柔弱并非真的软弱,貌似"强大"的一方其实也有虚弱的一面。"柔弱胜刚强"关键问题不在弱和强,而在于柔和刚,不是力量大小的直接比拼,而是力量运用的全面较量。 柔弱胜刚强,准确地说是善于柔性使用力量的一方,战胜力量强大的一方;或者说善于柔性使用力量的一方,战胜力量与自己相当,但却刚性使用力量的一方。 国家治理、天下治理讲"柔实力",以小博大,以柔克刚,柔中带刚。 引申到领导干部的工作实践中，追求"软实力""柔实力"不能冀图用"硬手段""硬实力"作为支撑，凭借着自身岗位权力而对下吆三喝四，高高在上、简单粗暴，盛气凌人、主观臆断，结果，只能让人敬而远之，甚至是畏而远之。不断加强个人的品质气质、风范气度、学识才能等方面的综合修养，通过人格魅力而散发出来的凝聚力、感召力、亲和力，才是真实、持久的"软实力""影响力"。对领导干部来说，一切"软实力"的运用都是基于对权力、对历史、对人民的敬畏，只有时刻铭记手中的权力来自哪里，才能提高自身的抵抗力和免疫力，让事业风帆平安扬起"万年航船"、到达胜利彼岸。

篓子里的螃蟹

观察海边渔民抓螃蟹的过程可以发现，渔民装螃蟹的篓子上面没有盖子。

不放盖子，螃蟹不是可以爬出去了吗？对此疑问，渔民很自信地回答：爬不出来、跑不出去。因为，只要有一只想往上爬，其他螃蟹便会把它拉下来，同样的过程反复进行。

结果是，没有一只螃蟹能爬出去，都只能呆在篓子里，最终被下锅煮了，成为餐桌上的美味。

一得

　　设想一下，如果当一只螃蟹往上爬的时候，其他螃蟹能以背为梯、垫高一层，助一背之力把它送上去，而不是拼尽全力把它拉下来，那又会是什么样的结局？具体到每一只螃蟹，是不是至少都还有挣得自由之身、拥有崭新天地的机会？残酷的"丛林法则"人所皆知，那是弱肉强食、胜者为王，而"螃蟹现象"似乎更为可悲，也更引人反思。实力相当者之间互相掣肘、内耗互损，反倒让捉蟹的人有机可乘、省心省事，正所谓"互相捣蛋，全都完蛋；互相拆台，一起倒台"。生活中未必处处是"康庄大道"，"路窄之处"蜂拥而上、挤破头、撞破墙、各不相让，那就可能都过不去、上不去，如果退后一步、淡定三分，讲究个你先我后、有礼有序；更高一层者，互相助力、互相帮衬，那有可能开辟出一片新天地。现代社会，竞争固然无处不在，也是回避不了的现实问题，但更多时候需要讲究"竞合"的定力和智慧。实力相当的人之间，如果同向发力、强强联合，那是利人终利己的"多赢效应"乃至"乘数效应"；如果反向用力、恶性竞争，那是损人不利己的"零和效应"甚至"负数效应"。

弘一法师坚决拒享"厚待"

有一次,弘一法师受倓虚法师之邀,到青岛的湛山寺讲律。

此行,弘一法师提出了三个条件:一不为人师,二不开欢迎会,三不登极吹捧。对此,倓虚法师都答应了。

但是在伙食的安排上,倓虚法师稍稍搞了点特殊招待。头一次弄了四个菜送到寮房里,弘一法师一点也没动筷子;第二次又准备次一点的,三个菜,依然没动;第三次预备两个菜,还是不吃。

大家没有办法,盛去一碗简单的大众菜。他问端饭的人,是不是大家都吃这个,如果是的话就吃,如果还有"特殊"安排,他还是不吃。因其态度如此坚决,庙里终无法给予厚待,只好让他吃与众僧人一样的菜。

一得

　　弘一法师拒绝享用超出众僧用餐标准的特殊斋饭,不是仅仅说在嘴上,而是坚决不动筷子,宁愿受饿、不搞特殊,以此亮明态度、坚守原则,最终接待方只能遵从其意、降下标准。 联系到现实生活中,一些制度规定之所以写在纸上、挂在墙上,落实不到具体行动上、体现不到实际效果上,可能还是因为领导者缺乏一种拉下脸来、不讲情面的较真劲头。有时，对下级违反规定的小节细节问题，碍于情面、怕伤和气，只是口头上批评几句："只此一次，下不为例；下次再犯，严惩不怠。"鞭子高高举起、轻轻放下，反感反对的坚决态度不够、铁面无私的较真劲头不够，而如果这种"狼来了"的吓唬多了，那"口头警告"也就成了"空喊口号"，下级执行制度不可避免会打折扣、搞变通，变了形、走了样。反之，如果领导机关、领导干部以实际行动表明"没商量"的态度，令出必行、有禁必止，坚决彻底、不留余地，虽然可能会让人觉得小题大做、不够圆融、不近人情，但是从长远来说，以具象化、有形化的人和事，来强化执行制度不搞特殊、没有例外的刚性约束，则有利于提高制度的权威性与约束力，最终外在强制规定会逐渐转化为内在自我约束。

孙权：推功揽过聚人心

三国时期，孙权与曹操、刘备相比，既没有天子和家族做后盾，也没有皇亲国戚的血脉，甚至在江东的根基也不是非常深厚。他之所以能成为东吴霸主，不仅仅依靠继承父亲和兄长打下的基业，更重要的是他非常善于推功揽过，集聚了人心。

东吴拿下荆州之后,孙权大设宴席犒赏三军,并把大将军吕蒙请于上座。他对大家说:"荆州久攻不下,今日破城之功,都是吕大将军和将士们的功劳啊!"将战争的胜利归功于每一名将士的努力,孙权此举打动了众将士。

后来,孙权带兵与张辽决战,结果铩羽而归。对此,孙权自责地对大家说:"这次失败,完全是我轻敌所致,今后定改。"

孙权推功揽过的做法,帮他树立了不贪功、敢担责的形象,也起到了得人心、聚合力的成效,深为将士们敬服。

一得

有了功,大包大揽;出了过,东藏西躲,看似聪明绝顶,实则鼠目寸光、短视至极。古人云:"揽功而推过,不可同谋共事。"团队中的每个人本应彼此信任、相互搭台,同甘共苦、荣辱与共,但如有人自己不干事、不尽责,评价的"音量"不小、争功的心思不少,有好处时抢过来、有麻烦处推出去,出了成绩就自夸"劳苦功高",有了过失就解释"错不在我"。如此,会让自己留下一个"争功诿过"的印象,降低了在别人心目中的形象;还会挤压了"健康"同志的成长空间,让踏实做人、老实干事的同志丧失了工作积极性,产生"劣币驱逐良币"效应。如果一个团队中这种人多了,便会出现相互诋毁、争名夺利的"内讧"现象,大家都忙着勾心斗角,便没有人再去安心干事,整个团队的向心力、凝聚力和战斗力更无从谈起。同心山成玉,协力土变金。刘邦、张良、萧何、韩信相互协作补台才有了大汉的江山一统,廉颇、蔺相如"将相和"才有了赵国的祥和稳定。干事创业不可能一帆风顺,必然有失有得、有成绩有过错,如果成就归于众人、荣誉共同分享,过失敢于担当、困难共同扶持,形成"千斤担子众人挑、齐心协力共提高"的良好工作氛围,那么我们的事业必将蒸蒸日上、终能赢来荣光。

生病住院也想去开的会

很多人怕开会。可建国初期的政务会议,能让一位原来不乐意参会的人,即使生病也要从病床上偷偷溜出去参加。这是为什么呢?

这名政务委员揭示了谜底:"不是政务会议上的什么事情我都有兴趣,而是有一点深深地吸引了我,那就是每次政务会议上周总理的讲话,对我就像是上了一次大课,教益很深,所以我舍不得不来。周总理的讲话见解精辟,纲举目张,其水平之高是一般人达不到的。"

第一,内容好。"周总理讲话的最大特点,在于把其他人发言时的可取之处也吸收进去,加以肯定。"第二,"真主持"。周总理没有照着稿子念空话,也没有随口说套话,而是认真听取每位发言人的观点,并当场归纳总结,鼓励肯定,让参会人充分体会到自身价值。对与会人员发表的并不正确的意见,周总理采取极其高明的方式加以纠正,使人真正心悦诚服。第三,真挚坦诚,处事巧妙。周总理没有为了表面的"一团和气"而回避问题,也没有自诩"我这人说话直",让人下不来台。

这样的政务会议,从1949年10月到1950年10月,一共开了55次,次次都产生良好效果。许多党外人士叹服道:周总理真是"周"总理啊!煞费苦心,十分周到。感念于此,他们在会上积极献计献策,为我们党更妥善地作出决策起到了重要作用。

> **一得**
>
> 讲话能做到让人想听、愿听、听得入耳入心,哪怕生病住院也忍不住跑去听,听过之后更是如同醍醐灌顶,感佩不已,并终身受益,这是说服的最高境界,也是伟人的思想魅力和人格魅力所在。如果我们所有的思想工作和沟通交流都能像周总理讲话一样,做到使人心悦诚服,诚恳地接受批评的同时,还能打消顾虑,继续畅所欲言,这何尝不是大家所期盼的一种更加和谐的工作状态。领导做工作,无非三种方式:领着走、牵着走、拖着走。当然,最好的状态是领着走,把解决思想问题与解决实际问题相结合,找到团队和组织的"最大公约数",让大家求大同存小异,克服自身立场偏见和认识不足。

目标步调一致，同心同向同行，从而画出最大最美"同心圆"，实现个人、组织和事业的更大发展。周总理在主持会议讲话中所体现出的处事周密、思虑精细，把看似"寻常"的事情做成不寻常，可以说，既体现为一种工作方法，更展现了一种精神境界。所谓"积力之所举，则无不胜也；众智之所为，则无不成也"，有事好商量，众人的事情由众人商量，这也正是我们党能战胜前进道路上各种风险挑战，赢得一个又一个胜利，并打破历史周期律的秘诀所在。

从"邹君断缨"看"群雁齐飞"

周朝时，邹国的君王喜欢戴有长飘带的帽子，他周围的百官也跟着戴起了这种帽子，这样一来长飘带的帽子便昂贵得出奇。邹国君王为这件事很忧虑，便问身边的大臣，这种帽子怎么变得那么贵？身边的大臣说："国君喜欢戴这种帽子，是一种无言的倡导，百姓自然纷纷效仿，所以这种帽子的价钱就涨了上去。"邹君听了便把帽子的飘带剪掉了，大家见国君戴着没有飘带的帽子，也就不再热衷于有飘带的帽子了。

> 一得

"邹君断缨"的故事，换个角度看，说的其实就是"头雁效应"。头雁勤，群雁就能"春风一夜到衡阳"；头雁惰，只会"万里寒云雁阵迟"。身教重于言传，领导干部身先士卒、率先垂范，是无声的命令、最有效的动员，更是为官之道、成事之基。宋金郾城大战最激烈的时刻，宋军主帅岳飞亲率四十名骑兵冲出阵前。都训练霍坚急忙上前挽住岳飞战马说："您是国家重臣，安危所系，怎能如此轻敌！"岳飞一马鞭抽脱了霍坚挽马之手，说："非尔所知（你不懂）！"他跃马阵前，左右冲击，箭无虚发。将士们看到统帅亲自出马，士气倍增，杀得金军大败而去。千古风流在担当，万里功名须躬行。领导领导，不光要善于踱方步，"导"之有方，更要学会正步走，"领"之有力。狮子统帅的绵羊部队为什么能够打败绵羊统帅的狮子部队？"关键少数"给力，才能带动"绝大多数"用力。领导干部想在前、干在前、表率在前，基层干部自然有决心、有毅力、有担当。"言美则响美，言恶则响恶；身长则影长，身短则影短"。作为领导干部，"邹君断缨"的勇气固然可嘉，"上阵管用"的真本领也不可少，不信"虚言浮术"，不图"华名伪事"，不玩"花拳绣腿"，老老实实，脚踏实地，如此方能迎风一招，一呼百应，形成头雁先飞、群雁齐飞的壮丽景观。

"苏模棱"式干部当戒

说起唐朝宰相苏味道,知道的人恐怕不多,可提及他的后人,"唐宋八大家"中的"三苏"——苏洵、苏轼和苏辙父子,绝对是家喻户晓。苏味道天资聪颖,文学才华出众,9岁能写诗填词,20岁考中进士,与李峤、崔融、杜审言合称初唐"文章四友"。以文辞著名的苏味道,为官却阿谀圆滑而自营,他历经唐高宗、武则天两朝,先后三度拜相长达9年,期间一味阿意取容、圆滑自保,对问题正反两个方面往往是这样也好,那样也行。他经常对手下人说:"处理事情不要一清二楚、明明白白表示自己意见。否则一旦出错必然遭受处分,留下谴责后患。故而凡事只要模棱两可就行。"久而久之,群僚臣工们便给他起了个绰号——"苏模棱",成语"模棱两可"即源出于此。

为官从政模棱两可,满嘴"橡皮话",甘当"和事佬",好似"墙头草",宁可留下事业"隐患"也不留下个人"后患",这实质上是一种没有原则、缺少担当的表现。凡事首鼠两端、莫衷一是,遇事瞻前顾后、虑左思右,想要两边都讨好,或许两边都"讨嫌",

沦为众人眼中的笑柄。苏味道的模棱功夫是"精致利己者"的防身术,既注定了他在政治上的碌碌无为,也反映了他缺乏为官者应有的大格局、大境界、大情怀。"大人不华,君子务实"。是非面前不开口,遇到矛盾绕道走,风险关口躲一边,此类"好好先生"看似维护了"和谐"、促进了"团结",可时间一长,部下就会逐渐失去对工作的进取心、对组织的向心力,最终变成一盘散沙,自己也会丧失驾驭全局的能力。古人讲,怕获公罪,难以成事;沾惹私罪,难以立足。一事当前,先考虑个人得失,有利就上,无利就躲,怕冒风险丢"位子",怕担责任出"乱子",怕得罪人结"梁子",貌似"成熟""圆融",实质是对事业和个人品格的亵渎。为官者应该做好人,但绝不能做怕得罪人的"老好人";为官之道其实也别无他途,只有一条路可走,那就是能担当、敢担当、善担当,没事不惹事、遇事不怕事、干事能成事。

真正会说话的大使

德怀特·莫罗是美国一名初出茅庐的外交家,受柯立芝总统之命出任墨西哥大使。彼时,墨西哥是美国手上最敏感的一个"手指头",到那边去做大使是很麻烦的一件事。对莫罗而言,第一次拜见墨西哥总统卡尔士的表现,就显得异常重要。

如何给墨西哥总统留下一个良好的印象呢?在这样的紧要关头会见,莫罗运用了一个巧妙的策略。他绝口不提那些应当由大使来负责谈判的严重问题。他只是连连称赞厨子手艺好,多吃了几块饼,点了一支雪茄,请卡尔士总统给他讲一些墨西哥的情形。

莫罗向卡尔士总统请教的问题包括,内阁对于国家的希望如何?总统想做的有哪些事情?他对将来有些什么看法?当卡尔士发表意见时,他则在一旁全神贯注地听。结果,第二天,卡尔士总统对一个朋友说,莫罗才是真正会说话的大使。这让情绪紧张的墨西哥人、焦急不安的美国人都长长地舒了一口气。

　　初出茅庐的莫罗如此轻易地折服了卡尔士总统,只不过是因为让他尽情发表意见,自己充当一名忠实的"听众"罢了。有时候,在人际交往、沟通协调之中,滔滔不绝、急于表达是主动,是"强势",但从效果上来说,可能差强人意;默默无语、善于倾听,是被动,是"守势",但可能让对方产生相见恨晚、如遇知音之感,效果自是出人意料。有一句唱词:"千古此心同,尽在不言中。"其实,无论是亲人相处、朋友相交,还是职场相对,真正能达到"心有戚戚、两心相通、旨趣相同"之境界，往往是建立在一方不言、耐心倾听，并让对方觉得听进了他的观点、听懂了他的情怀、听出了他的难处这样的基础之上。如果双方都舌灿莲花、口若悬河，争相表现、机锋相对，这样的沟通往往有可能不悦在心，甚至不欢而散。有时候，要想让别人接纳自己、有更多的机会变得"出众"，何妨先做一个虔诚忠实的"听众"？西谚有云："上帝给人两只耳朵，只给一张嘴，就是要人多听少说。"国人俗话："沉默是金，雄辩是银。"从某个角度来理解，是不是也暗喻此意？

另样的"头雁效应"

据史书记载，汉哀帝即位之时，西汉王朝气数将尽，当时最严重的社会危机莫过于土地兼并。为抑制土地兼并，保护农业发展，解决执政危机，给西汉王朝"续命"，汉哀帝采纳了大臣关于限田限奴的建议。

经过群臣讨论，丞相孔光、大司马何武等制定了具体规定：诸侯王、列侯、公主、吏民占田不得超过三十顷；诸侯王的奴婢不得超过二百人，列侯、公主一百人，吏民三十人；商人不得占有土地，不许做官。

诏令刚出，一时间鸡飞狗跳，土地、人口的价格大跌，限田限奴初见成效。然而，汉哀帝却为宠幸娘家人，赐给董贤二千顷土地，这是占田最高额的近七十倍。由于皇帝首先破坏了规矩，限田令便成为一纸空文，难以落实。

后来，除了限田、限奴婢令之外，汉哀帝还下达了一系列诏令，如废除任子令和诽谤欺诋法、行酒令、掷骰子、罢乐府、禁郡国献名兽等等。但汉哀帝同样是自己"带头"，把这些规定都触犯了个遍，诏令自然无法继续推行下去，朝纲更加不振，渐渐地汉哀帝也对颁布法令失去了信心，越发沉溺于声色犬马之中，西汉王朝也一步步走向深渊。

一得

汉哀帝的"悲剧"在于：亲自主持订立规矩，又自己带头破坏规矩。如此三番，规矩在群臣的眼里就成了"橡皮筋""稻草人"，没有了约束力与权威性。俗话说，"榜样是最好的说服，示范是最好的引领。"领导干部树榜样、作示范的"头雁效应"，不仅表现在带头积极"做什么"，也表现在带头坚决"不做什么"。如此，才能上行下效、令行禁止。头雁勤，群雁就能"春风一夜到衡阳"；头雁惰，只会"万里寒云雁阵迟"；头雁偏，那整个队伍就会与目标越来越远。我们的领导干部要让人服从，得先让人服气。一方面，喊破嗓子不如甩开膀子，争当"施工队长"，到现场、进"工地"，多钻"矛盾窝",变"给我干"为"跟我干"。另一方面,三令五申不如先管自身,牢固树立在制度面前没有特权、制度约束没有例外的观念,要求别人做到的自己先要做到、要求别人不做的自己坚决不做。所谓"善禁者,先禁其身而后人",就是这个道理!

赵简子的忧虑

《史记·赵世家》记载了赵简子执政期间,因无人提出反对意见而感到忧虑的一段故事。

赵简子有个家臣,名叫周舍,平日常常直言进谏。周舍死后,赵简子每次上朝处理政事作出决策时,皆无人反对。而赵简子也是闷闷不乐,大夫们知他心念周舍,却也无计可施,只能请罪。

赵简子说:"卿等不必请罪。只是,我听说一千张羊皮也抵不上一只狐狸的腋下皮毛。现在上朝,听到的都是恭敬顺从的诺诺之声,却再也听不到周舍那样的争辩之声了,我为此而感到忧虑啊!"

> 一得

朝无诤言，则不知过；国无达士，则不闻善。众人一味诺诺、意见总是一致，看似策无遗算、一团和气，其实掩盖了问题、埋下了隐患，增加了决策失误的可能性。对决策者而言，反对意见至少有三点益处：一是作为"镇定剂"，在合声称赞、众人点赞之时，有助于决策者充分辩证思考、保持清醒头脑；二是作为"修正液"，能使决策方案得到修正、更趋完善，经得起公众评判和实践检验；三是作为"替代品"，在决策执行出现问题时可以充当补救方案，迅速替代、及时替换，不至于临渴掘井、慌乱无措。由是可见，领导者要想不被"赵简子之忧"所困扰，最重要的，还是要亮出"闻过则喜"的鲜明态度，创造"言者无罪"的宽松环境，不搞"众口一词"的简单统一。意见正确，虚心接受；部分正确，借鉴吸纳；即便完全错误，也"不抓辫子""不扣帽子""不打棍子"，而是通过对比论证，让大家在统一思想中凝聚共识，在凝聚共识中抓好执行。

耀邦纳谏

1981年底至1982年初,第十五次全国统战工作会议在北京召开。1月5日,中央领导会见出席会议的部分同志,胡耀邦同志发表讲话。在讲到同民主党派的关系时,他强调,各民主党派同我们党风雨同舟几十年,我们之间的关系不仅要"长期共存,互相监督",而且要"风雨同舟,鱼水相依"。

会议中间休息时,耀邦同志见到一位熟悉的记者,打过招呼后,亲切地问:"我今天讲得怎么样?""很好!"记者回答。"哎,你们新闻记者不能光挑好听的说嘛,你看还有什么问题没有?"耀邦同志继续笑着问。"把我们党与各民主党派的关系比作鱼水关系,恰不恰当?"记者忐忑不安地说。

"说说看,有啥不恰当?"耀邦同志不但不生气,反而更加和颜悦色。"我们一直把党和人民军队与人民群众的关系,比作鱼水关系,人民群众好比是水,党和军队好比是鱼,鱼是离不开水的。而我们党与各民主党派是朋友关系,把朋友关系比为鱼水关系,似乎不太科学。因为,你说谁是水、谁是鱼呢?"记者把自己的想法毫无保留地说了出来。

"好,有道理,有道理!"耀邦诚恳地说。会后,经中央统战部审查的新闻稿送到耀邦手中,他认真琢磨记者的意见,经过缜密思考、反复推敲,决定把原稿中的"风雨同舟,鱼水相依"改成"肝胆相照,荣辱与共"。从此,"长期共存,互相监督,肝胆相照,荣辱与共"这16个字,就成为我党统战工作的正式口号。

> 一得

千金难买是诤言，人生难得是诤友。人的一生，离不开朋友，但朋友不是多多益善，其中就有一个交友原则的问题。《论语》说："益者三友，友直、友谅、友多闻；损者三友，友便辟，友善柔，友便佞。"交之有益的三种朋友是正直的人，诚实的人，见闻广博的人；交之有害的三种朋友是逢迎谄媚的人，明誉暗毁的人，花言巧语的人。无论是身居高位，还是芸芸众生，我们不妨经常自问"我有几个益友诤友？""知屋漏者在宇下，知政失者在草野"，从某种意义上来说，联谊交友其实也是推动我们做好工作的重要内容和方式。当然，对于公门中人而言，联谊交友也并非纯粹个人之事，还有一个为谁交友的问题。摆不正"公"与"私"的关系，搞哥们义气、吹吹捧捧、吃吃喝喝、商品交换那一套，这样的交友是做不好、长不了的。择仁交人、择言而听，以诚相见、以心换心，做到精神上的朋友付出精神上的努力、感情上的朋友付出感情上的努力、工作上的朋友付出工作上的努力，如此，方能广交深交一批够格够铁的良友益友、素友信友、诤友挚友。

那年的风尚

1950年,毛泽东舅家文氏四兄弟去信北京告了"乡状",但毛泽东没有支持舅家,反而给当地县长写信,不同意给文氏兄弟"特殊救济",否则将"引起一般人民不满"。有的乡邻故交,也想"借力发力",但毛泽东明察秋毫,一概拒绝。

1955年评衔时,彭德怀在"哈军工"就读的侄子彭起超,按规定可评上尉。时任国防部长的彭德怀,硬是打电话让陈赓院长给侄子授了个中尉。彭总后来给侄子写了一封信:"老实人有时会吃亏,但从长远看,老实人不吃亏。俗话说,近水楼台先得月,可从我这,得改改这个规矩,那就是近水楼台不得月……"

1971年春节,开国大将王树声独自一人前往部队,探望不能回家的女儿。到了大门外面,身为国防部副部长的王树声照样按要求在传达室里排队填表依次等候。女儿邀请父亲去有暖气的连部坐会儿,王树声摆摆手:"爸爸就看你一眼,别进屋去折腾了!"父女俩就在传达室的硬板凳上说了会话,王树声就让女儿归队了。本来王树声一个电话就可以让女儿回家过年,但他没有这样做。从这一天起,女儿明白了什么是铁的纪律。

> **一得**

"人是社会关系的总和",既然是社会人,与人交往打交道是绕不开的事,而对手中握有一定权力的公门中人来说,社会交往中难免还面临公与私、情与法、人情与原则的抉择。如何做到"发乎情、止乎礼",既有人情味又按原则办,故事中的老前辈们身体力行给我们上了生动一课。当年,毛主席倡导的"恋亲不为亲徇私,念旧不为旧谋利,济亲不为亲撑腰",也为我们树立了一面明镜。"吃了木耳,不能忘了树桩",亲情、恩情、友情不能忘,但不能因此异化成人情"债"、变成难以承受的情感负累。为了报答亲人,建国后,朱老总从老家亲戚中每家接了一个侄儿或侄女共7人到北京由他抚养读书,教育成人,尽管为此老总省吃俭用,自己开地种菜,承担了巨大的经济压力,但他情感上不累,让人情味成为一种人格魅力。情而公,情而正,讲原则不冰冷,讲人情不泛滥,如此方能方圆相济、情理交融,方可做得好人、做成好事。

勤政廉政篇

QIN ZHENG
LIAN ZHENG
PIAN

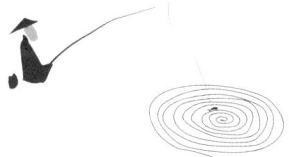

不因"私谊"损"公义"

唐朝中后期,裴垍擢升宰相。往日旧友、山西县令高林听说后,专程前来道贺。有朋自远方来,裴垍很高兴,精心设宴款待。把酒言欢、吃喝尽兴后,裴垍说:"你若无要紧之事着急赶回,就在这里多住些日子吧!"还拿出自己积攒的三百两银子送给他。

高林十分感动,住在裴府,吃吃喝喝、好不自在。一天,高林醉醺醺地来找裴垍:"你是朝廷的大红人,不如把我调到京城来,弄个'京府判司'做做?"裴垍为难地摇头说:"你确有才能,但是这个职位不适合你。"

高林没料想到会碰钉子,整夜都没睡好。第二天,他又拿着一张空白的公务信笺来找裴垍:"我父母年老、子女还小,可我任事的那地方条件太艰苦,你就在这上面随便写几个字推荐一下,帮我在京城谋个差吧!"裴垍还是拒绝了。

高林疑惑地问:"你为何愿意好吃好喝地招待我,拿出银两赠给我,却不肯写句话、帮我这点小忙?"裴垍撕了那张公务信笺,说:"我如果在这上面写字推荐你,就代表朝廷的意思,我怎能因与你有私情就乱来呢?三百两银子可以送,但一纸公务信笺却不能轻易相赠。"

> **一得**

无情未必真豪杰,有情未必不丈夫。宦海之人,同样如此。领导干部并非居于"孤岛",也是处于社会关系之中的人,为各种情义所包围着的人,亲人、朋友、发小、同窗、部下、同乡,等等,各种各样的"情",恰似一张温柔的"无形之网",这是人生的财富、心灵的寄托、情感的温泉。但若处之不慎、太重情义、放松警惕、不知拒绝,假公器以酬私情、因私谊而损公义,为人"站台"、替人"放哨",成了别人炫耀自己的"资本"、谋取私利的"大旗",即是罔顾是非、为"情"所害。最终的结果,很有可能因言行失度逾界乃至违规违纪,自己栽了跟头、亲朋没有好处,事与愿违,得不偿失。为官之人,古代叫"官人",既有"人"的自然秉性、社会属性,更应始终牢记为"官"职守、秉持从政操守,讲情义但不逾界限、重情义但公私分明。君子之交记于心,如是即可;君子之交淡如水,方能恒久。

只需两个苹果足矣

只需两个苹果足矣

一位中年人到寺庙请教禅师,何为欲望?当他急切地等待禅师"开示"的时候,禅师却说:"你先回去,等明日中午再来找我,而且切记,不能用饭,不能饮水!"他虽然不明白禅师的用意,但很老实地照做了,第二天果然不喝水也不吃饭,空着肚子、饥肠辘辘而来。

禅师问中年人:"你现在是不是肚子很饿呢?"中年人咽下了一口口水说:"是的,我现在饿到可以吃下一头牛、喝下一池水了!"禅师听后,笑着带他来到了一片苹果园,累累果实,挂满枝头。禅师指着一个大苹果筐对中年人说:"你现在可以在果园里尽情地采摘苹果,但是切记,一定要把苹果带回寺庙,你才可以享用。"说完就走开了。

烈日当空、骄阳如火。那位中年人采了满满一大筐苹果,步履蹒跚、大汗淋漓地弄回了寺庙,累得气喘吁吁、满头大汗。得到禅师的允许后,又饥又渴的他迫不及待地抓过两个很大的苹果,狼吞虎咽、大口咀嚼,很快"消灭"掉了。然后,就再也吃不下了。

这时,禅师指着那一大筐的苹果说:"你千辛万苦背回来这么多,但仅仅吃了两个,而且确实只需要吃两个就够了,这剩下的苹果对你又有何用呢?不是徒让自己摘得很累、背得很辛苦吗?"中年人恍然顿悟,明白了禅师的用意……

> **一得**
>
> 　　人有时会被自己的欲望所"蒙蔽"和"裹挟",以为需要很多外在的东西。其实并非如此,有时真正需要的可能就是两个充饥的"苹果"而已。面对着一大片可以尽情采摘的"果园",当此之时,如何选择? 越是在"乱花迷眼""琳琅满目"之际,越是考验着清醒与定力、境界与操守。广厦万千,夜眠仅需三尺;家财万贯,一日也就三餐。物质上的东西够用即可,不必贪多,人一犯贪,往往容易迷失自己。古人早有遗训:子孙若是强于我,何须为之积财;子孙若不如我,为之积财又有何用? 概而言之,身外之物切莫强求,不义之财更不可取。需要什么、该做什么、不能做什么,节制欲望、简约生活,既是为官之道,也是养生之方。俭可养德,俭可养寿,俭可养神,俭可养心。节俭寡欲,能够让人内心充盈安宁、仕途行稳致远。

识水与取水

　　蒲元是三国时期蜀汉的造刀能手。相传,蒲元打的刀削铁如泥,人称"神刀"。诸葛亮北伐中原,命令蒲元铸造三千把军刀。到淬火时,蒲元发现当地汉水水质不好,就派人回成都取蜀江之水。

过了很多天,取水人归来。蒲元用取回来的水一淬火,就觉得不对劲。他问取水人:"你取回的是蜀江水吗?这水不纯,你得重新去取。"取水人分辩说:"这都是我亲自到蜀江取来的水!"蒲元一听,用刀划了划水,说:"这里面是有蜀江水,但也掺了别的水?"取水的人瞒不过去,只好说出实情,原来在从蜀江取水回来的路上,他不慎把装水的容器打翻,水洒掉了一些。因为担心延误工期,只好掺杂了一些涪江的水。

往事越千年。明代冯梦龙编的《警世通言》中,有一篇《王安石三难苏学士》,讲的也是取水的故事。王安石曾让苏东坡带一瓮瞿塘中峡的水给他烹茶治病,苏东坡满口答应。但是苏东坡睡过了,到了下峡才想起来。三峡相连,水如瀑布,船如箭发。若回船即为逆水,日行数里,用力甚难。苏东坡怕麻烦,不想逆水再回中峡,就在下峡汲了一瓮水带给王安石,却被王安石识破。

原来,三峡上峡水性太急,下峡太缓,惟中峡缓急相半。用三峡水烹茶,上峡味浓,下峡味淡,中峡浓淡之间。烹出来的茶茶色半晌方见,故知是下峡。苏东坡只得老实承认,离席谢罪。

蒲元和王安石的"识水之功",并非与生俱来,而是在实践中经历得多了、见识得多了。操千曲而后晓声,观千剑而后识器。精湛的技艺、过人的见识并非羚羊挂角、无迹可寻,但也绝不是随随便便、唾手可得。唯有在实践和创新的"大熔炉"中千锤百炼、反复打磨,不断累积经验,丰富阅历,找到做事的感觉,炼就敏锐的直觉,并内化为一种思维习惯和行动本能,才会有关键时刻的"火眼金睛""灵光一闪"。花盆里长不出苍松,鸟笼里打不出雄鹰。对领导干部,尤其是可塑性强、成长性好的年轻干部而言,不怕起点低,就怕不到底。全身心沉下去、扎下去、融进去,自觉在基层一线实践锤炼,在困难艰苦岗位历练,在急难险重任务中拉练,在小事难事烦心事中磨练,经风雨、见世面、壮筋骨、长才干,才能确保有足够的本领接班。

最有力的武器

二战时,卡特军官在盟军中负责审讯战俘。一天,他接到上级命令,审讯一个叫雷恩的德国潜艇专家,从其口中尽快获得德国潜艇最新的核心机密。

卡特立即提审了雷恩,先宣传优待俘虏的政策,又控告纳粹犯下的罪行,可是最后连用刑都不能让雷恩松口。时间紧迫,卡特彻夜翻阅雷恩的档案,希望找到突破口。渐渐地,他从这些资料中看出,雷恩是个事事都追求精准严谨,特别较真的人。卡顿灵机一动,计上心头!

随后几天,卡特每天都让助手押着雷恩出去放风,并有意让他坐在一间教室外,而教室内则安排了一个"老教授"给学生讲解潜艇的知识,讲解的内容错误百出。一开始的几天,雷恩都在外静坐着,不时地摇摇头、叹口气,什么也没说。可半个月后,他再也忍不住了,冲进教室与那个"老教授"争辩起来。学员们一下子都对他敬佩得五体投地。他越讲越兴奋,后来直接拿起粉笔写起来。卡特看到这一幕,偷偷地笑了。

靠这个办法,盟军获取了德军的潜艇情报。当卡特再去看望雷恩时,他却已自杀身亡,身旁留下一行字:比威逼利诱更需要提防的,是自命不凡。

一得

　　佛家云,心不动于微利之诱,目不眩于五色之惑。有多少人曾经自命不凡,最后却归于平凡。又有多少人,在前行路上能守住初心,坚持到底。天上掉馅饼,往往地上有陷阱。因为禁不住"诱惑",雷恩败给了自己内心的虚荣。领导干部身处四面"围猎"之中,是否会被"猎杀",很大程度取决于能否控制自己各种各样的欲望。"眼里识得破,肚里忍不过",堕落为"猎物"只是早晚的事。财富不是硬道理,权力也不是硬道理,只有幸福才是硬道理。毁灭和自由,仅仅是一步之遥、一念之差。人生就像钟表,可以回到起点,却已不是昨天。从政为官一定要学会拒绝。拒绝既是一种放弃,也是一种更为广阔的拥有,拒绝了诱惑,放弃了贪念,也就摆脱了烦恼,拥有了幸福。

一尺为戒

寺庙里新来了一个小沙弥。一天,师父派小沙弥去菜地里种菜。

山上的土壤本是大片的盐碱地,师父领着众僧经过好几年的垦荒,才有了一小块肥沃的菜地。小沙弥准备播种的时候,突然生出一丝疑惑。他发现,在菜地与盐碱地之间有一尺多宽的空地,而且土壤肥沃,不充分利用就太浪费了。

于是小沙弥自作主张,在这一尺多宽的空地上也种上了青菜。一周过后,小沙弥看着几行多长出来的嫩嫩的青菜,得意地笑了。然而,半个月后,小沙弥却发现四周的青菜长势越来越不好,很多叶子开始发黄,甚至整棵都蔫了。接着,这种状况开始蔓延,更多的青菜开始出现叶子发黄的现象。

小沙弥顿时慌了神,连忙找来了师父。师父说:"把菜地四周边缘的青菜都拔掉,重新留出一尺空地。"小沙弥照着师傅说的做了。经过一段时间,菜地里的青菜又恢复了生机。

对此,小沙弥百思不得其解。师父意味深长地对他说:"不被坏事物侵染的最佳办法就是划清界限,不管对人还是对事,都应以一尺为戒。"

一得

权力是最有力的磁场,君子向你靠拢,小人也会向你靠拢。古代有副名联写道,"世长势短,勿以势处世;人多仁少,须择仁交人",现在仍有很强的现实针对性。平心而论,领导干部为了招商引资、发展经济,并没有太多选择交往对象的权利,即使知道对方可能"品行不佳",出于工作也要打交道。这就要求领导干部必须有"发乎情、止乎礼"的自觉,厘清交往界限、把准交往尺度,精神上的朋友付出精神上的努力、感情上的朋友付出感情上的努力、工作上的朋友付出工作上的努力。马英九曾形象地说,"我不能保证坐怀不乱,但可以保证不让你坐到我的怀里",这句话确实是话糙理不糙。作为领导干部,千万不能拿自己的政治生命去赌别人的人品,特别是在个人情感和利益取舍面前,一定要坚持原则,对妻子儿女要关爱不纵容,对亲戚朋友要帮助不逾矩,对社会交往要从俗不庸俗。

县令引舟

《新唐书·循吏传》中,记载过唐文宗太和年间利州益昌的一任县令何易于。传记虽短,却生动地记述了何易于清正廉洁、勤政爱民的一段传奇。

一年春季,上官利州刺史崔朴带着幕僚泛舟春游,顺嘉陵江而下,到了益昌境内,就通知何易于派人拉纤,但何易于却未派一人,而是自己来拉了船。崔朴忙问缘由,何易于回话说:"眼下正是春忙时节,百姓非耕即蚕,没有一个闲人,就让我这个闲人当纤夫好了。"崔朴听了此话便不好意思再继续游玩了。

县令,在中国古代,是基层官吏,也是最接近百姓的官员。由于县令级别低,不管贪者庸者,还是廉者勤者,无论佳绩还是劣绩,都很少能载入史籍,流传后世。从《史记》到《清史稿》,被官方认定的二十六部"正史",为县令立传者,可谓凤毛麟角。但一代大家欧阳修,在看了二百年前唐人孙樵所著《书何易于》一文后,经过多方考证厘清真伪,毅然在《新唐书》中为益昌县令何易于立了传,使一介县官得以名垂青史。

一得

人过留名,雁过留声。 从政做官的价值不在于拥有什么,而在于留下什么。 何易于终其一生不过官至七品,《全唐诗》收录的《建昌民歌》却为其传唱至今:"我有父,何易于。昔无储,今有余。"领导干部最大的成功和幸福,就是能够成为一个百姓念念不忘的人,一个离任后还能留下些许印记的人,一个同事部下敬佩信服的人,一个亲属子女引以为荣的人,一个回首人生问心无愧的人。不忘为官初心,始终以民为本,世人自会看出清廉与政绩,读出胸襟与情怀,留给后人的就必然是敬仰与回味。

白袍点墨,终不可湔

明朝成化年间吏部左侍郎叶盛著《水东日记》一书,其中记载了"白袍点墨,终不可湔"的故事。

明代有位叫山云的将军,被朝廷委派到广西,任职镇守主将。当时,广西官场腐败风气盛行,按照惯例,镇守将领初期到任时,当地土官(朝廷封赐的独霸一方、子孙世袭的少数民族首领)都会前来馈赠财物,财物一旦收下了,日后便会被他们所挟持。山云为人贤良,一到广西,就邀请德高望重之士,询问边境之事。他听说郑牢性格刚直敢言,便邀请他来,说:"常言道,对于将军不看他是否贪财,只看他能否打仗。广西的官风一向看重财利。土官们的馈赠可以接受吗?"

郑牢说:"大人您刚到此地,就像一件洁白的袍子,若被沾上一点污秽,就像白袍上染上了一点墨,总是洗不掉的!"山云又说:"如果不收下,土官们必然怀疑并怨恨我,那我该怎么办呢?"郑牢回答道:"接受贿赂,依法当死。将军不怕天子之法,反倒怕当地土夷吗?"

山云接纳了他的观点,将土官们的所有馈赠全部推辞掉,依规治理地方。他镇守广西十年,廉洁干净,办事公道,赏罚严明,深受土官敬重、百姓爱戴。

一得

　　领导力源于领导者的权威,而权于外需平台,威于内需心正。没有阳光的从政心态,就不会有持久风光的从政生涯。梳理腐败官员的堕落轨迹,不难发现都是跌倒在形形色色的"围猎"之下,从做与自己身份不相符的错事,到做违反政策法规的蠢事,最后做一失足成千古恨的憾事。清正和腐败,往往是一念之差,牢狱和自由,也仅仅是一步之遥,在利益取舍上,要不时想到"围猎者"对你的鄙夷眼神,时刻牢记身后一定有双监督的目光。作为领导干部一定要善于权衡人生利弊,回归简素淡定的自我,不忘初心、不违本心、不负真心,这既是为民立命的大气魄,也是立业保身的大智慧。

清廉不惧饮"贪泉"

廉吏吴隐之是东晋濮阳人，生于东晋后期。《晋书·吴隐之传》曾记述了他清廉不惧饮"贪泉"的精彩故事。

隆安年间，广州因出奇珍异宝，又距都城建康千里之遥，不少南下的官员便自恃天高皇帝远，贪赃枉法、无法无天。朝廷想要革新岭南政风，就任命素有廉名的吴隐之为龙骧将军、广州刺史、假节领平越中郎将。

吴隐之在行至距广州 20 里的石门，遇到一处山泉。当地人都说这是"贪泉"，并解释南下的官员就是因为误饮泉水，才变得非常贪婪，极力劝阻吴隐之不要喝"贪泉"泉水。

吴隐之却对围观人群说："如果压根儿没有贪污的愿望，就不会见钱眼开，说什么过了岭南就丧失了廉洁，这都是贪腐之人的托辞罢了。"说完不顾劝阻，径直走到泉边舀水便喝，并赋诗一首："古人云此水，一歃怀千金，试使夷齐饮，终当不易心。"吴隐之以伯夷、叔齐自比，表达了自己不改气节的坚决态度。

上任后，吴隐之果然廉洁奉公、清简勤苦，每天不过吃些稻米、蔬菜和干鱼，穿的是粗布衣衫，住处的帐帷摆设均交到库房，有人说他故意做样子，吴隐之只是笑而不语，一如既往。经过吴隐之的惩赃禁贿，广州官风很快得以好转。

> 一得

饮"贪泉"者未必贪,饮"廉泉"者未必廉。究竟为廉为贪、是清是浊,看人不看泉、在心不在物,正如《菜根谭》精辟总结:"出世之道,即在涉世中,不必绝人以逃世;了心之功即在尽心内,不必绝欲以灰心。"面对无时不有、无处不在的诱惑围猎,有人岿然不动,有人却土崩瓦解,这种人生境遇的差异,归根结底并不取决于外在环境的变化,本质上还是内心自律的差别。心正,则金钱财物不能诱;心静,则热闹之境不能入;心纯,则艳冶之物不能动。注重心灵环保、不忘自我修行,"一念之非即遏之,一妄之动即改之",不断把外在约束内化为自身素养、转化为思维模式、上升为自觉自为,就能保持住一颗干净的心灵、一份高尚的追求、一个清白的官声。只要心不贪、嘴不馋、手不伸、色不恋,心底无私天地宽,饮尽"贪泉"又何妨!

宰相审案

韩琦是北宋名相,辅佐仁宗、英宗、神宗三朝。元代张光祖所著《言行龟鉴》中记载,韩琦任人唯贤,位居宰相时,曾公亮为亚相,赵概、欧阳修为参知政事。凡是有关政令方面的事务,韩琦让人听取曾公亮的意见;涉及典章制度、文学方面的,咨询赵概、欧阳修。至于朝廷重大问题,他亲自研究筹划。欧阳修盛赞韩琦,把天下国家置放得如泰山般安稳。

后来,韩琦辞去相位,坐镇北京大名府。虽已年过六十,对府中政务仍能条分缕析、动中窾要,特别是刑狱诉讼全都亲自审理。即使因患病,而难以升堂视事,也要令属吏,将公事送至住所,在卧室内决断。周围的人怕他操劳过度,劝他不必过于认真,可以疏略一点,将某些政务委托下属处理。韩琦总是回答说:"刑狱诉讼,往往是人命关天的大事。是生是死,或予或夺,全凭我一句话,我亲力亲为还恐怕自己不能尽心尽力,更何况委托他人呢?"他坚持带病视事,不肯稍有懈怠,不致错判一人、一事。

居其位,知其责;在其位,谋其政。宰相的职责,很重要的一条就是选好人、用对人、团结人,而州官的职责,主要是断狱、守土、教化地方。韩琦无论是高居宰相,还是委身州郡,都能很快抽丝剥茧、理出头绪,迅速打开局面,搞得风生水起,让百姓和同僚由衷地喝彩,展现了高超的实践智慧。特别是他始终把责任作为人生最顶端的价值追求,在进与退、取与舍的自然转换间,彰显了古代优秀士大夫的德行和操守。时间是不可再生的、最为弥足珍贵的资源,既是最长的,长到万古永恒,但具体到每个人的职业生涯,又是最短的,短到只是一瞬。某种意义上,领导者有三种生命年限,一是生理年限,二是工作年限,三是领导职务年限。职务生命越靠后,施展的舞台越大,但越靠后,也将越短暂、越有限,越应懂得珍惜。对领导来说,让生命历程变得更宽广和厚重的唯一办法,是做事和经历。

跳蚤效应

　　小小的跳蚤应该是世界上跳得最高的动物,正常起跳为身高的 100 多倍。生物学家曾做过这样一个有趣的实验:将一只跳蚤放到没有杯盖的玻璃杯中,跳蚤轻易便能跳出。接着,生物学家又将跳蚤放进盖有杯盖的同样高度的玻璃杯中,跳蚤每次跳跃时,脑袋都重重地撞在杯盖上。于是,吃够苦头的跳蚤为避免悲剧重演,自行调整了跳跃高度。一周后,当取下杯盖时,心有余悸的跳蚤再也无法跳出玻璃杯。人们把这种恐惧困难、自我设限的行为称为"跳蚤效应"。

> 一得

困难和挫折磨灭了跳蚤与生俱来的跳跃天分，使它失去了跳跃目标和追求高度，慢慢变成了"爬蚤"。人类与小小的跳蚤又是何其相似。因为恐惧失败、害怕碰壁、患得患失，于是，变得缩手缩脚、谨小慎微，变得学会妥协、不再改变，不知不觉间给自己的人生重新定义。我们常说，"心有多大，舞台就有多大"，世界上没有懒惰的人，只有没有目标的人。联系到地方治理实践，尽管基层级别不够高、舞台看起来也不够大，但有了做大事的胸襟、格局和志向，小舞台一样可以唱大戏，成就一番大事业。王伯祥在山东寿光当了五年半的县委书记，干成了三件大事，一是推进蔬菜产业化，二是开发寿北盐碱滩，三是为工业翻身打基础，后来群众也用三句话概括了他的从政生涯：一个改变了全国蔬菜市场格局的人，一个改写了寿光历史的人，一个把山东有名的穷县打造成全国百强县的人。实践证明，差距往往是在困难时期形成的，而缩小差距往往也是在克服困难中实现的。困难，冲不破是关卡，冲破了就是高地；挑战，战不胜是压力，战胜了就是机遇。无志者只感千难万难，有志者自有千方百计。领导干部只要克服畏难情绪，担起该担之责，俯身为路、躬身为桥、挺身为标、直身为梯，就能打破自我设限、穿越激流险滩、抵达胜利彼岸。

规矩面前不应有"例外"

据《百年潮》记载：刘伯承在与一位高级将领谈工作时曾经说过，1949年刚解放进城，6个军区司令员去看毛主席。当时他心想，毛主席可能要讲几句鼓励的话。可没有想到，主席开头就说："你们这些人要守规矩，听党指挥，不然我就从你们几个人开刀。"刘帅听了以后，心里直打颤：他是多么严格啊！

毛主席此话，事出有因。原来，1948年1月7日，他曾给中央局和野战军的几个头脑专门下达了《关于建立报告制度》的命令，目的是"帮助各地不犯或少犯错误"。该制度规定，报告必须"自己动手，不要秘书代劳"，毛主席还特别要求：各野战军首长和军区首长，除作战方针必须随时报告和请示，照过去规定，每月要作一次战绩报告、损耗报告和实力报告外，每两个月还要做一次政策性的综合报告和请示。

制度下达6个月后，林彪一次也没报告。毛主席于是给林彪发了一封长达2000字的电报，严厉批评了他，并举邓小平为榜样："我们5月间即告诉你们，像大别山那样严重的环境，邓小平同志尚且按照规定向中央主席做了综合性报告，现将邓小平同志来电转给你们阅读。你们的环境比大别山好得多，何以反不能做此报告？"

> 一得

　　老一辈共产党人讲规矩的故事，至今仍有教育意义。也许，不守规矩、想搞特殊，能列举出一百个客观、主观方面的原因；但依规办事、令出必行，却有一百零一个理由。从执行个体来讲，制度在心中越有分量，执行的现实困难就越少，越能不讲条件、不打折扣。从社会层面来说，制度的权威性与威慑力，源于制度面前人人平等、执行制度没有特权。只要开一扇"天窗"、留一道"暗门"，就会让人产生制度是"橡皮筋"而非"高压线"之错觉。错觉一出，乱象必生。规矩就是规矩，红线就是红线，纪律就是纪律。无论是出自草根还是身为贵胄，无论是平庸无奇还是功勋卓著，无论是背影优美还是背景深厚，都一视同仁、概莫能外，谁也不能指望"法外开恩"。如此，制度才能真正从文件中、从墙壁上走下来，焕发约束威力、产生"热炉效应"！

强项令

　　东汉光武帝时，朝廷特征召董宣为洛阳县令。当时，光武帝之姐湖阳公主的奴仆行凶杀人，因为躲在公主家里，官吏不能去抓他。湖阳公主外出时,却让这个杀人的奴仆做陪乘。董宣在夏门亭等候湖阳公主,截住公主的车马,用刀划地,义正言辞指出公主的过错,并呵斥那个奴仆下车,当着公主的面杀了他。湖阳公主立即还宫向弟弟"告状",光武帝大怒,召见董宣,想用棍子打他。董宣说:"陛下圣德中兴汉朝,却放纵奴仆杀害良民,将怎样治理天下呢?我不用棍打,请让我自杀吧。"遂以头撞柱,血流满面。

皇帝命令小黄门拉住他,让董宣向公主磕头谢罪,董宣不从,小黄门强迫他叩头,他两手据地始终不肯低头。公主对刘秀说:"你当百姓时,隐藏逃犯和犯了死罪的人,官吏也不敢到你门上捉拿。现在做了天子,权威却不能加于一个县令吗?"光武帝笑着说:"天子不能同百姓一样。"便命令这个硬脖子县令出去,并赐三十万钱,董宣把这笔钱全给了手下的官吏们。从此,豪强们听到董宣没有不震惊发抖的,京师称他为"卧虎",百姓唱歌表扬他的严明和清明:"董宣衙前无人击鼓鸣冤!"

  这可能是一个妇孺皆知的"老故事",戏曲、电影、电视都演绎过,类似的题材还有很多,比如《徐九经》《七品芝麻官》等,老百姓看了大呼过瘾、拍手称快。其中蕴含的也就是"王子犯法,与民同罪"的朴素道理。所谓小治治事、中治治人、大治治制,制度管理、依法治理,是现代政治文明发展的必然取向。制度管理的权威性,既依赖于其本身内容设计的切实可行,又需要有人去狠抓执行。

某种程度上,执行制度之人有"血性",才有制度的权威性与不可侵犯性。如果量人兑汤,选择性"执法",看到背后有"靠山"、有"来头"、有"圈子"的,就心存畏惧、不敢较真、退避三舍,那天长日久,制度的威慑力就会大打折扣,违背了公平、扰乱了秩序、涣散了民心。时代越发展、社会越进步,越需要敬畏制度、不畏强权、敢于严抓严管的"强项令"们!

正邪之间

黔娄是战国时齐国的贤士。尽管家徒四壁,却同夫人躬耕田亩,励志苦节,安贫乐道。

黔娄去世后,他的好友、孔子的弟子曾参前往吊祭。他看到黔娄的遗体被放置在破窗之下,身上穿着旧长袍,身下垫着烂草席,用白布覆盖着。由于这块白布过于短小,盖了头就露出脚来,盖了脚就露出头来,他不禁哀叹,就说:"把布斜过来盖,就可以盖住黔娄先生的全身了。"

不料,黔娄夫人却答道:"宁可正而不足,不可邪而有余,先生一生生而不邪,死而邪之,这会违背先生生前意愿的。"

黔娄死后,后人根据他一生的事迹,用一两个字加以总结概括,赠予谥号。曾参又问黔娄夫人说:"先生应该用什么谥号呢?"黔娄夫人立即回答:"以'康'为谥。"

曾参疑惑不解,问道:"先生在世的时候,吃不饱、穿不暖,去世了连一块覆盖手脚的白布都找不到,棺材旁也没有祭祀酒肉,怎么以'康'为谥呢!"

黔娄夫人正色道:"先生生前,国君要任免他为国相,但他辞而不为,这算是有余贵吧!国君曾赐很多米粟给他,他也辞而不受,这算是有余富吧!他愿与天地人间共甘苦,宁愿做平民百姓;他不戚戚于贫贱,不汲汲于富贵。这些全是为了仁义,以康为谥,谁能说不合适呢!"

曾参听后,不禁为之感叹说:"正因为有黔娄这样的先生,才有这样的好夫人啊!"

一得

"谢公最小偏怜女,自嫁黔娄百事乖。"唐代元稹悼念亡妻的"遣怀诗",曾借用赞颂黔娄夫人的典故。黔娄夫人本来出身贵族,却甘愿放弃优越的生活,夫唱妇随,相濡以沫。从另外一个角度看,不正是由于黔娄夫人的美德才成全了黔娄先生的高洁吗?舍与得在一念之间,正与邪亦是一念之差,是"正而不足"的肆意妄为,还是"不可邪而有余"的理智拒绝,时刻考验着每个人的操守德行。

> 为官从政者更须时时自警自省。面对名利、金钱、声色、人情"四面围猎","眼里识得破,肚里忍不过",就很容易沦为欲望的奴隶、别人的"猎物"。正如亚里士多德所说:"几乎所有人在观念上都希望崇高,却又在行为上选择实利。""正而不足"时贵知足,"邪而有余"时贵知止,扶正祛邪、抑浊扬清,做官常知足、做人知不足、做事不知足,这既是为国为民的大气魄,也是立业保身的大智慧。

一念为民之心

明代著名文学家、思想家、戏曲家冯梦龙年过 60 岁,从繁华富庶的苏州到偏远贫穷的山区福建省寿宁县担任知县,4 年间留下了"政简刑清,首尚文学,遇民以恩,待士有礼"的美誉,更有他亲自撰写的长达五万言的《寿宁待志》。

在《寿宁待志》中,冯梦龙记载:从万历十八年(1590 年)到崇祯七年(1634 年),四十五年间,寿宁县令换了十五位。其中得到提拔升官的,只有两位县令而已。难道别的县令都无能,尽是全省一州五十八县中的末流吗?因为寿宁"险峻非常,除本县外,别无官府往来"的特殊地理形势,使得在这个穷困山区县任地方官,不仅难以施展政治才华,而且还要处处受制于人。虽然如此,冯梦龙认为,凭着勤谨来弥补缺陷,以仁慈来辅助严明,以廉洁来弥补地方的贫困匮乏,施一分良政也是一分功业,宽待一分百姓也是一分恩惠。4年间,冯梦龙怀抱"一念为民之心",虽然年逾花甲,仍致力贤明政治,关心民生疾苦,办了多件好事实事,为他的生平写下了颇有光彩的一页。

> **一得**
>
> 人不能选择历史,但历史可以选择人。为官不能光想着当舒服官,贪图安逸自在,追求轻松逍遥,而要尽力克服困难,力求有所作为。当官不能享清福,当官很累,但不能撤退。在条件艰苦的岗位上默默奉献、执着坚守,也是一种难能可贵的大格局、大担当。人无精神不立,有了精气神,即使在极其艰难的条件下,也能把事业干得风生水起;相反,即使条件再好,也会把事业搞成一潭死水。寿宁县、政和县山水相连,本属"一家",均属福建边陲山区,贫困落后。但冯梦龙"百端苦心,政平讼理",宦寿政绩堪称当时全省第一;廖俊波把政和县域经济从全省倒数第一提升到全省发展十佳。事在人为,业在人创。对于贫困落后地区的主政者而言,这种敢于担当、奋发有为的精气神虽然看不见、摸不着,却是一种由内而外的气质,发轫于理想信念,植根于灵魂深处,为的是芸芸百姓,诚如冯梦龙发自肺腑地向世人表白:"余虽无善政及民,而一念为民之心,惟天可鉴。"

辛苦一世、懈怠一事的老泥瓦匠

一位老泥瓦匠辛劳一生,为别人建造了无数的房子。有一天,他觉得自己年老了,想要回家安享晚年,于是便向老板辞行。老板不忍让老泥瓦匠离去,但见他去意已决,就让他建完最后一所房子再离开。

老泥瓦匠答应后立马就开始动工,但人们都看得出来,他已归心似箭、志不在此,注意力完全没有集中到工作上来。房顶是歪的,墙壁的油漆也没有像以前那样刷得光亮。

在完工的那一天,老板却给了老泥瓦匠这所房子的钥匙,告诉他,这是送给他的临别礼物。这时,老泥瓦匠愕然了。他未曾想到,自己这一生建造过无数精美、结实的房子,最后这个粗制滥造之物,却成了自己的礼物。而这,正是他亲手打造出来的。

一得

为官之人,勤字第一,廉字立身,成在实力、赢在毅力、贵在定力。有的人始终笃守初心、不悖本心,干得漂亮、活得圆满,而有的人功亏一篑、人生抱憾。有一个引人警省的"59岁现象":一个官员勤勤恳恳、辛辛苦苦做了很多事,内心里坚信"天道酬勤",可

吃干草的骆驼

是,却在职场晋升遭遇"天花板",或是即将"退二线"之时,因内心的预期没有变成现实的回报,沉不住、稳不住,产生了放松一下、享受一下的"活思想"。于是,由追求"政治进步"转向关注"生活后路",不自觉地,对工作缺少了一种精益求精、严而又严、实之又实的标准与追求,举止失当,甚至心态失衡、行为失范,更有甚者,触犯纪律红线,晚节不保、晚景凄凉。老泥瓦匠的心态与行为,不可不戒。

吃干草的骆驼

一位去沙漠旅游的游客,晚上住宿在牧民家中。他发现牧民家里饲养的骆驼面前放着一堆干草,感到困惑不解,于是便问牧民,为什么骆驼不吃鲜嫩的青草反而吃苦涩的干草。

牧民回答道,骆驼是一种忧患心理很强的动物,它害怕主人第二天会让它穿过沙漠,而胃中的干草要比青草更耐饥。骆驼是通人性的动物,老骆驼会主动觉察到主人的意思。在长途跋涉前,它一晚上都会吞咽干草,饮满足够的水,然后等待晨光的出现。

> **一得**

　　生于忧患，死于安乐。人们只看到骆驼一流的耐力，却往往很少了解骆驼为此所做的准备。还有弱小如蚂蚁者，为了度过漫长的冬天，整个夏季都在忙碌着搬运食物。动物尚且如此，更何况一个人、一个国家、一个民族？人无远虑，必有近忧；安不忘危，盛必虑衰。谈起甲午国殇，梁启超曾痛心疾首地说："唤起吾国千年之大梦，实自甲午一役始也。"然而，战争的结局似乎早已注定。战前，为了省钱购买建造军舰，日本明治天皇带头节衣缩食，一天只吃一餐饭；慈禧太后却照例一顿饭足足上100多道菜，每道菜最多吃两口，想方设法搜钱修园子、盖戏楼，庆贺60大寿。艰难困苦，玉汝于成。一个民族的复兴崛起，绝不是轻轻松松、敲锣打鼓就能实现的，而崛起的基础就在于各级领导干部。领导干部有理想、有情怀、有担当、有智慧，其精神才能强大，追求才能执著，格局才能远大，心胸才能宽广。官大官小不由己，干不干事全由你。居安思危，坚守情怀，担当进取，融入时代，做一个时刻准备着的"骆驼"，方能不忘初心、不违本心、不负真心。

畏法度者最快乐

清代名臣陈宏谋编纂的《在官法戒录》中有一则故事,给人启发、引人深思。

明太祖朱元璋某日早朝时突然问道:"天下人中何人最快乐?"一时间众臣各抒己见、众说纷纭。有人说功成名就之人最快乐,有人说金榜题名之人最快乐,有人说妻妾成群之人最快乐,有人说子孙满堂之人最快乐,有人说高官厚禄之人最快乐,有人说富甲天下之人最快乐……答案五花八门,莫衷一是。朱元璋听着却连连摇头,不以为然,颇感失望。正在此刻,一位叫万钢的老臣意味深长地说:"臣以为,畏法度者最快乐。"此言一出,众人皆愕然。朱元璋却连连点头,称其见解"甚独",颇为赞许。

"畏法度者"何来快乐? 孔子其实早有高见:"从心所欲,不逾矩。"这是其晚年对自己一生所达到人生成就的最后评述,即自觉于规矩礼法之内做人做事,方有"从心所欲"的快乐心情、自在心境。畏法度者身有所正、言有所归、行有所止,以不敢贪污受贿、不敢买官卖官、不敢徇私枉法,换来不怕同僚议论、不怕群众举报、不怕警

心岂无主

笛呼啸，心平如水、气定神闲，坐也安逸、躺也舒坦，自然有坦然之乐而无惶惑之忧。而以身试法者生怕东窗事发，每日寝食不安，惶恐不已、戚戚忧惧，心理承受巨大压力，严重影响身心健康，时间一久难免生病，哪还谈得上快乐自在？一朝下狱、身陷囹圄，更是走到了快乐自由的反面！可以说，畏法从善者，福虽未至而祸已远离；僭法从恶者，祸即使暂时未至，福却已远离。为官从政者能否安然生活、安度晚年、安享清福，很大程度上取决于其能否控制欲望、敬畏人民、敬畏权力、敬畏法度。身上捆着名缰利锁、脑中想着进退留转、眼里盯着功名利禄，迟早会视纪律为"稻草人"、拿规矩当"橡皮泥"，铤而走险、废法存私，终将锒铛入狱、折福损寿；言非法度不出口、行非公道不萌心，心存敬畏、不为物役，莫不知足常乐、收官圆满。

心岂无主

许衡，金末元初著名的政治家、理学家、教育家，被誉为"元代一人""朱子后一人"。一年盛夏，他曾为躲避战乱，经过河南河阳。由于天气炎热，感到口渴，路边有一棵梨树，众人都争先恐后地去摘梨来吃，许衡却独自端坐树下,安然如常。有人问他为何不摘?他回答说:"不是自己的梨,岂能乱摘!"那人笑其迂腐:"现在世道这么乱,这棵梨树没有主人,又何必介意。"许衡正色道:"梨虽无主,我心有主。"

几百年后,面对几乎同样的情景,共产党领导下的人民军队给出了同样的答案。锦州、兴城、绥中等地盛产苹果。1948年秋天,辽沈战役锦州攻坚战之前,正是苹果成熟之季,东北野战军的战士们露宿隐蔽在老乡的果园里,接连几天的激烈战斗后,大家又渴又累,但战士们没有动老乡的任何一个苹果,还曾主动帮忙把树上掉下来的苹果,捡起来放到篮子里。

建国后,毛泽东同志先后几次提及"锦州那个地方出苹果"的话题,始终把"解放军不吃苹果"的故事作为党风建设的典型范例。他曾深刻地指出,我们的纪律就建筑在这个自觉性上边。人是要有一点精神的,无产阶级的革命精神就是由这里头出来的。

一得

"梨子无主",故可摘,无非寻找借口;"我心有主",故不摘,则是自我坚守。面对形形色色的诱惑,有的人原形毕露,有的人本色不改,有的人岿然不动,有的人城破身亡。台上的官好当,台上台下一样的官难做。居众处,知检点,易;独处时,不逾矩,难。有时防线失守、欲望溃堤,不是因为外在的诱惑有多大,而是内心的堡垒不够强。为官从政者当时刻警省自己:以廉为福、以贪为祸,不义之财,毫厘不取;非我之物,点滴不贪,在"我心有主"中增强定力、涵养风骨、完善人格,拒邪念、知美丑、辨是非,时刻保持心境澄澈、心态平衡、心性纯真,台上台下一个样、人前人后一个样,算好人生的"大帐"、筑牢内心的"城墙"。

姑息之爱

刘统勋、孙嘉淦都是清代乾隆时期的重臣,两人交情十分深厚。当时刘统勋担任刑部尚书,孙嘉淦的儿子孙孝愉则在刘统勋手下任主事。孙嘉淦要求儿子努力做事,为自己争光。

孙孝愉一开始也勤奋努力,可时间一长,却叫苦连天。原来刘统勋对他要求极其严苛,分配给他的工作量是别人的几倍,一天到晚,废寝忘食地干,还是有做不完的"事"。工作出点小纰漏,往往还要挨批评。孙嘉淦知道后,就在刘统勋面前提了一下,意思是要求严些是应该的,可用不着这样苛刻。刘统勋听了,没有解释,只是淡淡说了句:"你这是姑息之爱啊!"

其实,刘统勋这样做大有深意。孙孝愉既没有过人的才学,也不是通过科举正途选拔上来的,而是乾隆皇帝看在孙嘉淦多年为朝廷立下不少功劳的份上,特加"恩荫"给予的。先天本就不足,如果再不比别人多吃苦,又怎能在官场上走得远？一旦父亲失宠、失势，儿子凭什么才能够立足？假如平时怕苦怕累，让他优哉游哉，终究难成大才。

好在一番良苦用心，孙氏父子慢慢还是读懂了。孙孝愉也不再抱怨了，他积极主动地做事，靠着实力和成绩说话，赢得上下的一致认可。后来官至直隶按察使，并留下不少善政之举。去世时，年仅四十岁。乾隆闻耗后说："孙孝愉廉悍，像他的父亲。我本来准备委以重用，却英年早逝，太可惜了！"

一得

不经一番寒彻骨，哪得梅花扑鼻香。"姑息"之爱太浅太短，只能浇灌出温室的花朵；"严苛"之爱更长更久，可以培育出参天的大树。徇私情、靠关系、走门路，仕途一时走得顺畅，但未必能走得稳、走得远。职务可以任命，经历无法复制；威信要靠能力，实干成就事业。无数事实表明，好干部都是在一次次实践历练中反复摔打出来的。忧劳兴国，逸豫亡身；怕苦怕累，一世受累。干部干部，干事才有进步。对于领导干部尤其是年轻干部而言，多吃一点苦就是多一笔"财富"，多做一点事就是多一分机会，正所谓"人生没有白走的路，每一步都算数"。要不怕吃苦、不怕受累，敢于吃苦，乐于吃苦，自找"苦"吃，不辞工作劳苦、不畏环境艰苦、不惧生活清苦，让"吃苦"成为一种标配、一种资本、一种时尚，用自己的辛苦指数提升群众的幸福指数。

雷纳德三世：十年美食成"梦魇"

14世纪，有一位名叫雷纳德三世的国王，其弟爱德华发动了政变，夺取了原本属于他的王位。

爱德华把雷纳德关在一个房间里，并且承诺：只要雷纳德能走出去，就给他自由。这个房间开了一扇门，且无人把守。对于一个正常人而言，出入这扇门根本不是问题，但是对于雷纳德来说，却比登天还难。因为，他特别喜爱美食，吃得太多，体型肥胖，无法通过这扇正常大小的门。雷纳德要走出房间重获自由，办法只有一个：节食减肥。

可是爱德华深知雷纳德的弱点，每天差人把最好的食物送给他。雷纳德禁不起美食的诱惑，来者不拒，尽数笑纳，他的体重不减反增，体形变得越来越庞大。就这样，雷纳德在这个敞开门的房间里一直被关了10年，最终病死，都没踏出门外一步。

喜好美食，人之本能。无论是东方之圣贤孔子，还是近代西方管理学之代表马斯洛，对此都有大意相近的论述。虽不提倡，但在一定程度上，亦承认其合理性。观之雷纳德三世，他正是被自己喜好美食的欲望"囚禁"了10年,最终死在"牢笼"。其情可悯、其境可悲,然其教训更深刻。很多时候,关押人的"囚笼",不是那有形的墙壁,而是盘据在内心深处那无形的欲望。城墙失守,不是因为"敌军"强大,而是因为自己首先缴械;堡垒被摧,不是因为外力威猛,而是内在防线崩溃。欲望人人都有,本能时时都在。但人之所以为"人",就在于能够为更大的梦想、更美的愿景、更高的追求,压制本能的欲望与冲动。如果要做一个堂堂正正、挺直脊梁、理直气壮的大写之"人",就要增强自控力、提升免疫力。为官从政者,当始终牢记:胜人者力,自胜者强,管好自己,才能挣个好前程、赢得好政声。

能"负重"者方能"出众"

赤壁之战,曹操遭受重创,败走华容道,残兵败将,丢盔弃甲,狼狈不堪。其中有一个伙夫,身后还背着一口几十斤的大铁锅。曹操疑惑,问其缘由。原来,当夜大火突起,士兵们惊惶失措,纷纷逃命。吴军从后面追杀过来,为了跑得快一点,大家都扔掉了辎重,只身逃命,伙夫舍不得丢弃跟随了他十几年的铁锅,就背着沉重的铁锅逃命。

吴军追近放箭,周围的同伴纷纷中箭毙命,只有他靠着背上铁锅挡住箭矢、逃过一劫。跑到河边,刘备的军队又杀来了,大家争相下河逃命。没想到河水异常湍急,身轻的人站不住脚,都被河水卷走了。而他却因为背着沉重的铁锅,所以稳步涉水来到了河对岸。

跑了很久,稍作休息,他便用铁锅烧开河水煮马肉,填饱肚子,有了力气,最终追随曹操脱离险境。此人因身背沉重的铁锅,不仅保住了性命,而且得到了曹操的重赏。

一得

　　俗话说,井无压力不出油,人无压力轻飘飘。身处职场,如果没有压力,看似轻松、活得潇洒,但时间长了,不知不觉之间,可能就是"温水煮青蛙",丧失了立身之本,"危机之神"已经慢慢逼近。反之,如果主动承受重任,虽然吃了苦、活得累,但这份负担有时候可能反而成为人生财富和职场优势,让你在困境里变得更加坚韧、在竞争中变得更有底气、在挑战前变得更为从容。有时候,不逼自己一把,不知道还有潜能可以挖掘,还可以变得更优秀一点。有一句网络流行语说得好:"熬得住,出众;熬不住,出局。"假以时日,压不垮的,一跃而起、迎来时机;压垮了的,一蹶不振、再无转机。从终极意义上讲,吃苦,最终不会吃亏;经历,终会成为阅历;捷径,很有可能成为绝境。所谓"祸兮福所倚,福兮祸所伏",某种程度上也是这个道理。

尺子最有发言权

历史学家顾颉刚在云南大学任教时，发现一些课桌破旧不堪，就找来几位木工修理。

一位木工看到课桌下有块木料，便随口一说："这块木料适合做课桌的横档。"另一位则说："做横档长度肯定不够，用在小木椅上倒差不多。"第三个木工瞧了瞧，也发表自己的看法："你们说得都不对，把它锯成几段做木楔最好。"3人各执己见，争得不可开交。

一旁的顾颉刚，随手从地上捡起木工们用的尺子："你们不用争了，尺子最有发言权。"说罢，他用尺子一量，给出了答案："80厘米，你们知道该做什么最合适了吧？"顾颉刚多次以此为例告诉学生："衡量一件事情的对错，都有与它相对应的一把尺子。"

一得

　　孙子兵法讲，多算胜，少算不胜。军事战争领域，精于计算、长于谋划，综合运用信息数据研判决策，把各种趋势性、可能性思虑周全，打起仗来才能精准点穴、直击要害。然而，算无遗策未必就能稳操胜算，因为胜算的基础在于知己知彼、知长知短，对自己到底几斤几两、孰重孰轻有着清醒客观的评估认知。正如军队建设的唯一标准是战斗力标准,没有这个标准做保证或者脱离这个标准,平时疏于训练备战,备战不研战、练武不精武,人数再多、装备再好、谋算再精,想打赢又谈何容易。同理,为官者口碑是好是坏,政绩是优是劣,不是听你说了什么,而是看你为老百姓做成了什么,不是看声势多么波澜壮阔留下了什么,而是看能否静水深流悄悄改变些什么。其实,不管"显绩""潜绩",还是"官声""政声",都要用"民心"这把尺、这杆秤去量一量、称一称成色和分量,放到历史的长河中去洗一洗、淘一淘岁月的印迹。选好从政的尺子,用脚步丈量感知民心温度,用实干加深为民服务"刻度",如此才能让从政之路行稳致远。

说一丈不如行一尺

在古代中国的二百多位皇帝中,雍正的勤政是出了名的。他以治国理政的务实理念一扫康熙晚年官场腐败衰颓之风,这点从他留下的一千多万字的奏折批语中可见一斑。

雍正对待奏折,不仅看奏折上说得多漂亮,更注重百官做得怎么样。

雍正四年,巡视台湾的御史索琳上折说:台湾地方官兵严加操练,精益求精,可保海疆万载升平。看了这一言过其实的奏报,雍正警告说:凡事最重要的是务实,不欺不隐才算良吏,"粉饰、迎合、颂赞、套文陋习,万不可法"。

纵观雍正朝13年,他本人作为最高统治者,不以万能自居。雍正常常教导臣工要结合地方实际施行朝廷旨令,"因地制宜,化裁取当",而不可一味迎合、生搬硬套。云贵总督鄂尔泰对不完全适合本地情况的谕旨敢于变通执行,提出不同意见,雍正赞赏他是为国家做官,而云南巡抚沈廷正一味迎合谕旨,雍正严厉批评他:是为自己做官。

尤其难能可贵的是,雍正从不掩饰自己的"过错",一旦发现错误,勇于公开承认并加以改正。雍正曾任命周英到西藏管辖军队,后来发现他平庸浮躁,便很坦率地对大臣说:此事用此人大错了,这实在是朕之失误。

一得

  空谈误国,实干兴邦。 恰如盛唐宰相姚崇临终遗言"崇实充实",为政之道,只有崇尚实干,才会国库充实、百姓富足。 实干是最好的作风,也是最质朴最管用的方法论。 干部、干部,先干一步。 决策指挥做巨人,实干行动当矮子,蓝图再美也是"空中楼阁",规划再好也是"一纸空文"。 是实在干事,还是图慕虚名,反映工作作风,体现做人境界。 有的干部光说不练假把式,好似布袋里装菱角、出嘴不出身,铁嘴豆腐脚、能说不能行;而有的干部练就一副铁脚板、宽肩膀,以"功成不必在我"的胸襟、"功成必定有我"的担当,用实干托举梦想、成就伟业。为官从政,一心为公,务实为先,不务虚名,脚踏实地,以百姓称颂为名,以奉公尽职为实,如此方能名实相符、名副其实。用雍正自己的话说:"俯仰不愧天地,褒贬自有春秋""说得一丈,不如行得一尺"。

以"才"谋"财",一念之差误一生

隋朝经学家刘炫自幼聪敏机巧,看书一览十行,过目不忘,才学有目共睹,智商之高令人叹为观止。史载他能一心五用:"左画方,右画圆,口诵,目数,耳听,五事同举,无有遗失。"在写给吏部尚书韦世康的自荐信中,刘炫说自己儒家经典无所不知,天文律历无所不晓,公文写作更是手到擒来。这样的"大话"并非空口白牙、信口开河。现代历史学家范文澜先生认为,隋代能称得起儒学大师的只有两个,刘炫便是其中之一。

然而,这样一代大才,却因一个"墨点"染黑了一生。当时,隋朝初定,鉴于前朝纷乱、南北分离,图籍大量丢失,文帝下令,面向全国收购古代遗留下来、散落民间的书籍:凡献书一卷,奖缣一匹。担任"殿内将军"的刘炫,凭借自己的满腹经纶、聪明才智,杜撰了《连山易》《鲁史记》等百余卷的"古书",献给朝廷,主管的官员也未发现"破绽",当即给予奖赏,刘炫因此发了一笔小财。可不久即被人揭发,差点丢了小命,后虽免于死罪,却也被开除了"公职"。

事隔多年,刘炫几经周折当上了太学博士,一年多之后,隋炀帝准备再予重用时,有人提到了他伪造古书的"旧事",官没升成,反而又因品行低劣的"前科"而遭辞退。刘炫暮年十分慨叹当初一着不慎,终生难还清白,空有满腹才华难以施展。最终,在隋末战乱中,饥寒交迫,冻饿而死。

一得

刘炫本有盖世之才,可以拥有一个施展才华、实现抱负的舞台,让自己的"才"在更广的范围内造福社稷、惠及苍生,是为"达则兼济天下"。奈何一念之差,以"才"谋"财",授人以"柄",声名受损,再难"翻身"。官员的品行永远大于能力,此理古今皆然。"德为才之主,才为德之资"。以德为先是擢拔人才的"大逻辑",以德驭才是成就事业的"大前提"。才华高、能力强的人,若是品行不检点,白璧有瑕,即是"硬伤"。不是一切的失误都能再弥补,不是所有的过错都能被原谅。于自身来讲,往往一失足成千古恨、一念之差悔终身,满腔抱负成泡影、满腹锦绣也枉然;从大处看,以聪明才智搞歪门邪道,很可能从骨子里、根子上坏了政治生态、败了社会风气,给一个地方、一个单位造成难以愈合的"内伤"。 为官从政者,当牢记自己的责任、珍惜自己的平台、守住自己的形象。 形端表正,方可行稳致远;管住小节,才能成就大业。

"太康精英"们上演的"变脸戏"

公元290年,晋武帝司马炎驾崩,留下了庞大的晋帝国和痴傻儿子晋惠帝司马衷。第二年,晋惠帝强悍的皇后贾南风便与楚王司马玮串谋,杀死了辅政的太傅杨骏,由此拉开了"八王之乱"的权争序幕。

这些同姓王室中,有的当初踌躇满志,也想造福天下苍生,但掌权之后就摇身一变,以公权养私欲,让人大为失望。比如,汝南王司马亮,历史上称他"机智敏锐而有才干",然而一旦上台,就滥用私权,出行的车马把大路都堵住了;又如齐王司马冏,年少时人称仁厚,好施恩惠,而一朝得势,则骄奢擅权,沉于酒色;又如东海王司马越,一开始声誉很好,谦虚持布衣之操,等到拜相并领六州,则作威作福,图谋霸业。

这场权力争夺战直接导致天下大乱、生灵涂炭,而最让人唏嘘的是,当时一些清流名士,如陆机、刘琨、左思、潘岳等人,屈身依附某一方势力,追逐权力中心却如飞蛾扑火。长达16年之久的"八王之乱"导致风气的畸变，造成了社会秩序的崩溃，把所有的人推向苦难的深渊，西晋王朝很快灭亡，中国历史也进入了长达近300年的分裂时期。

一得

权力失去监督是祸害，私欲失去控制是灾难。权力让人迷失本性，使人前赴后继，执迷不悟。从这个意义上说，"八王之乱"的历史进程，实质就是统治阶层、社会精英蜕化变质、黯然凋零的可悲历程。我们常说，权力如同一把"双刃剑"，可以造福一方，也可以祸害一世。当今之社会不同于封建社会，但社会运转的基盘仍有着强大的惯性。一些官员迷失方向，丢掉底线，行为失范、专擅恣肆必然放大权力的负面效应，带来难以吞咽的恶果。以史为鉴，更要以人为戒。人性总有弱点，不能克制自己的人终会失去自由。领导干部修炼"金刚不坏之身"，没有强大的自律"抗体"，就很容易受到"病毒"的感染。唯有时时拂拭心灵、自我约束，才能保持住一份高尚的追求、一个清白的官声。诚所谓："一念常省，才避开神弓鬼矢；纤尘不染，方解开地网天罗。"

爱而不贪

战国时期,强大的诸侯国国君经常将朝觐他的附庸国国君召集在一起,饮宴娱乐,既显示其强大,又增加其影响。魏惠王在位之时,魏国较为强盛,经常宴请鲁、卫、宋、郑等诸侯小国的国君。一次,魏惠王让鲁共公祝酒,鲁共公在祝酒辞中,以巧妙的引证,委婉而中肯地劝导魏惠王,语短意长,发人深省。

鲁共公说:从前,夏禹的女儿请仪狄酿造美酒以献夏禹,禹喝了觉得很甜美,但因此疏远了仪狄,并戒了酒。他说如若不然,长期这样下去,后代定有因贪酒而亡国的。齐桓公深夜里感到饥饿,易牙就煎熬烧烤,做出美味可口的菜肴给他送上,齐桓公吃得很饱,一觉睡至天明还不醒。当易牙再送美味佳肴时,他拒绝了,说如若不然,长期这样下去,后代定有因贪美味而亡国的。楚庄王登上高高的强台远眺崩山的风景,左边有长江,右边有洞庭湖,他被美景吸引得流连忘返,后来醒悟了,立誓永不再登强台,说如若不然,长期这样下去,后代定有因为迷恋山水美景而亡国的。

魏惠王听了,连声称赞说好,起身拜谢鲁共公,并撤去了宴席。

笨功夫？真功夫！

> 一得

  贪如火,不遏则燎原;欲如水,不遏则滔天。人生天地间,有七情六欲实属正常,有一二所"爱",也不足为奇。然而,如果一味放纵"爱好",嗜欲无度,由爱生贪,就会滋生出无端邪念,十有八九会误入歧途,堕入深渊。为官者在繁忙的政务之余,保持健康高尚的爱好情趣,找到生命的"后花园"和心灵的"栖息地",可以让整个人生变得草木葱茏、气象万千。这样的爱好多一些有益身心,无可厚非。反之,如果追逐庸俗低下的情趣,崇尚所谓"潇洒""风流""浪漫"的情调,沉迷声色,玩物丧志,让"爱好"变为"恶好"、沦为"缺口",被人"猎杀"也就是早晚的事。领导干部追求爱好也要好之有方、嗜之有度、取之有道,不逾矩、不放纵、不庸俗,"爱而不受""爱而不贪",不为爱好所溺,常怀惕厉之心、守住宁静之心。如此,才能在从政为民路上走得宽、走得远。

笨功夫? 真功夫!

  作家刘震云讲过这样一个故事:他的外祖母,一位普通的中国农村妇女,身高只有一米五六,但在方圆几十里每次割麦子都是"头把镰"。头把镰是什么？就是当她把麦子从这头割到那头的时候，一米七八的大汉才割在地头中间。老人家说："我割得不比任何人快，只是我一弯下腰，就从来不直腰，因为你直一次腰就会直十次、二十次，我不过是把别人直腰的时间利用起来了，所以割得比别人快一点。"接着她又语重心长地说了一句话："我是个笨人啊！"

无独有偶，红学泰斗冯其庸老先生，生前概括其一生的治学历程，也曾留下同样一句话："我下的都是笨功夫。"为了系统地研究《红楼梦》不同版本间的差异，他曾将各个版本都找来，一句一句地进行比照。一部《红楼梦》有70多万字，其工作的浩繁可想而知。为考证曹雪芹家世，冯其庸曾仔细查阅《清实录》，一本一本地看。在实地考察过程中，冯其庸既读书架上的书，又读地面上、地底下的遗迹和文物，穷根究源。正是凭着这股劲，冯其庸在红学研究领域造诣颇丰。

一得

曾国藩常言："天下之至拙，能胜天下之至巧。"当今社会，似乎越来越需要我们创新求变、弯道超越。大家都认为绕开弯路，有近路可走。殊不知，那些真正的聪明人，却在暗暗地下着"笨功夫"。

懂得下笨功夫的人，往往会练就真功夫。世界很公平，你想要麦子割得快，就必须忍受弯腰的痛苦；想要学问做得好，就必须"扎硬寨、打死仗"，板凳甘坐十年冷。先天不足，勤能补拙，功到自然成。金庸小说中的郭靖虽然天资愚钝，但勤学苦练终成一代"大侠"。天分本就很高，后天依然努力，一般人就更难以望其项背。世人都知道苏东坡天资聪颖、才学出众，可即便如此每天依然做功课，据说仅《汉书》他就手抄了三遍。读书治学如此，做事做官又何尝不是这样。当前，发展稳定任务繁重，改革攻坚难度也越来越大，急需要一大批能力过硬，能打"硬仗"、能干"硬事"的干部。担当的"宽肩膀"、成事的"真本领"不是与生俱来的，心浮气躁、浅尝辄止，根底就会浅薄，脚下便会发虚，终究难担大任。不吃拼搏的苦就会吃生活的苦。对各级干部而言，惟有主动适应时代，摆脱路径依赖，经受实践锤炼，下足笨功夫、苦功夫、实功夫，使自己的本领一刻不停地"升级换代""扩容改造"，方能实现雄心壮志、到达胜利彼岸。

莱特兄弟：成功来自"高质量勤奋"

若说这世界上有什么创业故事听起来最为神乎其神，大概非莱特兄弟发明飞机莫属。因为，莱特兄弟并非那个时代最顶尖的科技工作者，两人只上到高中毕业就回家创业，靠修自行车糊口。而就凭这样的学业功底，他们从 1899 年正式开始制造第一架模型机,到 1903 年一飞冲天,仅仅花了不到 5 年时间,进行了几百次试飞就成功了。

这个速度令他们的竞争者汗颜。在整个 19 世纪后半叶,发明比空气重且自带动力的飞行器可是个热门项目,多少人豁出一生的时间、精力、财力甚至付出了生命,都未能获得成功。

其实,莱特兄弟在着手设计飞机之前,已认真研读了 19 世纪初空气动力学之父乔治·凯利爵士的理论,在彻底弄懂之后,再基于该理论开始设计飞机。更了不得的是,即便有了这样的靠谱设计,莱特兄弟依然没有轻率地试飞。他们先打造一个风洞,在其中进行了上千次的实验,实验成熟后,才在自然环境下试飞。这个思路不仅为他们节约了时间,而且大大降低了风险。

一得

上述故事告诉我们,决定莱特兄弟成功的关键,不仅仅是一般意义上的勤奋,而是勤奋之前的理性、勇敢之前的谨慎、拼搏之中的思考。也就是说,是有理性、有深度、有智慧的"高质量勤奋"。确实,古今中外,"勤"一直是倍受推崇的修身、兴业之道,所谓"业精于勤""天道酬勤""勤能补拙是良训""一勤天下无难事"。这种"勤奋"精神体现在领导干部身上,就是"勤政",干部就要干事,干事就要尽力。为官避事平生耻,怠政懒为遭诟病。但勤政的前提应该是善政,"做得好"的基础应该是"做得对"。如果虑事不周,不作调研论证和风险评估,匆忙上阵、磨拳霍霍,情况不明决心大、底数不清出招多,是为"莽汉式勤奋";忙中没有超脱,不作沉潜思考,只低头拉车、不抬头看路,抓不了关键点、牵不住"牛鼻子",驴打磨一样团团转,是为"低层次勤奋";以忙体现价值,在应激式、打"地鼠"一般的具体事务中刷存在感、找成就感,是为"虚荣式勤奋"。如此种种,看似很忙,但其实是一种深层次的"懒惰",以之行事,成效终究了了。勤奋的质态不一样,取得的成绩肯定也不一样。

"过劳而死"的诸葛亮

《晋书·宣帝纪》记载,三国后期魏明帝青龙二年(蜀汉十二年),诸葛亮率军十万出斜谷攻魏,双方在五丈原对阵,持续了一百多天。

期间,诸葛亮多次挑战,魏军统帅司马懿就是不出兵。诸葛亮于是想了一个计谋,安排使臣给司马懿送去一套妇人衣服,试图惹怒司马懿出营对战。谁知,司马懿对此毫不介意,反而有一句没一句地和蜀汉使者闲话家长:"孔明每天睡多长时间啊?吃多少饭呐?生活规律如何?忙吗?"使者感觉问话里也不涉及军事秘密,就如实答道:"诸葛丞相夙起晚睡、昼夜操劳,凡是二十杖以上的处罚,都要亲自过问;每天所吃的饭食加起来不到几升。"司马懿笑着说道:"诸葛孔明进食少而事务烦,他还能活多久呢!"

不久,事必躬亲的诸葛亮果真星落五丈原,蜀军无功而返。诸葛亮死后,蜀汉政权后继无人,在苦撑三十多年后终告灭亡。

> **一得**
>
> 　　决定人生高度的,不止智力,更有体力。职业生涯是场长达几十年的超级马拉松,最痛苦的是能力配不上职位,最遗憾的是体力跟不上岗位。对领导者而言,随着治理内涵的拓展和标准的提升,忙与累已成为常态,但越是繁忙,越应注重合理配置自己的精力,如果像孔明那样,事无巨细、事必躬亲,不善分工协同、不懂授权管理,不仅自己会心力交瘁、疲惫不堪,而且还会限制部下的才能发挥和磨砺成长,使事业陷入"蜀汉无大将,廖化当先锋"的窘境。管理最重要的是管理自己,而管理自己最根本的是管理精力。作为领导者,理应积极改进工作方式方法,在管理时间中优化精力组合,在善抓重点中提高工作质效,在适当授权中获取沉静空间,进而在忙碌中得到"因过竹院逢僧话,偷得浮生半日闲"的休养生息。可以说,协调好工作与休息的关系,始终保持可持续的、健康的工作状态,也是一种领导能力和水平的体现。

文人眼中的孬官

清代纪晓岚在他的笔记小说《阅微草堂笔记》中写了个很有意思的故事：有个官员逝世后下了冥府，神态昂然，神色傲慢，自称生前当官所到之处只喝别人一杯水，所以今天无愧于鬼神。不想阎罗王却不以为然地说："当官的自然有好坏之分，但如果不收钱的就是好官，那种棵树在衙门前面，连水都不用喝，不是比你更好吗？"

那官员辩解说："我虽然没有功，可也没有过啊。"阎罗王嗤笑道："你平生到处只为维护自己周全，就算碰见冤案，也为了避嫌而什么都不说，难道不是辜负了百姓吗？碰见些为难事，只要觉得它费事难办就不做，难道不是辜负国家吗？你们的朝廷为什么三年要考察一次政绩呢？正是因为如果官员无功，就是有罪。"那官员被狠狠折了锋芒，一时语塞。

为官不为，何以为官？ 为官不为，鬼神难欺。 清廉自持只是为官的"颜色"，造福一方才是为官的"本色"。 没有"本色"打底，所谓的"廉洁"操守终究"颜面"无存，黯然失色。 一个官员面对治理辖区内堆积如山的矛盾，选择装聋作哑、视而不见，对百姓的苦与乐、喜与悲,不闻不问、漠不关心,不愿碰事也不想理事,这样的官员形同"公堂木偶",即使整日吃糠咽菜,惕厉自警,于国于民又有何用? 康熙年间的清官汤斌曾被百姓称为"汤三汤",形容他为官清廉似豆腐汤、惩办恶人似黄连汤、提升民众元气似人参汤。这样的官员宁愿自己吃尽苦头,也要让群众吃到甜头,不枉做人一世,为官一任。对为官者而言,廉而不勤会误事、勤而不廉会出事、不廉不勤要坏事,又廉又勤才能干成事。大事做不来,小事又不愿做,在其位不谋其事、不尽其责,"出局""出列"也就是早晚的事。为官者只有拿出"关键少数"的关键作为、关键岗位的关键担当,始终把百姓小事当成心头大事,把造福一方作为肩头重任,干字当头,实字为先,才能干出群众称赞的好口碑,干出风生水起的新局面,干出一个千帆竞发的新时代。

清朝皇帝的"御批"与"国运"

史料显示,清朝极盛时期的康熙、雍正、乾隆三朝皇帝批示十分详细具体,而且数量众多,嘉庆以后的皇帝批示量少,内容简单,甚至有敷衍的成分。

康熙皇帝在右手受伤的情况之下,忍痛用左手执笔批示,不肯要他人代劳。康熙的儿子雍正更爱批示奏折,他不仅在大臣汇报行文的后面、中间作重要批示,而且还十分详细地作眉批,甚至还义务帮大臣改正错别字,其批示动辄千言,有时会比奏折的字数还要多。

到了清代中后期,批奏折又有了些改变。皇帝在某些非重要文件中用上了"代笔"。但是,假如皇上对某些特别重视的大臣还有别的话要指示,那还是亲自动笔。

而嘉庆朝以后,皇帝"批文件",除了重要的军国大事外,都是批"览""该部知道"之类的几个字,不置可否、敷衍了事。而与此对应的是,嘉庆之后的清朝国势也逐步走向衰弱。也许,在皇帝的批示繁简与国势盛衰之间有着某种关联。

对于领导干部来讲,笔头的勤奋,也是勤政的一个重要方面。文章千古事,得失寸心知。领导干部动笔为文,不是写文章那么简单的事,其实是领导素养、专业学养、人文修养的一种综合体现,绝非寻常小事、等闲之事。因为,文以载道、文以喻理,以文说事、以言论政,下笔成文的过程,其实就是表明认知高度、思考深度、工作态度、方法角度的过程,某种程度上就是体现领导水平的过程。勤于动笔,就是勤于思考、勤于政事的体现。所以,从上到下一直强调，领导干部要亲自动笔，倡导写短、实、新的文章，不要写假、大、空的文字，其道理也正在于此。当然，现实中，领导干部确实政务缠身，可能没有时间自己动笔撰文，但也是自己先想明白、理清楚、谋思路、拿提纲，然后再由文字秘书去加工成具体的文稿。如果不分轻重缓急，一律只"批"几个字，甚至不耐其烦、应付了事，这反映出来的就是对本职工作的不上心、不用心、不尽心，如此草率的态度，能干出什么样的政绩，也就可想而知了。

"立限回京取纸牌"

纸牌、麻将是现在人们常用来消遣休闲的游戏。纸牌在民间的影响很为深远，其中的"马吊"，又称"叶子"，更是曾经广为流行。明朝末年的大学士、内阁首辅周延儒就酷好此物，如痴如醉。明清之际昆山文人周同谷对此曾有记载。

"壬午（崇祯十五年，即 1642 年）京师戒严，延儒奉命视师，上亲饯之，赐上方剑旌旗，呼拥甚盛。既出都百里，旗牌持令箭，飞马回京，大司马方退朝，遇之大骇，谓戎信孔迫也，都人惊疑相告，既而知为取纸牌诸弄具而已。"

时人曾作诗讽刺道:"令箭如飞骤六街,退朝司马动忧怀。飞来顷刻原飞去,立限回京取纸牌。"

一得

熟悉明史的人都知道,周延儒最终身死家亡、下场悲惨。从这个故事来看,其在京师戒严、十万火急的情况下,最"上心"的事还是玩"叶子",就这样的职业操守、责任意识,下场绝非偶然,实乃必然。领导干部也是"人",不是"神",一般都有自己的兴趣爱好。工作之余,放松一下身心,松弛一下神经,本也无可厚非。毕竟,一张一弛、文武之道,绷得太紧、容易折断。休息、休整、休闲,也有利于恢复体力与精力,更好地投入新的战斗。爱好也有"雅""俗"之分,这暂且不论,但最起码的一条:"公务"与"私好"孰轻孰重、孰先孰后,优先次序要拿捏得清,关键时刻更要把持得住。其实,对领导干部来讲,很大程度上,控制不了自己的"爱好",还怎么控制得了事业与前程?该有什么样的"爱好"、在什么时候享受"爱好",一定要能自我控制。如果因沉缅于一己之好,该尽之责不及时尽、该办之事不立即办,贻误时机、造成被动、带来损失,如此"任性"之举,终究是自己"埋单"。真正的"赢家",一定是那些分清轻重缓急、善于自我控制的理性之人,官场同样如此。

"圈子"定律

20世纪90年代,英国牛津大学的人类学家罗宾·邓巴发现了150定律,即"邓巴数字",也被称作"圈子定律"。

该定律根据猿猴的智商与社交网络推测出:人类智力将允许人类拥有稳定社交圈子的人数是148人,四舍五入约为150人。此后20多年里,层出不穷的社交工具都不断证实着这个定律。

一得

"圈子定律"是现代学者对人际交往的科学分析,而"圈子现象"却早由来已久。自古以来,以权力为纽带、为利益而媾和的各式圈子层出不穷,拉帮结派围圈子、党同伐异护圈子、投石问路找圈子、削尖脑袋钻圈子比比皆是,"结党营私"之群、"朋党帮派"之斗、"玩权弄党"之祸数不胜数。如唐朝的牛李党争、北宋的新旧党争、明代的东林党争、清末的帝后党争,都是朋党之争、"圈子现象"的淋漓表现,最终又都导致王朝政权在内耗中加深了危机、加速了灭亡,圈中之人几乎没有好的下场,圈子随之烟消云散、沦为历史的笑柄,可以说"圈子现象""圈子文化"带来的只是一场没有赢家的

"负和博弈"。时至今日,依然有人不看历史、不明事理,笃信"朝中有人好做官",成天四处活动、八方打点,拐弯抹角、钻天打洞,不"找一找"不甘心、不见"贵人"不罢休,没出事时怕跟得不紧,出了事后恨跟得太紧。为官从政者在对待"圈子现象""圈子文化"这个大是大非问题上,一定要以史为鉴、头脑清醒,认清小路近道往往是容易踩空滑倒的弯道险道、投机取巧找圈子其实是在弄巧成拙钻圈套。与其耗费大量精力、冒着极大风险,还不一定能接得上"天线"、开得了"后门",挤得进大圈中的小圈、小圈中的核心圈,不如相信人生自会有正道、"你若盛开、清风自来",把有限的时间精力用在岗位工作上,以出色业绩赢得组织认可、以高洁人品吸引同道君子。

节约标兵黄克诚

抗战进入相持阶段后,敌后地区由于受日伪"扫荡"和经济掠夺,生产力遭受严重破坏,抗日军民的生活极度困难,党中央于是命令各根据地、各支部队艰苦奋斗、自力更生。一段时间后,时任华中局书记和新四军政委的刘少奇就在新四军中评点总结说:"新四军全军7个师,三师人最多,用钱却最少,应该学习他们的经验。"

为何三师人最多却花钱最少?这与三师师长兼政委黄克诚密不可分。没有吃的,黄克诚就在根据地大力开展生产运动,与官兵一样光脚下田劳作。同时利用休息时间,在师部驻地板湖孙西舍开荒,与师参谋长洪学智合种一片菜地,每天拾粪积肥、浇水除草。黄克诚还让炊事员弄来当地盐碱地上的盐蒿子,在锅里加水煮了让大家充饥,既填饱了肚子,又补充了营养。

军装不够,黄克诚就改革制服样式,三师的军服上衣去掉翻领和两只口袋,裤子由宽大的中式裤腰改为西式小裤腰,军帽减掉翻沿,官兵不发绑腿布。这样聚沙成塔,整个三师一下节约服装面料万余米。当时,群众分辨是不是三师的官兵,从服装上一眼便能认出。由于打球容易磨损鞋底,黄克诚就要求官兵光脚打篮球。一次,一位师机关领导穿布鞋打篮球,被在场的黄克诚不留情面地要求脱下鞋子再上场。

1943年底,当三师师部开展评选"节约标兵"活动时,师部上下不约而同地推选自己的师长兼政委黄克诚为"节约标兵"。

　　成功者不唯条件找方法,失败者迁怒条件找理由。条件重要,但不能唯条件论。做事既要讲条件、看基础,没有条件、硬着头皮上是蛮干;有条件还必须充分利用,现成的条件摆着不用或者利用不好,也无济于事;没有条件更要努力去准备条件、创造条件,而不是无所作为、消极等待。地方发展同样如此,要讲条件但不能一味苛求条件、依赖条件。面对"七山一水二分田"的自然环境,浙江人直言:"浙江没什么资源,最大的资源是人。"正是凭借"四千四万、爱拼敢赢"的精神,哪里有市场、哪里就有浙江人,哪里没有市场、哪里就有浙江人去开拓,勤劳聪慧的浙江人抓住了一次又一次的发展机遇,掀起了一轮又一轮的发展冲击波。事实上,条件既有现成的,也有后天的,只有不断创造、不断积累,才能不断完善、不断丰富。现实中,有许多事情想办而办不成,就是因为自己禁锢了自己的思想;有的事情能办而不敢办,就是因为自己束缚了自己的手脚。一些看似异常困难的事情,只要不唯条件论、用心想方法,并非不能完全实现,用心做事的干部能够主动创造条件抓工作,往往会做出超出预期的业绩,给上级意外的惊喜。

"塘官"的压力

清代,守钱塘大堤的塘官是四品,相当于知府,待遇不可谓不高。但是,钱塘潮水无情,一旦袭来,恶浪滚滚,一浪高过一浪。而塘官的职责就是:绝对不能决堤,保证百姓生命、财产安全。

如果一旦守护不力、决堤失事,那么,要么等皇帝找他算帐来问罪,要么跳塘自尽以谢罪。

一得

在"官本位"的封建王朝,一介塘官居"四品",可能要羡煞不少人。但要保证不决堤,这既需要在平时勤加勘察、查漏补缺、坚固防事,也需要在潮水来时临阵不慌、冷静应对、科学调度,更需要一颗如履薄冰、高度谨慎、时刻戒备的责任心。总而言之,这绝不是一份轻松的"差使"。此例给人的启示在于:一方面,当尽岗位应尽之责。一个岗位就是一份责任。在其位,当勤勤恳恳、兢兢业业,恪尽职守、尽智竭力,这是做人的基本道德、为官的职业道德。如此,方能无愧于人、无愧于心、无愧于职守。若是懒政怠政、掉以轻心,一旦失责出事、造成损失,必要受到追责问责,所谓咎由自取、罪有应得。另一方面,勿存羡慕攀比之心。所谓"风光的背后必有沧桑""鲜花的根部有汗水流淌"。那些位置比自己高、权力比自己大的人,其实承受的责任与压力,也比自己大。每个岗位有每个岗位的艰辛,每个人有每个人的不易。天上不会掉"馅饼",人生之路走不稳却可能掉入"陷阱",心态平和、珍惜已有、知足常乐。

一道左右国家命运的算术题

明朝隆庆四年,两广叛乱,平叛大军连吃败仗。内阁首辅高拱决定,将江西按察使殷正茂升任广西巡抚,统军十万,远征两广。

文官出身的殷正茂极具军事才能,打过不少漂亮仗。但所有人也知道,殷是个大贪官,当地方官吃农民赋税,到军队后就克扣士兵军饷。高拱却不为所动,他端出了那道著名的算术题:我拨一百万两军饷给殷正茂,他至少贪污一半,但以他的才能,足以平定叛乱;如果我派一个清廉的人去,或许一两也不贪,但是办不成事,朝廷就要多加军饷,这么拖下去,几百万两也解决不了问题。

果然,殷正茂上任后,几个月就平息了叛乱。当然,军饷他也没少贪。万历年间,殷正茂历任兵部侍郎、户部尚书、刑部尚书,八十高龄病逝于家乡。这让许多人津津乐道,甚至有人认为,只要有本事,贪不贪污无所谓。

事实果真如此吗?就在万历年间,后金崛起于辽东,此后数十年,挥师入关,定鼎中原。后人不解,拥有百万大军的明朝,为何如此不堪一击?其中一条重要原因,就是明军的战斗力低下。而导致战斗力低下的,恰恰是士兵军饷被克扣。到了明代晚期,军队里已充斥着大大小小的殷正茂,曾有底层士兵好几年领不到军饷。

后人评价,明实亡于万历。重用一个贪腐的殷正茂,只换回了一场战役的胜利;无数个克扣军饷的殷正茂出现,最终让一个帝国轰然倒塌。

> **一得**

　　用操守虽不够检点却办事干练的"能吏",还是用洁身自好而不擅长实务操作的"清官",似乎是一道历史性难题。高拱的算法只看结果不问过程,手掌大权的下属任性施政,只要能把事情办成,至于个中是非曲直,采取什么手段,睁一只眼、闭一只眼。于国家治理而言,可以"救一时"之急却未必能"管一世"之远,付出的政治成本和历史代价更是难以估量。一俊不能遮百丑,功过不能两相抵。选择与责任相联系。任何选择必须承担选择的责任。选择做既干净又干事的能吏清官,就意味着选择了一种责任担当、一份吃苦奉献,风雨兼程初心不改。对为官从政之人来说,比选择更重要的是支配选择的理想、信仰和价值,选择与时代同行、历史同行、人民同行,自己个人的选择同时也成为"时代的选择""历史的选择""人民的选择",它让你在风浪考验面前依然满舵前行、扬帆远航。

王良驾车

　　王良,是春秋末晋国大夫赵简子的车夫,善于驾车。有一次,赵简子命王良给他宠幸的小臣奚驾车打猎,结果出去一天没有打到一只鸟兽。奚回去向赵简子报告说,王良是天下最低劣的车夫。有人把这话告诉王良,王良要求再来一次,结果一早晨就猎获了十只野兽。奚回来向赵简子汇报说,王良是天下最优秀的车夫。赵简子说,那就让他为你驾驭车马吧。但王良却执意不肯,认为奚与自己的信念不同。

古代驾车打猎,讲究"法度之御":尘土不能扬出轨道,马跑起来蹄声节奏要一致。第一次出猎王良按规矩驾车,结果一无所获;第二次出猎违反规矩驾车,一早晨就捕获十只野兽。之所以会出现实践与理论脱节的问题,原因在于自己违法迁就了不守规矩的奚,而这样做显然不符合自己的处世之道。面对与自己信念相左的人,即使猎获堆积如山的猎物,王良也是羞于为伍的。不愿枉道而从彼势,这便是王良的信念。

一得

纷纷万事,直道而行。做人做事恪守信念,谨遵"法度",守正道、讲原则、不逾矩,并内化为刚正的气节,外化于良好的操守,如此方能立德、立业、立身。信念如磐,事业才能持久,生命才有高度。面对法与权、名与利的纠葛,面对五光十色的"猎物"诱惑,信念坚定才能牢固地支起价值坐标,把稳前行之舵,任凭风吹雨打,始终岿然不动。信念如山,信念一旦溃败,精神上垮塌、思想上滑坡,迷失自我,放纵驱驰,则必然带来政治上的变质,工作上的肆意,道德上的堕落,理想追求自然也就不复存在。从某种意义上说,驾驭人生前程、从政道路能不能走稳走远，关键就在于理想信念能否在心底扎根、扎得够不够深。信念如金，是非分明。对就是对，错就是错。人生中，可怕的并不是没有信念，而是信念被周围的环境所左右。环境能够影响人，但人也能够影响环境。有的人被环境改变，屈服于环境、权势，以"人在江湖，身不由己"自辩，放任欲念、随波逐流，加剧生态的恶化；也有的人抱定操守，涵养"只问是非，不计得失"的气节，按本色做人、按角色做事，经受住职业生涯"万里长征"的千锤百炼，赢得自身发展和他人敬重。成就事业千万条，九九归一责任心。坚定理想信念宗旨，以人民为中心，把自己的根牢牢扎在人民当中，就是永葆为官从政的初心、责任心、赤子之心。

"井"与"警"

明太祖朱元璋每一次向各地派任官员前，都将他们带到皇宫的一口水井旁说："做清官、靠俸禄过日子，就像守着一口井，井水虽不满，但可养活一家老小。如果从外面取水灌入井里，满了就要加高井台，一旦台破水溢，就会殃及你的乌纱帽。"

有一次,朱元璋巡访到常州,郡守许度大摆鱼宴招待他。朱元璋问道:"靠你的俸禄,能买得起这么多鱼?"许度说是自己下湖捕来的,朱元璋不相信,拉着许度一起下湖,却见许度撒网捕鱼的技术果然和老到的渔民差不多,于是,龙颜大悦,当即赏许度纹银百两。

由于朱元璋对许度自己捕鱼的事大加赞赏和推崇,致使后来许多明初的郡、府官员都精通农耕、种植、养殖等生存之道,还出现了一大批名垂史册的廉官。

一得

"守井"就是"守心","井论"亦为"警论"。俗话说,井水不犯河水。因为井水属于地下水,河水属于地上水,互不相通,并行不悖。井水虽不满溢,但却清澈甘冽,可以天天汲取、用之不尽;河水丰沛充盈,一旦放任自流,势必泛滥成灾、无法遏制,到头来井也难保,自溺其中。当官和发财不是多选项,只能二选一。期望名利双收、鱼和熊掌兼得,必然是"受鱼失禄,无以食鱼",竹篮打水一场空。弱水三千,只取一瓢饮。"守一井"就是"戒一贪","有所畏"自然"有所止"。从这个角度看,"井论"既为公论,为百姓着想、替百姓谋利;亦为律论,有律依律办、有规循规行;更是警论,警不在言而在行,使人固根守魂、慎微戒贪。对为官者来说,名利面前,求与不求的取舍最能看出境界;得失关口,做与不做的选择最能反映品质；毁誉之间，值与不值的考量最能锤炼内心，努力回归简素淡定的自我、本我、真我，把握眼前其实就是珍惜未来，清廉从政其实就是守住初心。

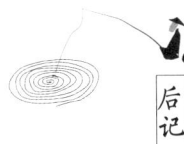

从萌生动笔之念,到正式付梓面世,不觉已时过一载。本书写作的最初缘由,系见微信朋友圈日常转发的人生小故事,特别是"微友"时而在文后附上一两句心得感悟,或长或短、或俗或雅,读后甚有趣味也有所启发,但又常觉意犹未尽,似可作进一步挖掘延伸,再多一点"滋味"、增一点"意境",一时不免有见猎心喜、"技痒"难耐之感。

当然,更重要的还是工作动因。干部培训实践中我们发现,用小中见大的故事、深入浅出的案例来阐释深刻、严肃的道理,往往会收春风化雨、成风化人之效,感染力更强、实效性更好。可以说,《善政之思》小故事成书既是兴之所至,也是工作实践的探索和延展。于是,一群同仁利用业余时间,对平日爬罗剔抉的各类资料和素材披沙拣金、去芜存菁,精心粹取了260个小故事,每篇之后加以评点、附上"一得",共同编撰了这本可供党政干部日常阅读、有益修身养性、有助为官从政的通俗读本。

最初,书中故事是以"网文"形式,边写边发,日推一篇。目的就是从各界的反映反馈中,检验文章的可读性,看是否确有出版的现实意义,同时接受同道的批评指正,不断修改完善,努力打造精品。承蒙各位领导、同仁、好友不吝拨冗垂阅,精心评点赐教,大到全书立意、素材取舍、观点提炼,小至字词雕琢、句读标注等方面,都给予了许多富有价值的意见建议。思之,不胜感激,自当铭记,唯有将这份深切的关爱与勉励化作续写新篇之不竭动力。

本书能如约出版,得到了江苏人民出版社的鼎力支持。"网文"一经推出,出版社就给予了极大关注,徐海社长数次与我们联系,并专程来访,当面进行深度交流,明确了总体构想和出版计划。卞清波等编辑在书名推敲、篇章分布、文字校改、装帧设计等方面做了大量繁杂细致的工作,在此一并致谢!

祖　言

2018 年 11 月